한국의 도시경관

한국의 도시경관

우리 도시의 모습, 그 변천·이론·전망

이규목

일러두기

1. 주(註)를 대신하여 본문의 해당 부분에 인용 및 참고한 내용의 출처를
   바로 알아볼 수 있도록 작은 활자로 표기했는데, 단행본의 경우 '저자, 연도',
   신문기사의 경우 '신문, 게재 연월일'과 같이 간략한 내용만을 표기했고,
   이들에 대한 서지사항(書誌事項)은 책 말미 '인용 및 참고문헌'에 실었다.
   한 저자가 한 해에 두 권의 저서를 출간한 경우, '손정목 1982'
   '손정목 1982a'와 같이 구분하여 표기했다.
2. 본문에서 역사적 사건, 건축물의 완공, 법령의 제정 등의 해당 연도는
   가독성을 고려하여 괄호 안에 넣어 표기했다.
3. 수록된 지도 중, 자료 수집 과정에서 축척과 방위를 정확히 알 수 없는
   경우에는 이를 표시하지 않았다.

책머리에

몇 년 전 나는 우연한 기회에 경남 창원시를 처음 방문해 잠깐 머문 적이 있다. 새롭게 계획된 신도시로서 볼 만할 것이라는 선입견을 가지고 그에 걸맞은 도시의 모습을 기대했던 나에게, 창원시의 삭막한 인상은 매우 실망을 주었다. 당시 나의 메모 노트에는 이렇게 씌어 있다.

"비인간적인 폭넓은 길, 광활한 직선도로, 지배적 시각 요소로서의 고층아파트 단지, 작고 보잘것없는 가로수. 자연이 주는 산수경치는 좋은데, 인간이 만든 도시는 왜 이 모양인지."

창원은, 도시나 장소 체험에 흔히 인용되는 "그곳에 가 보니, 그곳이 그곳이 아니더라(When you get there, there's no there, there)"라는 구절이 아직도 실감나게 기억되는, 그런 도시였다. 경관(景觀), 특히 도시경관에 관심을 가진 사람으로서, 수시로 접하게 되는 경관에서의 장소성의 상실은 언제나 뇌리에서 떠나지 않는 화두로 남아 있다.

삼십여 년 간 도시경관에 관심을 갖고, 많은 국내외 도시를 방문하고, 또 문헌이나 자료를 들여다보면서 느낀 것은, 도시의 참된 모습은 어떤 간접자료보다도 직접 체험한 사람의 이야기나 견해를 듣고 또 본인이 직접 판단하는 일에 의해 가장 정확하게 파악된다는 것이다. 이렇게 체험의 측면에서 도시를 이해하고자 하는 태도를 학문적 틀로 말한다면, 체험적 해석, 현상학적 기술, 현상학적 장소론 둥으로 이름힐 수 있겠나. 현상학적 접근태도는, 도시경관의 분석과 해석에 대한 실증적 접근방법 중의 하나의 대안으로서, 건축이나 도시공간 자체의 물리적 특성보다는 그러한 대상이 사람들에게 어떻게 지각되고 체험되는가에 관심을 갖는다. 나는 이 방향의 접근태도에 오랫동안 관심을 가져 오면서, 이에 대한 이론적 체계의 수립과 외국의 도시들을 사례로 한 연구 결과를 몇 편의 논문과 졸저 『도시와 상징』을 통해 밝힌 바 있다.

나는 이와 똑같이 체험을 바탕으로 한 해석의 방법으로 우리나라의 도시를 들여다보려고 한다. 똑같다고 하지만, 사실상 말 그대로 똑같지는 않을 것이다. 왜냐하면 도시는, 저마다 각 도시를 이해하는 방법이 다를 수 있고, 또 도시의 과거 모습을 해석했던 자료나 방법은 현재의 도시를 파악하는 데 필요한 것과 다르기 때문이다. 우리나라의 도시를 보는 데 가장 적절한 방법은 무엇인가. 나는 이 의문에 대해 확실한 답변을 할 수 없다. 때로는 서구의 도시들에 적용했던 서구적인 접근방법을 적용해 보기도 했고, 우리 고유의 동양적 사고방법과 철학을 적용해 보기도 했고, 무엇보다도 직관적으로 느껴지는 대로 서술해 보기도 했다. 이 글에서 시도하는 몇 가지 태도나 기법이 그 결과라고 할 수도 있겠지만, 나는 이에 대한 정답은 아직 가지고 있지 못하다.

이 글들은 지난 십수년간 도시경관에 관심을 갖고 쓴 논문들을 이 책의 전체 흐름에 맞도록 다시 작성한 것이다. 21세기를 맞이하던 즈음인, 1999년말에서 2000년초 일 년간 연구교수로 있는 동안, 차분한 분위기에서 거의 새로 쓴 것이나 다름없이 손질했다. 글마다 각기 완결성이 있지만, 동시에 체계상으로 전체의 한 부분이기도 하다. 한두 편을 제외하고는 그렇게 되도록 애초부터 구상하고 썼다. 더불어 필자가 수년간 여러 도시들을 답사 연구하면서 찍었던 사진 열한 컷과 내용상 필요해 새로 찍은 열세 컷을 자료도판으로 실었다.

이 글은 한국의 모든 도시에 대한 경관을 포괄적으로 다루거나 과거의 사실을 연대기적으로 기록한 것은 아니다. 도시의 모습이나 현상들에 대한 당시 사람들의 기록이나 저서를 인용하고, 필자 스스로의 해석과 견해를 바탕으로 가능한 범위의 도시들에 대해 서술한 것이다. 사실인가 아닌가에 관심이 있다기보다, 당시 그 장소에 실재(實在)한 사람들에게 사실이 어떻게 보이는가에 중점을 둔 것이다.

일장은 대략 조선 중기 이후, 주로 서울을 중심으로 도시경관의 변천양상에 대해 기술한 것이다. 그 당시 유토피아적 사고에 대한 고찰로부터 시작해, 조선 개국 이후 오백여 년 간 우리나라 특유의 원형적(原形的) 경관으로 남아 있던 도시의 모습은 어떠했으며, 19세기말 개항기 이후 어떻게 변했고 일제시대의 식민통치에 의해 어떻게 왜곡되었으며, 해방 후 반세기를 지나는 동안 서구의 모더니즘이 어떤 양상으로 도시경관에 나타났는지 살펴본다. 특히 이 연구를 통해 초기 유토피아적 사고가 어떻게 조선 후기 실학사상이나 개혁사상으로 연결되고, 또 그러한 사조가 도시경관을 개선하려는 시도로 어떻게 나타났는지 맥락을 짚을 수 있었던 것은 하나의 수확이었다.

이장은 도시경관을 보는 틀을 체계화하고 그러한 틀을 바탕으로 한국의 도시경관을 해석하고자 한 것이다. '보는 틀'은 이십여 년 전 영국의 중세도시들을 연구할 때, 그리고 그로부터 몇 년 후 미국의 시카고 등의 도시를 연구할 때 발전시켰던 분석체계를 보완해 다시 작성한 것이다. 주로 도시환경의 총체적 지각에 관심을 갖는 환경지각적 관점에서, 도시환경에 인간이 반응하는 양상에 따라 접근방법을 분류했다. 비교고찰을 위해, 한국의 도시에도 외국의 도시에 적용했던 것과 유사한 방법으로, 주로 이미지와 장소성 측면에서 도시의 특성을 파악하고자 시도했다. 사례연구로는 우리나라의 대표적인 관광도시이자 역사도시인 경주와 전주를 대상으로 했으며, 영국의 요크시 등 외국의 도시에 적용했던 다른 연구사례를 비교해 서술했다. 그리고 이 연구의 접근방법을 보다 일반화해 우리나라 도시의 정체성을 살리기 위한 이미지를 향상시키고, 사람들에게 사랑받을 수 있는, 장소성 풍부한 장소를 만드는 방안을 제안하고자 했다.

삼장은 우리나라의 도시경관을 어떤 시각으로 보아야 제대로 파악할 수 있는

지, 나아기 우리의 도시들은 어떻게 가꾸어야 하는지에 관심을 갖고 필자의 독자적인 견해를 밝힌 것이다. 우리의 옛 건축과 그 배치, 오늘날의 우리 도시경관, 전통학문으로서의 기철학(氣哲學) 등의 주제는 겉으로 보아 직접 관련이 없어 보이지만, 이들 내면에 깊이 흐르는 이원성의 문제에 서로 상통하는 요소가 있다. '상보적 이원성' 혹은 '이원적 일원성'이라는 주제는 우리 경관의 중요한 특징으로서 필자가 특히 강조하고 있는 키워드이며, 오늘날과 같이 가치관이 혼란한 시기에 우리 도시경관의 참모습을 볼 수 있도록 하나의 시각을 제시하려고 한 것이다. 관심의 초점은, 동양적 가치관과 사상을 어떻게 지구적 보편성과 교배해 체계적 개념을 설정하고, 나아가 설계과정에서 유용한 틀로 만드느냐에 있다. 여기 서술한 내용들은 도시경관을 보는 새로운 패러다임의 모색 과정에서 완결적 성격을 갖는다기보다는, 앞으로 보다 깊은 연구를 하기 위한 시작의 의미를 지닌다.

　이 글은 역사학자가 보기에는 그 철저함에 있어 아마추어 수준이고, 지리학자나 도시학자가 보기에는 얕은 지식 수준에 머물러 있다고 생각할지도 모른다. 필자 자신도 건축과 조경을 전공한 사람으로서, 이러한 비난을 감수하면서도 감히 다른 학문 영역을 들여다보지 않을 수 없었던 것은, 지금까지 검토한 대로 도시경관이 가진 복합적이고 총체적인 성격 때문이다. 늘 존경의 마음을 갖고 있는, 순수학문에 전념하는 학자들의 기탄 없는 비평에 겸허하게 귀 기울일 생각이다. 이 책에 실린 글들은 20세기에 쓰기 시작했으나, 서론을 쓰는 지금은 21세기이며, 글들의 관심은 온통 미래의 우리 도시환경에 있다. 이 부족한 글이 우리 미래의 경관 연구에 조금이라도 보탬이 된다면 더 이상 바람이 없겠다. 끝으로 결코 베스트셀러가 될 것 같지 않은 이 책을 흔쾌히 출판해 주신 열화당 이기웅 사장께 깊은 감사를 드린다.

　21세기 초두에 동계서실(東溪書室)에서
　이규목

THE MODERN KOREAN TOWNSCAPE
A SUMMARY

Every city in the world has its own face according to its historical background and sociocultural factors. I spent many years looking closely at towns and cities to understand the underlying factors that caused them to appear as they do. The book *City and Symbol* published in 1987 was a result of these studies mainly of foreign cities such as Beijing, Chicago, and old English towns. In the present book, I tried to give an account of the appearance of some Korean cities in order to explain how they look different from foreign cities. This book neither includes all cities in Korea nor records historical changes chronologically. It covers cities as far as they are worthwhile to comment on and collected data is available. The data was analyzed in a descriptive manner in which other people's opinions and views were quoted, and my own interpretations were presented.

Chapter One deals with the historical development of townscapes over the last one hundred years. It starts with traditional utopian concepts of Korea and some island-type utopias such as Yuldoguk(硉島國) and Muin-gongdo(無人空島) appearing in literature. The focus of this study is mainly upon Seoul, which has been the capital city of Korea for six hundred years. The main issues are how the original city was formed by Fengshui(風水) principles, how it was changed by the introduction of western civilization in the late 19th century, how Seoul and other cities were forced to be modified, undesirably, during the Japanese occupation for thirty-six years, and how they look as they do now, affected by western modernism and rapid industrialization. I was saddened to conclude that, although some utopian ideas affected the making of Korean style town-scapes in the early stage of development, the ruthless Japanese rule and the thoughtless introduction of western civilization resulted in today's confused and "cheap American style" townscapes.

Chapter Two consists of the establishment of study methods and case studies of Korean cities based upon the established study methods. In an effort to con-ceptualize the cities' appearances, the study methods are grouped into four cat-egories—townscapes as visual perceptions, as image making, as communica-tion media, and as place making. As case studies Gyeongju and Jeonju are selected and analyzed as examples of image making and place making meth-ods. As Gyeongju bears the nickname "The City of Tombs" and Jeonju "The City of Cuisines," these cities have distinct townscapes and images in spite of inappropriate land use and management. To enhance the identities of Korean townscapes in general, I suggested that the mountain skyline should be pre-served as the main feature in our cities and the streetscape be vitalized as cul-tural centers of daily urban life.

Chapter Three, the last chapter, shows my personal views on how to under-stand the essence of Korean townscape. Two main topics are discussed: the complementary dualism shown in traditional architecture and site plans, and the application of the Yin(陰) and Yang(陽) principle based on Chi(氣) in the Fengshui theory to modern townscapes. Thus I assumed a "dualistic monism" in modern Korean townscape such as the relationship between main streets and back streets, between the central culture and local culture, and between modernity and pre-modernity. These and other dualistic structures of Korean townscape are worthwhile to study further to clarify the differences and similar-ities of our cities. In seeking a 21st century paradigm, I suggested a "relational paradigm," which combines the East Asian value system with the global univer-sality.

차례

제1장
한국 도시경관의 변천 · 15

1. 한국의 유토피아

2. 조선 후기 서울의 도시경관—그 원형과 변형

3. 일제시대의 왜곡된 도시경관

제1장
한국 도시경관의 변천

1. 한국의 유토피아

유토피아의 의미

경남 하동군 청암면 묵계리, 지리산 남단 하동읍에서 동북쪽으로 얼마간 오르면 해발 1284미터의 삼신봉 밑에 청학동(靑鶴洞)이라고 씌어 있는 바위가 보인다. 이곳에 『정감록(鄭鑑錄)』을 신봉하고, 죽어서 신선이 되겠다며 흰 무명옷에 머리를 땋아 문명과 등진 생활을 하는 도인들이 모여 사는 마을이 있다. 현재 서른 가구 백오십여 명의 주민이 살고 있으며, '청학서당'을 열어 전통적인 서당교육을 실시하는 등 현실 사회와의 창구도 열어 놓고 있다.『조선일보』 지금은 1999. 11. 24 토속신앙에 심취한 도인들과 특이한 먹거리로 인해 세인의 호기심을 자극하는 관광지의 모습으로 바뀌어 버린 이 장소가, 아무리 경치가 좋다고 한들 과연 지상의 낙원 유토피아인지는 의심이 간다.

비단 청학동뿐 아니라 우리나라에는 예로부터 이상향에 대한 동경이 있어, 이를 문학적으로 표현하거나 실천을 꿈꾸는 사람들이 있었다. 사실상 이상향에 대한 향수는 그 형식과 내용은 달라도 세계 어느 나라에나 나타나고 있어, 이러한 성향은 인간의 보편적인 사유 혹은 행동 양상이 아닌가 생각한다. 예컨대 미국에는 유럽의 종교나 사상가의 영향을 받아 1660년부터 이백여 년 간 거의 이백 개의 이상촌들이 생겼다 없어졌다 했고, 아직도 그 명맥을 유지하는 것들도 있다.이규목 1988 필자도 아미쉬 피플(Amish People)이 사는 미국의 이런 마을을 방

문한 적이 있는데, 이들의 이러한 삶이 건실하고 근면한 것같이 보이기는 했어도 과연 이상향인지에 대해서는 의심의 여지가 있었다. 유토피아라는 것이 본질적으로 좋은 장소이면서 동시에 이 세상에 없는 장소라는 이중적인 의미를 갖고 있기 때문이다.

관광지가 되다시피 한 지리산 청학동 초입의 모습.(위)
풍력을 동력으로 이용하는 미국 일리노이주 아미쉬 마을.(아래)

서구에서의 유토피아는 그 기원이 플라톤의 공화국이나 원형의 도시로 거슬러올라가지만, '유토피아(utopia)'라는 말 자체는 중세에 토머스 모어(Thomas More, 1478-1535)의 소설 제목으로 처음 등장했다. 이 이후 서구의 유토피아적 발상은, 르네상스 시대의 이상도시안(理想都市案)들을 거쳐 점차로 사회적 정치적 문제에 관심을 가진 안들로 바뀌면서, 20세기에 들어와 전원도시로 실현을 보게 된다.^{이규목 1988} 즉 초기의 우주적 관념적 구상단계에서 실현 가능한 계획안으로 발전되어 실제의 도시계획에 적용되었던 것이다. 중국에서는 유토피아에 해당하는 말로 '대동(大同)'이라는 용어를 사용하는데, 이것은 『예기(禮記)』「예운(禮運)」편에 나온 말로서, 대도(大道)가 구현되는 사회의 상황을 표현하는 말이다. 고대에는 원시사회에 대한 동경으로 비인간의 세계에서 대동사회를 찾거나 형상적인 언어로 문학적으로 표현했으나, 후기에 와서는 서구 유토피아의 전개 과정과 유사해져서 정치나 사회개혁가들에 의해 구체적인 사회상으로 제시되기도 했다.^{진정염·임기담 1990}

이에 반해 한국의 유토피아는 발생기의 꿈과 몽상의 세계에서 크게 벗어나지 못하고, 이색적인 도인집단 정도로 존재하는 듯 인식되어 왔다. 이에 관해서는 본문의 유토피아 형성의 사회적 측면에 대해 면밀히 검토하는 과정에서 드러나겠지만, 피상적으로 그렇게 보여도 그처럼 도피적 유토피아의 단계에 머물러 있었던 것만이 아니라, 우리나라의 경우에도 상당한 부분 사회적 문제에 관심을 갖는 방향으로 전개되었음을 알 수 있을 것이다.

유토피아는 세계를 보는 방법의 하나이자 우리의 본성에 내재된 완전생활에 대한 꿈이다. 이것은 본질적으로 현실을 초월하지만, 장소마다 시대마다 현실세계가 다르기 때문에 이 꿈의 세계도 그 모습이 달라진다. 다시 말해 가장 이상적이고 완전한 세계라기보다 불만족스러운 현실에 반대되는 사회, 현실에서 도피한 세계를 그리고 있다. 따라서 '이상적'이라는 것은 상대적인 개념이며, 이 세상에는 수많은 종류의 유토피아가 존재할 수 있고, 그 성격이나 개념도 달라질 수 있다.

여기서는 우리나라에 예로부터 내려온 전설이나 문학작품 혹은 기록을 통해 유토피아의 변천을 고찰하고자 한다. 시대적 구분이 중요한 요인이지만 전설이나 입으로 전해지는 것들은 시대 구분이 애매하므로, 분명하게 유토피아가 형성된 시기라고 보이는 조선 중기를 중심으로 그 이전의 것을 묶어 유토피아의 발상과 기원으로 정리하고, 실학사상이 대두된 조선 중기 이후에 나타난 것들을 실질적인 유토피아로 구분한다. 다른 분야도 마찬가지지만 한국 유토피아의 발전은 특히 이 시기를 전후해서 구체화했다고 볼 수 있기 때문이다.

한국 유토피아의 발상과 기원

유토피아는 실재한다기보다 우선 인간의 발상에 의해 관념적으로 존재하는 것이므로, 사상적 철학적 배경이 큰 영향을 미친다. 우리나라에는 고대로부터 내려온 고유의 사상과 민간신앙이 있고, 삼국시대에 불교가 들어왔고 이어서 도교사상이 중국으로부터 전해졌다. 사실상 한자의 전래와 더불어 유교가 제일 먼저 수입되었겠지만 초기에는 학문으로 수입된 것이고, 일반화하여 민중 속에 파고든 것은 훨씬 뒤의 일이다.조지훈 1974

우리 고유의 사상체계는, 단군신화에서 대표적으로 나타나듯이 천(天, 天空 혹은 桓) 사상이다. 이것은 단순히 하늘을 숭배하는 사상이라기보다 "하늘이 곧 나다"라는 천인일체사상(天人一體思想)이다. 천상계의 주신(主神)인 환인과 그 아들 환웅 그리고 단군으로 이어지는 단군신화에서, 단군은 하느님과 사람의 이원화한 관계가 아니라, 바로 완전히 인간화한 천신으로서 하느님과 사람은 일체가 된다.송항룡 1987 환웅이 떠나 온 천상세계는 낙원으로서, 하늘의 낙원이 지상에 투영되는 것으로 우리의 이상향을 생각하게 되는바, 이것은 우리나라뿐 아니라 동양사상의 사유체계에 유사하게 나타난다. 흔히 말하는 '신선이 내려와 노닐던 곳(仙境)' 등이 바로 이러한 개념의 장소라 볼 수 있다. 이 사상체계의 직접적 영향은 구체적으로 파악하기 어려우나, 이것은 이후 들어온 외래 종교인 유교, 불교, 도교와 여러 방법으로 결합되어 종교적 색채를 띠거나 민속적 요소가 가미되어 샤머니즘적 신앙구조 속에 깊이 파고들었다.

우리나라에 제일 먼저 들어온 종교인 불교는 우리 일반민중 사이에 가장 널리 퍼졌고, 고유의 무속신앙 등과 결합하여 우리 민족의 문화 저변에 깊이 파고들었다. 극락정토사상이나 미륵사상 등 미래지향적인 유토피아에 대한 개념은 불교에서 나온 것이라 볼 수 있다. 도교도 마찬가지로 우리 고유의 사상과 결합되어 우리 대중의 의식 속에 깊이 파고들었다. 유교가 치세(治世)와 처세의 철학이라면 도교는 일반대중의 보편적 생활철학으로서 작용했으며, 특히 무위자연(無爲自然)으로 대변되는 노장사상은 유교나 기타 다른 사상체계에도 영향을 끼친 도교사상의 핵심이라 볼 수 있다.

『장자(莊子)』의 「소요유(逍遙遊)」 마지막 구절에 나오는 '무하유지향(無何有之

鄉, 아무것도 있는 것이 없는 곳)'은 속세 밖의 이상향을 우의적으로 표현한 것으로, 고대 중국 유토피아의 전형이라고 볼 수 있다. 또한 노자(老子)의 『도덕경(道德經)』 중 「소국과민(小國寡民)」편은 원시사회를 동경한 소규모의 정주사회(定住社會)를 표현한 것으로, 도가(道家)에서 추구하는 아담한 이상사회를 그리고 있다.^{김경탁 1982} 이것은 중앙정부의 간섭을 약화시키고 자연질서 속에 상호협동적인 농촌사회를 세우려는 것으로, 이 이후의 유토피아의 전개에 큰 영향을 주었고, 소위 '무릉도원(武陵桃源)'이라는 문학적 표현의 유토피아가 탄생하게 된다. 후에 언급하겠지만, 이들은 모두 직접적으로 한국의 유토피아 발상에 영향을 주었다.

한국의 유토피아 전개에 있어 또 하나 중요한 영향을 준 것이 풍수사상(風水思想)과 도참사상(圖讖思想)이다. 중국의 전통적 사상체계인 음양오행설(陰陽五行說)의 영향을 받아 형성된 풍수사상은 신라시대말에 우리나라에 전파되었고, 고려에 들어와 도참적 사고와 결부되어 길지사상(吉地思想)으로 전개된다. 본래 풍수사상이 자연과학적 성격을 띠고 있는 데 반해, 인간의 길흉화복에 대해 예언적 성격을 가진 도참사상은 정치 사회적 요소를 중요시했고,^{최창조 1984} 이 두 가지가 결합되어 현실 도피와 보신의 장소로서 『정감록』에 나오는 '십승지지(十勝之地)' 등의 길지가 성립된 것이다.

이 밖에도 유토피아적 발상에는 이러한 사상적 배경이 깔리지 않은 것도 있다. 제주도 남쪽 어딘가에 있다는 이어도에 관한 전설이 바로 그것으로서, 이것은 순수한 제주도 고유의 민간신앙과 바다를 대상으로 하는 생활 속에서 발생한 것이다. 요컨대 한국 유토피아의 사상적 배경은 이러한 고유의 민속신앙을 비롯하여 앞서 언급한 천인합일의 신인사상(神人思想), 불로장생을 추구하는 도교의 신선사상(神仙思想), 미래세계를 지향하는 불교의 미륵사상(彌勒思想), 그리고 현세적 만족과 이익을 추구하는 풍수·도참사상 등이라고 할 수 있다.

길지사상과 십승지지

우리나라 민중 속에 오랫동안 전수되어 온 길지(吉地, 살 만한 곳)에 대한 확실한 근거는 『정감록』에 나타나 있다. 넓은 의미로 『정감록』은 「감결(鑑訣)」을 비롯한 몇 가지 도참서류를 함께 묶어 놓은 것으로, 그 저작 연대에 대해서는 설이 구구하다. 고려 초기라는 설부터 조선 중기라는 설까지 몇 가지 설이 있으나, 이러한 길지에 대한 사상은 『정감록』이 나타나기 훨씬 전부터 민간신앙 속에 있었던 것 같고, 다만 『정감록』에 대한 연구가 조선 중기 이후에 활발했던 것으로 보아 그 직전, 즉 조선 초·중기에 저작된 것으로 생각하는 것이 타당할 것 같다. 『정감록』의 저작 연대는 중요한 문제가 아니고, 주목할 것은 오래 전부터 구전되어 온 길지의 개념이 소위 '십승지지(十勝之地)'라는 것으로 『정감록』에 실제의 지명으로 나타났다는 사실이다.

조선 명종 때의 풍수가 격암(格菴) 남사고(南師古)는 『산수십승보길지지(山水十勝保吉之地)』에서, "그 밖에 '몸을 숨길 만한 곳(藏身之地)'이 군데군데 있으나 모두 이용하기는 어려우므로, 가장 좋은 십승지만 기록했다"고 했으며, 「감결」에서는 "'몸을 보전할 땅(保身之地)'이 열 있으니, 십승지지는 사람이 세상에서 피신하기에 가장 좋은 땅이다"라고 했다. 이 외에도 몇 개의 도참서에 십승지지가 나타나는데, 이들이 지적한 장소들이 반드시 일치하지는 않는다. 그러나 대체로 한강 이남에 위치하여 『정감록』의 특징의 하나인 남쪽 중시 사상이 저변에 깔려 있다. 외적의 침입이 주로 북쪽에서 내려온 점과, 한 장소에 안주하면서 자급자족할 수 있는 전답이 남쪽에 더 많이 있었다는 점이 그 이유가 될 것이다. 기록상 빈도수가 많은 장소들의 위치를 보면, 풍기, 가야, 공주, 풍천, 영월, 무주·무풍, 부안, 운봉, 안동·화산, 보은 등이다. 십승지지 중 첫번째인 풍기에는 『정감록』을 신봉하는 무리들이 아직도 사백여 명 살고 있다.진철승 1989 이들이 여기 피난 온 것은 백삼십여 년 전이라고 하는데, 이것은 대개 홍경래(洪景來)의 난 이후가 된다. 모두가 『정감록』을 신봉해 온 것은 아니고 다른 이유로 이주한 사람도 있으며, 현재 생활 수준은 극히 빈곤한 편이다.

십승지지는 대체로 한강 이남의 산간계곡에 있어 삼면이 급사면에 둘러싸여 있으며, 나머지 한 면이 병목같이 좁은 통로로 도읍지에 연결되고, 하천을 끼고 있는 경우가 대부분이다.최창조 1984 다시 말해서 이 장소들은 피난과 은둔의 최적지임을 나타내는 것이다. 길지는 풍수적 측면에서 보면 자연조건상 살 만한 곳이지만, 도참적 측면에서 보면 현실 사회에서의 피신과 보신의 장소를 뜻한다. 십승지지에 나타난 장소들은, 항상 전쟁과 기아 그리고 악정에 시달리는 민중에게 이상적인 도피처이다. 그러나 이것들은 풍수적 측면이나 자연환경 면에서 반드시 이상적인 것은 아니고, 양기풍수(陽基風水)의 원리에 어긋나는 경우도 많고, 오히려 살기 어려운 곳도 있다. 십승지지란 살기에 편한 곳이라기보다는, 격리해 은둔하기 쉬운 곳을 말한다고 볼 수 있다.

서구의 유토피아가 대개 지구상 막연한 어느 섬이나 격리된 장소를 가정한 것인 데 비해, 이들은 구체적인 장소를 거론했다는 면에서 크게 차이가 난다. 이런 면에서 진정한 의미의 유토피아라기보다는 유토피아적 발상에 의해 살 만한 장소를 선정한 것이라 볼 수 있다. 이상향이 갖춰야 하는 사회제도나 경제체계에 관심을 갖고 이를 제시한다거나, 미래상에 대한 관심에 의해서가 아닌, 그저 현실생활의 도피처로서 장소를 생각한 것이라 볼 수 있다. 그러나 이 발상은 구체적인 유토피아의 형성에 영향을 준다. 조선시대 실학자 이중환(李重煥)이 제시한 '가거지(可居地, 살 만한 곳)'는 지리학적 분석을 토대로 한 것이지만 길지사상의 영향을 받은 것 같고, 남쪽 중시 사상은 후대에 내려와 지상의 유토피아가 남쪽 어딘가 존재한다는 '남조선(南朝鮮)'의 발상에 영향을 준 것 같다. 또한 길지사상은 부패한 현실을 부정하는 민간의 말세적 감정의 정신적 기반 구실을 해 왔기 때문에 여러 종류의 사교(邪敎)에 영향을 주었고, 도참사상과 더불어 정여립(鄭汝立)의 난이나 동학란에도 영향을 미쳤다.

무릉도원사상과 청학동

무릉도원(武陵桃源)은 중국 호남성 동정호의 서남쪽 무릉산 기슭에 있는 강변가를 말하는 것으로, 도원은 그 현의 이름이가도 하다. 진(晉)나라 도연명(陶淵明, 365-427)이 기술한 『도화원기(桃花源記)』의 가상적인 이야기에 의해, 무릉도원은 가장 경치 좋고 또한 당쟁이 없는 동양적 유토피아의 대명사로 일컬어져 왔다. 옛이야기의 줄거리는 다음과 같다.^{진정염·임기담 1990}

중국 진나라 시절 호남 무릉에 한 어부가 있어 배를 저어 가다 아름다운 도화림(桃花林)을 만났다. 그 끝까지 가니 산이 있고, 거기 삭은 구멍이 있어 비집고 들어가 보니 다른 세계가 나왔다. 그 속에는 광활한 땅이 있어 진나라의 난리를 피해 온 사람들이 살고 있었는데, 그들은 하도 살기가 좋아 바깥 세상이 어떻게 바뀌고 세월이 얼마나 지났는지도 몰랐다. 며칠을 잘 지내다가 바깥 세상으로 나와 고을 원님께 고한 후 다시 찾아 나섰으나, 구멍을 찾을 길이 없어 다시는 가 보지 못하고 말았다.

경관이 아름다운 장소를 묘사했고, 피난을 하여 현실을 도피했으며, 좁은 구멍이라는 통과의례적 요소를 도입했으며, 무엇보다도 다시 찾을 수 없었다는 점에서 유토피아의 전형적인 요소를 모두 갖추고 있다. 도교적인 현실 도피의 사상을 갖고 있다는 면에서 노장사상의 특징이 보이며, 또한 왕이 중심이 되는 봉건주의에 대항해 원시 농경사회를 그리고 있다는 면에서 부분적으로 유교의 은둔사상도 가미됐다고 판단된다. 이것은 후에 많은 사람들에 의해 글과 그림으로 묘사되었고, 실제로 장소를 찾아 나선 사람도 많았다.

무릉도원의 물리적 실체로서 우리나라에서 가장 많이 거론된 것이 청학동 전설이다. 한국화한 도원으로서 청학동은 우리나라 여기저기에 그 명칭이 존재하지만 지리산에 위치한 것이 대표적인 것으로, 그 연원은 고려시대의 문인 이인로(李仁老, 1152-1220)의 시화집 『파한집(破閑集)』에 잘 나타나 있다. 당시의

안평대군의 꿈을 그림으로 형상화한 안견의 〈몽유도원도〉. 조선 15세기경.

사회는 무인들의 횡포로 소란이 극심했고 관계의 질서도 문란해, 선비들은 산림에 숨거나 불가에 의탁하는 일이 많았다. 이인로 또한 관계에 몸담고 있었지만 뜻이 풍류에 있고 벗과 사귀기를 좋아해 중국의 죽림칠현(竹林七賢)을 본뜬 죽고칠현(竹高七賢, 또는 海左七賢)의 우두머리가 되었다.

『파한집』에 보면, "지리산 골짜기 사이에 청학동이라는 곳이 있는데, 길이 아주 좁아 사람이 겨우 지나갈 만하다. 기어서 수십 리쯤 가야 비로소 아주 넓은 곳에 다다른다. 주위가 다 양전 옥토로서 씨 뿌리고 나무 심기에 알맞으며, 그 안에 오직 푸른 학이 그 전부터 서식하고 있어 청학동이라고 부른다"고 노인들 중에 전해 내려오는 옛이야기를 빌려 소개하고 있다. 이로 미루어 보면 청학동 전설은 『파한집』에 언급하기 이전에 입으로 전해 온 것 같다. 일부 학자들은 『파한집』에, 저자가 청학동을 먼저 찾아보고 우연히 그 이후 도연명의 『도화원기』를 읽었다고 기록된 것을 들어, 청학동은 무릉도원과 별개로 우리 고유의 전설로 내려온 것이라고 단정하고 있다.^{손진태 1947}^{김석하 1973} 그러나 무릉도원 전설은 그보다 팔백여 년이나 앞서 출현해, 청학동이 우리 고유의 민속신앙에서 나왔다 해도 무릉도원에서 직간접 영향을 받았을 것이다. 하여튼 고려 말기에는 도원경(桃源境)의 이미지로 유추된 '청학동'이라는 제목의 문학작품이 많이 발견되어^{김석하 1973} 두 이상향 사이에 상관성이 있음을 짐작할 수 있다.

청학동에 들어선, 우리 조상을 모시는 삼성궁(三姓宮) 정전(正殿).

이인로는 당시 이 전설을 듣고 친구를 대동하고 이 골짜기를 찾아 나선다. 도처에 선경(仙境)이 아닌 곳이 없었으나 청학동이라고 부르는 곳은 끝내 찾지 못하고, 시 한 수 남겨 놓고 돌아왔다. 그 이후에도 많은 사람들이 찾아 나섰다는 기록이 전해진다. 이십여 년 전에 작가 박태순(朴泰洵)이 국토기행 중 하동군 청암면 묵계리를 방문하여 청학동을 찾으려 했지만, '과연 여기구나' 하는 장소는 없었고 많은 사람들이 찾아 나섰던 흔적만 보일 뿐이었다. 그는 결국 '아님에 틀림이 없다'는 결론을 내리고 돌아서고 만다.박태순 1977

최근 필자가 묵계리를 방문했을 때는 이곳, 소위 '청학동'이라는 명칭의 장소는, 음식점과 서당교육용 건물이 가득 들어 차 있었다. 물론 산 속 깊은 곳에는 일부 도인풍을 지닌 사람들이 거주하고 있었으나, 서두에서 언급했듯이 현재는 이상향의 모습을 띠고 있지 않았다.

조선시대 안견(安堅, 1418-1494)이 그린 〈몽유도원도(夢遊桃源圖)〉는, 세종의 아들인 안평대군(安平大君, 1418-1453)이 꿈에 도인을 만나 경험한 풍경을 화가적 상상력으로 그린 관념 산수화이다. 그림을 보면 기암괴석이 첩첩산중으로 둘러싸인 곳의 원편에 복숭아꽃이 만발한 도원경(桃源境)이 펼쳐져 있다. 이 풍경화는 무릉도원을 실감나게 묘사함으로써 동양적 유토피아의 전형을 보여준다. 그림에 보이는 산수·바위·나무 등의 묘사가 매우 흥미롭다.

이렇게 그림으로까지 묘사되었지만, 무릉도원이나 청학동은 이 세상에 뚜렷한 위치를 갖고 존재하는 것은 아니다. 몇 장소가 거론되기만 했지 '여기다' 하는 곳은 없고, 다만 사람들의 마음속에 있을 뿐이다. 십승지지가 구체적인 주소와 위치를 가진 장소이면서 딱히 뛰어나게 좋은 장소가 아닌 반면, 청학동은 무릉도원을 닮은 좋은 장소이지만 이 세상에 없다. 유토피아의 '좋은' 과 '없는' 이란 장소적 특징에 각각의 방식으로 일치한다. 청학동은 근세 후기 실사구시의 풍조와 시민의식의 향상으로 민중적 신앙으로 변용되어 나타난다.김석하 1973 그 예로서 뒤에 언급하겠지만 상주에 있다는 오복동(五福洞)이 있다.

미륵정토사상

정토(淨土)란 번뇌의 속박을 벗어난 곳, 즉 극락세계란 뜻으로, 부처가 살고 있는 곳이다. 이것은 사바세계에 대한 상대적인 개념으로 불교적 유토피아의 이미지를 갖고 있다. 한편 미륵(彌勒)은 미래불(未來佛)로서, 미륵이 사는 곳은 도솔천(兜率天)이라는 미륵정토이다. 미륵신앙은 바로 이 미륵정토가 이 세상에 실현된다는 민중신앙이다. 도솔천에는 계두성이라는 아름다운 도성이 있고, 주변에 조그마한 도성이 여러 개 부속되어 있다. 계두성 가운데에는 용왕이 살며 야차(夜叉)가 밤낮으로 주민을 보호하고 청소를 담당하며, 도로는 포장되어 있고 분뇨도 처리되며 야간 조명 시설도 있고, 심지어 멀리 떨어져 있는 사람끼리 통신도 할 수 있다.

비록 이 세상에 없는 정토세계를 그렸지만, 구체적이고 세속적인 묘사를 함으로써 지상에의 실현가능성을 예감하게 한다. 이런 면에서 서구 유토피아의 묘사—예컨대 플라톤의 원형(圓形)의 도시, 모어의 유토피아 혹은 캄파넬라(T. Campanella, 1568-1639)의 태양국 등—와 유사한 특징을 보인다.이규목 1988 그러나 이 미륵정토에 대한 상은 『미륵경(彌勒經)』의 작가가 창작한 것이 아니라, 원래 인도에서 오랫동안 일반화해 온 이상향의 모습이라고 한다.와타나베 데루히토 1983

우리나라에 불교는 삼국시대에 전래되었고, 고려와 조선으로 내려오면서 미륵신앙이 민중 속에 깊이 파고들어 미륵님이 현인신으로 구현된다는 구체적이고 적극석인 세계로 발전했다. 백제에서는 이 땅 위에 미륵불의 세계, 즉 용화세계(龍華世界)가 실현된다고 했고, 후고구려 궁예는 살아 있는 미륵불 행세를 했다. 또한 고려 무신정치 시대에 노비의 난에서 노비들이 미륵불의 재림을 염원한 것이라든지, 조선시대 무수한 반란 가운데 민중들이 의지했던 것도 이 미륵신앙이었다. 근세에 동학혁명의 사상적 바탕에도 영향을 주었고, 그 이후 민족신앙으로 풍미했던 후천개벽의 종교 증산교(甑山敎)의 교주 증산(甑山) 강일순(姜一淳)도 "나를 보려면 금산사의 미륵을 보라"고 할 정도로 미륵신앙은 뿌리가 깊다. 조선 말기 미륵신앙이 너무 구세적 의미를 강조함으로써, 이것을 이용하려는 나쁜 무리들이 백백교(白白敎)나 용화교(龍華敎) 등의 사교로 나타나 민중들을 혹세무민하여 많은 피해를 끼치는 나쁜 사례로까지 나타나기도 한다.

그러나 불교 경전으로서의 『미륵경』은, 이상적인 환경은 인간이 선(善)을 쌓을 때에만 실현이 가능한 것이라고 설법한다. 무엇보다도 가난한 사람, 불행한 사람의 편에 서서 몸소 대화하고 복음을 전할 것을 강조한다. 이러한 공덕에 의해 미륵불을 만날 수 있다는 실천적 교훈이 이 미륵신앙의 핵심이다.와타나베 데루히토.1983

17세기말 조선조 숙종 때를 배경으로 하고 있는 황석영의 대표작 『장길산(張吉山)』(1984)에도 이 미륵정토가 묘사된다. 이 장편소설의 후반부에 미륵사상의 용화세계가 나오는데, 이는 민중들에 의해 쟁취되는 이상세계를 설정한 것이다.김종회 1990 『장길산』에서 미륵정토는 이렇게 묘사된다.

"…장차 밝아 올 미륵의 세계에서는 욕심과 상극이 모두 사라지고 서로 사이 좋게 같이 사는 화평한 나라를 이룰 것입니다. 재물은 나누어질 것이며 땀 흘리고 수고하는 보람도 똑같아질 것입니다. 땅은 기름지고 풍족하여 병고와 가난이 사라져서 계두성에서는 누구나 문물의 혜택을 고루 받게 됩니다."

이것은 현세에서 억압받고 쪼들리고 착취당하는 민중들의 구원의 세계를 나타내며, 이런 면에서 비록 실현될 날은 요원해도 민중 속에 소망의 세계로 깊이 자리하고 있다고 볼 수 있다. 『신약성서』의 「요한계시록」에 나타나는 '천년왕국설(千年王國說)'이 기독교적 유토피아라면, 이것은 불교적 유토피아의 표현이라 볼 수 있다.

이것은 또한 우리 민족 고유의 '천(天) 사상', 즉 하늘에서 내려온 환웅이 지상에 낙원을 건설한다는 사상과도 유사하다.[김석하 1973] 미륵신앙은 불교에 뿌리를 두고 있지만 불교적이라기보다는 한반도적 토속신앙의 요소가 강하며, 한반도 특유의 메시아 신앙의 일종으로 민중 속에 넓게 자리해 왔다. 길지사상이 이 세상에서 좋은 장소를 찾으려 했고, 무릉도원이 꿈속에서 좋은 장소를 찾으려 했다면, 미륵정토사상은 시간적으로 미래에 초점을 맞춘 유토피아 사상이라고 요약할 수 있다.

한국의 유토피아들

이어도

예로부터 육지에 지리산 청학동이라는 이상향이 있다면, 제주도의 바다 사람들은 이어도라는 이상향이 있다고 노래해 왔다. 필자가 여러 차례 현지 조사를 했으나 그 기원은 알 수 없고, 언제부터인가 해녀들의 노동요(勞動謠)로써만 전해지고 있다. 제주도 출신의 재일교포 작가 김석범은 그의 소설 『화산도(火山島)』(1988)에서 이어도 전설의 유래를 다음과 같이 적어 놓았는데, 확실한 자료에 근거했는지 작가 자신의 창작인지는 알 수 없다.

"원(元)나라의 지배하에 놓인 당시의 탐라는 매년 섬의 토산물을 원나라에 공물로 바치지 않으면 안 되었다. 공물을 실은 배는 섬의 남서쪽에 있는 대정현 모슬포에서 출항하여 중국의 산동지방으로 향했다. 그리고 언제부턴가 대정의

VTOPIAE INSVLAE FIGVRA

섬으로 묘사된 모어의 유토피아 상상도. 1516.

강씨라는 사람이 해상운송 대리업자가 되어 매년 수척의 배를 공물선으로 보냈다. 공물을 가득 실은 배는 황해를 건너 아득히 먼 중국땅으로 향하는데, 이상하게도 공물선은 무사히 섬에 돌아온 적이 한 번도 없었다. 그런데 그 무렵, 항로 중간에 이허도(離虛島), 즉 이어도라는 섬이 있다는 이야기가 널리 퍼져 있었다. 이 섬은 탐라인이 섬 밖으로 나갈 때면 반드시 들러야 하는 섬인데, 나갈 때든 돌아올 때든 이 섬에만 도착하면 일반 항해의 안전이 기약된다고 믿어지고 있었다. 어느 해 선주인 강씨는 직접 공물선을 타고 산동지방을 향하여 배를 띄웠지만 결국 섬에 돌아오지 못했다. 혼자 남게 된 강씨의 늙은 아내는 불귀의 객이 된 남편을 그리워하며 환상의 섬 이어도를 향하여 '이어도여, 이어도여…'로 시작되는 즉흥곡을 만들어 통곡의 슬픔을 노래하였다.”

이후 바다에서 남편을 잃은 과부들이 바다에 나가 힘든 일을 할 때면 이 곡을 함께 부르게 되었다. 박태순은 고은의 시 「제주도」를 인용하며 원문과 풀이를 각각 다음과 같이 적었다.^{박태순 1977}

이어도 허라 이어도 허라   이어도여 이어도여

이어 이어 이어도 허라   이어 이어 이어도여

이어 허맨 나 눈물난다   이어 하는 소리만 들어도 나 눈물난다

이어… 말은 마랑근가라   이어 말은 말고서 가라

강남을 가난 해남을 보라	강남을 가는 해남길을 보면
이어도가 반이엥 해라	이어도가 반이라 한다

이어도의 유래에서 보듯이, 이 섬은 죽음의 이미지와 연결되는 섬이었다. 바다와의 싸움은 절박한 것으로서 항상 죽음을 연상시키고 죽음의 두려움을 느끼게 하지만, 그것은 육체적인 것이 아니라 삶을 절실하게 자각하게 하는 하나의 원동력으로서 작용하는 정신적 상황이다. 이어도와 관련된 민요는 이 외에도 더 전해지고 있으나, 이들 속에는 자연과의 싸움뿐 아니라 해녀들이 사회적 환경에서 고통을 견디며 이겨내야 했던 어려운 생의 모습이 여러 가지 사설에 함께 섞여 있다. 이어도는 죽음의 이미지와 연결되면서 이런 삶의 고통을 빨아들이고 승화시키는 작용을 하는 피안의 섬인 것이다. 이어도를 주제로 빼어난 현대 단편소설을 만들어낸 이청준은 그의 소설 『이어도』(1976)에서 이어도를 이렇게 말한다.

"누구나 이승의 고된 생이 끝나고 나면 그곳으로 가서 새로운 저승의 복락을 누리게 된다는 제주도 사람들의 구원이 섬이었다. 더러는 그 섬을 보았다는 사람도 있었지만, 이상하게도 이승으로 돌아오지 않았기 때문에 그 모습을 분명하게 말할 수 있는 사람은 아무도 없는 섬이었다."

이어도가 일상적인 삶과 사고의 바깥쪽인 상상의 세계에 존재하면서도 현세의 생활까지 간섭해 오고 있음을 통해, 우리는 배를 타지 않으면 안 될 운명에 있는 제주도 사람들의 삶을 이해하고, 그 고통스러움 속에 열려 있는 정신적 탈출구를 보게 된다.김종회 1990

구원의 섬은 바다 멀리 떨어져 있는 것이 아니라 바로 제주의 미래에 있을지도 모른다. 공간적으로 먼 곳이 아니라 시간적으로 미래, 즉 제주도가 언젠간 살기 좋은 세상이 되리라는 염원이 담겨 있는 것이다. 제주도민의 가장 큰 아픔인 사삼 항쟁을 피해자의 입장에서 서술한 김석범의 소설 『화산도』에서 그 주인 공은, 혁명을 통해 제주도에 건설하려는 새로운 이상사회를 "이어도 바다 밖에 서 찾을 것이 아니라 이 섬에서 찾는다"고 이야기한다.

모어의 유토피아나 서구의 다른 유토피아들이 섬나라를 가정한 경우가 많았 고, 후에 고찰하겠지만 우리나라의 경우에도 무인공도(無人空島), 율도국(硉島 國) 등이 모두 섬나라이다. 섬은 일단 현 사회와 가장 격리하기 쉽다는 면에서 유토피아의 입지로서는 이상적인 것 같다.

남조선

남조선(南朝鮮)은 진인(眞人)이 우리나라 남쪽 어디엔가 세운다는 유토피아이 다. 『정감록』의 남쪽 중시 사상의 영향을 받은 것 같지만, 언제 누구에 의해 발 상되었는지 알 수 없고, 언제 어디에서 실현될지도 나타나 있지 않다. 최남선 (崔南善)은 『조선상식』(1947)에서 우리의 앞에 남조선이 있어 때가 되면 진인이 나와 우리를 그곳으로 인도할 것이며, 지금의 어려운 상황이 다 없어지고 모든 것이 저절로 성취되는 좋은 세월을 갖게 된다는 신념이 민중 사이에 자리잡게 되었다고 설명하고 있다. 이것이 나타난 시기는 조선 후기로, 김석하 1973 고대로부 터 내려오던 이상향에 대한 관념적 표상이 시대적 여건에 맞춰 민중 사이에서 발현된 것, 전설로서 오래 전부터 내려오다가 근세에 이르러 민중들이 생활고와 악정에 시달리면서 보편화한 것이라 볼 수 있다.

남조선은 남쪽, 구체적으로 지리산의 남쪽을 지칭한다. 지리적 의미로는 병자 호란 이후 북쪽에서 내려오는 침략으로부터 화를 면하기 위해 남으로 이주하려 는 소망이 반영된 것이며, 수탈이 심했던 삼남지방에서 변혁의 주체가 형성되리 라는 기대가 반영된 신앙이라는 정치적 의미를 부여하는 견해도 있다. 진철승 1989 또한 이것은 위치상 남쪽이라는 의미도 있지만, 살기 좋은 미래의 조선이라는 시간적 요소도 내포한다. 최남선 1947

서구의 유토피아가 개인적 발상에 의해 구체적인 모습을 가지고 발생한 것에 비하면, 이것은 일종의 민중신앙과 집단무의식의 발로로서 나온 것 같고, 또한 기록상 상세한 유토피아의 모습을 제시한 것은 아무것도 없다. 그러나 민중 속에 깊은 뿌리를 두고 있기 때문에 그 영향은 크고, 또 구체적인 모습이 없기 때문에 오히려 후세의 사람들에 의해 의도적으로 각색되고 수정된 형태로 나타날 소지가 있었다. 조선 순조 때의 홍경래의 난에서 홍경래가 서도인심(西道人心)을 선동하기 위해 이를 이용했고, 박지원(朴趾源)이 제시했던 남쪽에 있는 섬 무인공도도 이와 관련이 깊다고 본다.

작가 이문열의 『정감록』을 주제로 한 우화적 소설 『황제를 위하여』(1986)에서 자칭 황제가 세운 이상국(理想國)의 명칭도 '남조선'이었다. 남조선은 이어도와 마찬가지로 전설의 단계에 머물러 있지만, 민중 사이에 널리 퍼져 있고 현실과 사회적 문제와 관련이 깊은 이유에서 유토피아의 한 유형이라 볼 수 있다.

오복동

오복동(五福洞)은, 경상도 지방에 성행하는 상주 오복동 전설에 나오는 장소이다. 이 동리는 실재하는 곳이 아니고, 어떤 깊은 산중에 있어 말로만 전해지고 아직 가 보지 못한 일종의 이상촌이라고 한다. 민속학자 손진태(孫晉泰)가 일제시 왜관에 거주하는 김영석 씨로부터 채취한 전설의 내용은 다음과 같다.

"옛날 어떤 사람이 산에서 나무를 하다가 사슴 한 마리를 쫓아 산중으로 산중으로 깊이 들어갔다. 사슴이 어떤 굴 속으로 들어가는 것을 보고 그도 이어서 굴 속으로 들어갔다. 조금 들어간 곳에서 그는 눈앞에 사람이 사는 한 촌락을 발견하였다. 그 촌민의 말에 의하면 그들은 옛날 난을 피해 산중으로 들어가 그 촌락을 건설하였으며, 그들은 다시 세상과 교통할 생각도 하지 않고 자자손손이 그곳에서 행복스럽게 생활을 계속한다고 하였다. 이 세상 사람이 혹시 오복동을

찾아가려고 하여도 결코 발견할 수 없다고 한다."^{손진태 1947}

통과의례로서 굴 속을 지난다든지, 난을 피해 들어온 사람들이 행복하게 산다든지, 다시 찾을 수 없다는 등의 내용을 보면 무릉도원사상이나 청학동 전설과 매우 흡사하다. 그러나 무릉도원이나 청학동이 대체로 문인들의 기록이나 답사일지로 남아 있는 반면, 이 오복동은 민중 사이에 설화로 전해진다는 면에서 차이가 있다. 시적인 이미지는 많이 없어졌으나 민중적 발상이라는 면에서 무릉도원사상의 사회적 민중적 전개라 볼 수 있고, 그 형성시기도 명확히 지적하기는 어렵지만 유토피아적 사상이 대중적으로 확신되었고 실학사상이나 민중의식이 발전되었던 조선 중기 이후로 보는 견해가 타당할 것으로 본다.^{김석하 1973} 우리 고유의 청학동 전설이나 도원사상을 근거로 하여 일종의 이상향을 말하는 설화가 후세에 여러 가지 나왔으리라고 짐작이 되고, 상주 오복동 설화도 그 중의 하나일 것이다. 구전되던 것이 가까스로 채집된 오복동 전설은, 그 내용과 묘사가 부실함에도 불구하고 민중 속에 뿌리를 내렸다는 측면에서 유토피아 개념이 대중화한 한 예로 의미를 부여할 수 있다.

율도국

율도국(硉島國)은 허균(許筠, 1569-1618)의 소설 『홍길동전(洪吉童傳)』에 나오는 유토피아이다. 허균은 일대의 기인으로서, 명문가에 태어났으면서도 조선시대의 유교적인 기풍과 사대부의 규범에 벗어나는 행위를 일삼는, 말하자면 아웃사이더였다. 선조·광해군 연간, 극심한 내우외환에 시달리던 시기에 금기시되었던 불교를 숭상하기도 했고, 스승인 이달(李達)을 비롯한 서얼들과 사귀었으며, 또 몇 번을 관직에서 쫓겨났다 복직되고는 했으나 결국 광해군 때 역모를 도모하다가 반역죄로 처형됐다.

이보다 한 해 앞서 태어난 동시대인으로 이역 멀리 이탈리아에서 '태양국(City

of Sun)'이라는 이상국가를 구
상한 캄파넬라는 이단과 반역
으로 삼십여 년을 연금과 투옥
으로 보냈는데, 허균은 귀양을
가서, 캄파넬라는 종신형을 받
고 옥중에서, 각기 유토피아를
탄생시켰다는 사실은 참으로
묘한 일치가 아닌가 생각된
다.^{Tod & Wheeler}.₁₉₇₈

캄파넬라가 구상한 이상향, 태양국.

『홍길동전』은 일사소설(逸士小說) 혹은 도술소설에 속한다. 대개 이러한 종류
의 소설을 쓰는 작가들은 세계를 개조할 만한 탁월한 경륜을 갖고 있다고 자부
하면서도 불우하게 생애를 마친 사람들이다. 이들은 자기의 분신을 소설 속에
반영하여 주인공을 통해 자기의 구상을 나타내는 경우가 많다. 허균 자신도 당
시 사회구조, 특히 서얼의 사회적 모순을 인식하여 사회개혁을 통해 이를 시정
하고자 했으며, 이러한 의도가 소설 속에서 홍길동의 행적을 통해 반영된다. 허
균보다 백 년 전에 홍길동이라는 도적이 실존해 있어 그 이야기가 민중 사이에
널리 퍼졌고, 허균은 이를 민중영웅으로 파악하고 그를 모델로 했다는 말도 있
고, 혹자에 의하면 문체나 등장인물의 공통성으로 보아 중국의 고전 『수호지(水
滸誌)』를 모방했다는 설도 있으나 모두 확실치는 않다.

　『홍길동전』의 내용을 단계별로 보면, 홍길동은 집안에서 천대를 받다가 가출
해 의적 행위를 하고, 왕의 용서를 받아 병조판서를 제수받지만 끝내 해외로 진
출해 이상국을 건설한다. 홍길동이 현실적 불만의 해소와 사회에 대한 분풀이
혹은 벼슬에 만족치 않고, 보다 큰 꿈을 실현하려 하므로 율도국이 탄생한다.
율도국이 등장하는 소설의 내용을 일부 인용해 보겠다.

"…즉시 봄을 솟아 남경을 향하여 가다가 한 곳에 다다르니, 이는 소위 율도 국이라. 사면을 살펴보니 산천이 청수하고, 인물이 번성하여 가히 안신할 곳이 라 하고, 남경에 들어가 구경하며 또 저도라 하는 섬 중에 들어가 두루 다니며 산천도 구경하고 인심도 살피며 다니더니, 오봉산에 이르러 짐짓 제일강산이라. 둘레 칠백 리요, 옥야답(沃野畓)이 가득하여 살기에 정히 의합한지라. …각설, 길동이 조선을 하직하고 남경 땅 저도 섬으로 들어가 수천 호 집을 짓고 농업을 힘쓰며 재주를 배워 무고(武庫)를 지으매 군법을 연습하니 병정양족(兵精糧足)하 더라."[허균, 장덕순·김기동 공역 1984]

그래서 이 정병을 이끌고 율도국을 정벌해 삼 년을 다스려 태평성세를 이루고 이후 삼십 년간 나라를 다스렸다는 것이 『홍길동전』에서 율도국과 관련한 기술 이다. 만약에 주인공이 병조판서가 된 것으로 그의 꿈이 실현됐다고 생각했다면 이것은 한갓 영웅의 일생 정도로 끝났을 것이다. 이에 만족치 않고 바다 건너에 이상국을 세움으로써 미래지향적인 상을 제시했다는 점, 작가가 당대 현실의 폐 쇄성을 헤치고 성취하고자 한 개혁사상을 소설을 통해 발로시키려 했다는 점에 [서김종회 1990] 우리는 유토피아적 특징을 발견한다. 율도국은 비옥하고 도적이 없 는 사회이며 가난에서 벗어난 풍요로운 이상향이었다. 여기 제시된 정치적 제도 는 조선시대 당시의 골격을 크게 벗어나지 못했으나, 사회적으로는 조선 사회의 병폐를 과감히 시정한 것이었다.

율도국은 민중적 전설이 아니라 시대를 앞서가는 한 개인의 구상이었다는 점 에서 지금까지의 한국적 유토피아들과 차이를 보인다. 무릉도원이나 오복동에 보이는 물리적 환경에 대한 묘사는 별로 나타나지 않고 불교적 요소도 보이지 않는다. 남쪽의 섬을 상상했다는 면에서 남조선이나 이어도와 유사하지만 이와 직접적인 연관성을 따지기는 어렵고, 오히려 모어의 유토피아, 캄파넬라의 태양 국, 안드레아(Y. V. Andreae, 1586-1654)의 기독교국, 베이컨(F. Bacon, 1561-

1626)의 뉴 아틀란티스(New Atlantis) 등 섬을 가정한 서구의 유토피아와 맥을 같이한다.^{이규목 1988} 그가 찾은 것은 종교적인 피안의 세계도 아니고 도가에서 말하는 신선의 세계도 아닌, 바로 인간이 살고 있는 현재의 속세였다.

『홍길동전』의 결말 처리는 이상세계의 모델을 그려 놓았다는 긍정적인 측면이 있는 반면, 현실에서 벗어나 이상향으로 도피해 버렸다는 부정적인 측면도 있다.^{김종희 1990} 하여튼 율도국의 중요성은 기존 사회의 부정과 비리, 사회적 모순을 깊이 인식하고, 개인으로서 사회에 복수하는 수법을 넘어 보다 근원적인 책임을 사회제도에 물어 대안으로서 하나의 사회상을 제시한 데 있으며, 바로 이런 점에서 서구의 유토피아와 유사성이 있다. 다른 점이 있다면 구체적인 환경의 묘사와 사회제도의 제시가 부족하다는 것이며, 바로 이런 이유로 해서 서구의 경우처럼 보다 현실적이고 개혁적인 유토피아로 연결되지 못한 것이 아닌가 한다.

무인공도

무인공도(無人空島)는, 율도국이 나온 지 백팔십여 년 후인 17세기말 실학의 대가인 연암(燕巖) 박지원(朴趾源, 1737–1805)이 쓴 『허생전(許生傳)』에 나오는 상상의 섬 이름이다. 박지원은 조실부모하고 열여섯 살에 조부마저 여의어 결혼 후 처숙에게 수학했다. 당초 벼슬과는 거리가 멀어 쉰을 넘어서야 겨우 말단 벼슬을 할 정도로 불우했으나, 글에 있어서는 뛰어난 문장가로서 중국에까지 명성을 떨쳤고, 무엇보다도 북학파의 대가로서 개혁적인 성향이 강한 인물이었다.

『허생전』은 풍자소설로서, 주인공 허생은 작가의 풍자적 의도를 대변해 주는 사람이다. 허생은 묘한 수단으로 이윤과 재화를 추구했지만 결코 재화가 목적이 아니었다. 그는 오히려 돈 위주의 속물근성에 대해 혐오를 느꼈고, 사회 병리를 이용하여 얻은 돈으로 사회 병리에 과감히 도전했다. 그는 사회의 병리구조를 누구보다 깊이 통찰했고 그 개선을 위해 구체적인 방안과 정책을 제시했으며, 병리가 없는 이상사회로서 무인공도를 설정한 것이다. 그가 재물을 얻고 나서

맨 처음 착수한 사업은 도둑들의 구제였다. 변산의 도둑떼 천 명을 일시에 귀부(歸附)케 하여 사람이 살지 않는 빈 섬에 이상향을 건설해 안주케 함으로써, 그들을 정신적 경제적으로 재생시켰다.황패강 1978 본문의 해당 부분을 인용하면 다음과 같다.

"이곳에서 서쪽으로 사흘 동안 가면 일본 땅 사문 장기 사이에 빈 섬이 하나 있는데, 꽃과 나무가 사철 없이 무성하고, 온갖 실과는 수없이 무르익어 있고, 사슴들은 떼를 지어 뛰고 놀며, 물고기도 한가로이 헤엄치고 있습니다. …그대들도 모두 아내를 얻고 집을 짓고, 소를 사서 논밭 농사를 짓고, 이렇게 살면 도석이란 이름도 없어질 것이요, 처자와의 즐거움도 있을뿐더러, 제 일에 마음 놓고 다녀도 어디 누가 잡으려 하지 않을 게고 잘 먹고 잘 입고 잘 잘 것이 아닌가."박지원, 이석래 역
1988

그는 이 섬에 살기 좋은 유토피아를 만들고 예의를 가르치는 한편, 앞으로의 생활 방식에 대한 경계를 남긴 다음 오 년 만에 돌아온다. 이 무인공도에서 보이는 풍물의 아름다움과 토양의 비옥함 그리고 평화로운 정경의 묘사는, 이 섬이 자연 조건을 구비했음을 의미한다. 비록 사회적으로 소외당하는 도둑떼가 와서 살았지만 이들의 삶은 참으로 행복스런 농경생활이다. 앞의 유토피아와 달리 관념적인 삶이 아니라 구체적인 삶을 제시함으로써 현 사회에서 충족시켜 주지 못하는 생활의 안정과 행복한 가정을 보여주고 있다.

무인공도는 비록 조선시대 당시의 사회현실을 토대로 했지만 그 뿌리는 이전부터 민중 속에 전승되어 온 여러 갈래의 유토피아들과 연관되어 있어 보편성과 대표성을 갖는다. 전원적인 자연환경의 묘사나 섬을 가정한 점에서 보편성이 발견되고, 언제나 민중 속에 뿌리 깊이 자리해 온 이상사회에 대한 염원을 담았다는 점에서 대표성이 있다. 사회적 현실을 깊이 분석하고 이를 역으로 반영했다는 면

에서 종전의 발상들보다 발전된 개념으로 볼 수 있으며, 바로 이것은 당시의 새로운 풍조인 실학사상과 깊은 관련이 있는 것으로 보인다. 남해의 공도(空島)를 무대로 민생을 보장하고, 중농·중상주의를 계몽함으로써 경세치용(經世致用)과 이용후생(利用厚生)의 실학적 사상을 이상적으로 구체화했다고 볼 수 있는 것이다.

무인공도는 율도국과 더불어 조선 중기 이후의 사회적 부조리가 만들어낸 대표적 유토피아이다. 섬나라를 가정해 농경사회를 그렸고 인구 규모가 수천 명이내라는 점에서 이들은 서로 유사성이 있을 뿐만 아니라, 서구에서도 유사한 예를 찾을 수 있다. 그러나 『홍길동전』은 신분상의 차별에 초점을 맞추었고 『허생전』은 사회·경제체제의 불합리성에 관심을 보였다는 면에서 차이점을 발견할 수 있고, 홍길동이 도술을 부리는 등 다소 허무맹랑한 인물인 데 반해 허생은 실재하는 인물, 현대에도 존재할 것 같은 인물처럼 실감나게 묘사됐다는 면에서 소설작품으로서의 수준 차이를 느낄 수 있다. 『허생전』에는 '현실사회의 개조를 어떤 형태로 추진해야 참으로 소망스러운 삶의 터전으로 변형 발전시킬 수 있을 것인가'라는 연암의 줄기찬 생각이 저변에 깔려 있다.^{김종회 1990} 이러한 변화는 두 세기를 지나 오며 벌어진 시대적 차이와 실학사상의 등장이라는 사상적 변화의 맥락에서 이해될 수 있다.

비지지지

비지지지(非地之地, 땅 아닌 땅), 즉 이 세상에 없는 땅이란 역설적인 이상향은 청담(淸潭) 이중환(李重煥, 1690-1756)의 『택리지(擇里志)』 마지막 장인 십이장 총론 마지막 구절에 나온다. 이중환은 실학의 대가 성호(星湖) 이익(李瀷)의 족손으로서, 서른일곱 살까지 벼슬을 하다가 사화에 연루되어 먼 섬으로 귀양가게 되었다. 『택리지』는 그가 귀양에서 풀려 자유의 몸이 된 이후에 정계에서 실각해 전국의 강산을 돌아다니며 실제의 자연환경과 인문환경을 답사 분석해 쓴 것이다. 『홍길동전』이나 『허생전』은 소설로서, 그 속에 나오는 율도국이나 무인공도가 상상의 섬인 것에 비해, 『택리지』는 실증적인 자료를 바탕으로 한 지리서로서 당대 실학자들이 과학적인 태도를 가지고 소위 '살 만한 곳(可居地)'과 '살 만하지 못한 곳(不可居地)'을 타당한 이유를 들어 설명한 것이고, 비지지지는 이러한 것들을 종합해 결론으로 나온 것이다.

『택리지』는 풍수이론의 영향을 받아 양택풍수(陽宅風水)처럼 산수를 분석하고 '좋은 장소〔明堂〕'에 대한 제시를 했으나, 풍수설과는 달리 과학적 체계화를 이룩했으며 현대 지리학의 중심 과제를 다루고 있어 근대 지리학의 괄목할 만한 성과로 평가받고 있다.최창조 1984 이중환은 전국을 돌아다니면서 살 만한 곳을 찾으려고 노력했는데, 농·공·상 어느 계층도 아닌, 당시 사회의 주도 세력인 사대부의 살 만한 곳을 찾으려 했다. 평상시에 살 만한 곳은 제일 보편적인 가거지(可居地)이고, 난을 피해 살 만한 곳은 피병지(避兵地), 평시와 난시 다 살 만한 곳은 복지(福地), 숨어서 살 만한 곳은 은둔지(隱遁地) 등으로 구분했다. 그러나 결론에 이르러서는 위에 말한 여러 살 만한 곳도 좋고 경치 좋은 곳에 별서를 짓는 것도 좋지만, 그보다는 당쟁이 없고 정신적으로 아무 생각할 것이 없는 곳, 그러한 곳이 살 만한 곳이어야 한다고 했다. 비지지지에 대한 내용은 다음과 같다.

"옛 말에 불은 나무에서 나는데 불이 피워지면 반드시 나무를 이긴다고 했다. 그러기에 이르기를, 동에도 살 곳이 없고 서에도 살 곳이 없고 남에도 살 곳이 없고 북에도 살 곳이 없다고 하니, 이와 같으면 살 땅이 없다. 살 땅이 없으면 동서남북이 없을 것이요, 동서남북이 없으면, 즉 사물을 알아볼 수 없는 하나의 태극도(太極圖)이다. 이렇다면 사대부도 없고 농공상도 없고 또한 살 만한 곳도 없을 것이니, 이것을 비지지지라고 일컫는 것이다. 이에 사대부의 살 만한 곳을 적어 보았다."이중환, 노도양 역 1975

비지지지에서 찾고자 했던 가거지는 길지사상과 관계가 깊다. 그러나 길지나 십승지지 등이 풍수적 해석과 도참적 예언을 근거로 한 것에 비해 이것은 실제의 답사와 사실을 근거로 했다는 면에서 차이가 난다. 또한 비지지지는, 사대부들이 벼슬을 살든 초야에 묻히

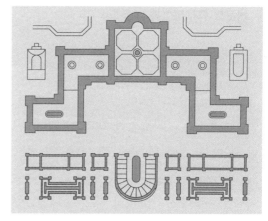

베르사유궁을 모방한 푸리에의 팔랑스테르 도안.

든 간에 잘못 처신을 하거나 잘못 거처를 잡으면 사화를 입게 된다는 사실을 강조해, 결국 사대부들이 몸을 용납할 만한 곳이 없음을 강조했는데, 이것은 '살 만한 곳'이 자연환경적 측면보다는 정치 사회적 측면에서 더 고려되어야 함을 강조한 것이라 볼 수 있다. 서구의 경우를 보면 이보다 반세기쯤 후에 제시된 오웬(R. Owen, 1771–1858)의 뉴 하모니(New Harmony)나 푸리에(C. Fourier, 1772–1837)의 팔랑스테르(Phalanstère) 등이 물리적 형태를 갖추면서 사회적 제도를 강조한 것과 비교될 수 있다. 이들 유토피아는 멈포드(L. Mumford)가 지적한 대로 현실문제에 대한 대안을 제시하는 '개혁적 유토피아'인 데 반해,[Mumford 1922] 비지지지는 현실에서 벗어나려는 '도피적 유토피아'의 범주를 크게 벗어나지 못한다.

그럼에도 비지지지는 가장 살 만한 곳이지만 동시에 이 세상에 없는 장소를 묘사했다는 면에서 유토피아의 기본적인 성격에 일치한다. 또한 자연환경적 측면보다는 정치 사회 등 인문환경을 고려했다는 면에서, 이제껏 전승되어 온 미신적 관념적 유토피아에서 현실적 실제적 유토피아로 탈바꿈하는 하나의 예로서 의미를 부여할 수 있다.

한국의 유토피아가 보여주는 것

　지금까지 우리나라의 전통적인 사상체계와 관련해서 유토피아 발상의 근원을 살펴보고, 그와 연관해서 비교적 근대에 형성되었다고 생각되는 여섯 개의 유토피아의 특징을 검토했다. 여섯 개 중 이어도·남조선·오복동은 민중 속에 형성 전승되어 온 것인 데 반해, 율도국·무인공도·비지지지는 작가의 창안에 의해 제시된 것이다. 또한 이어도·율도국·무인공도는 섬나라인 데 반해 남조선·오복동·비지지지는 육지에 존재하거나 육지와 관련된다.

　사상적 배경의 측면에서 보면, 이어도는 토속신앙, 남조선은 긴지사상과 관련이 깊고, 오복동은 무릉도원사상이나 청학동 전설의 한국적 전개라 볼 수 있으며, 비지지지는 풍수사상이나 십승지지와 관련이 있다. 율도국과 무인공도는 섬을 가정했지만 아름다운 자연환경을 배경으로 한 농경사회를 그렸다는 면에서 무릉도원사상의 영향을 받았다고 생각되나, 사회적 성격이 부각되었다는 점에서 차이가 있다. 미륵정토사상은 우리 고유의 토속신앙과 결합해 간접적으로 모든 한국적 유토피아에 영향을 주었다고 본다. 정치 사회적 측면에서 이어도나 남조선·오복동은 막연히 이상사회를 그리고 있어 사회적 의미가 부각되지 않았지만, 비지지지는 사대부의 살 만한 곳을 그렸다는 면에서 사회적 측면의 성격이 보인다. 한편 율도국과 무인공도는 당시 정치 사회적 상황의 대안으로 제시되었다는 점에서 중요한 의미를 갖는다. 특히 박지원의 무인공도는 가장 후기의 것이기도 하지만, 정치 경제 사회의 측면을 실학사상을 바탕으로 상세히 다루고 있어 주목할 만하다.

　초기의 발상단계에서부터 그 흐름을 보면, 이들 유토피아적 발상이나 유토피아들은 관념적 도피적 종교적 유토피아에서 점차 사회적 경제적 개혁적 유토피아로 성격이 바뀌고 있다. 역사 초월적 성격을 지녔던 유토피아적 발상이 점차 대중 속으로 확산되거나 현실세계로 내려오고 있는 것이다. 필자는 서구의 이상

도시나 유토피아의 역사적 변천을 검토하면서, 현실로 접근하는 이러한 현상을 발견하고 이를 '세속화(secularization)'라고 명명한 바 있다.이규목 1988 서구문명의 발생 초기에 제시된 플라톤의 이상국가가 우주적 관념적 성격에서 점차 세속화 현실화해, 19세기말 영국 도시계획가 하워드(E. Howard)의 전원도시안으로 구체화했고, 이를 토대로 수많은 신도시들이 탄생했던 것이다.

한편 한국의 유토피아는 점차로 민중 속으로 파고들어 사회적 현실을 반영하긴 했지만 구체적으로 실현되지는 못했다. 추상적 서술에 머물러 그 실현을 위한 프로그램을 제시하지 못했고, 계획적 측면에서 뉴 하모니나 팔랑스테르처럼 정주환경(定住環境)에 대한 그럴 듯한 미래상을 제시하지도 못했다. 그럼에도 불구하고 이들의 생각, 특히 박지원의 개혁적인 발상들은 그와 맥을 같이하는 개혁적 성향의 학자나 정치가들에게 영향을 주었고, 그 결과 우리나라 도시 모습의 형성에 간접적으로 영향을 미쳤다. 이 흥미로운 관점에 대해서는 뒤에서 상술할 것이다.

서구와 우리나라의 유토피아 전개 과정상의 차이는 이들 문화 패턴의 근본적 차이로써 설명할 수도 있다. 서구문화가 역사발전론적 변천을 한 데 비해 동양의 문화는 우주생성론적인 변화를 한다. 동양의 것은 서구처럼 과거의 것을 끊임없이 부정하거나 초월해 새로운 개념을 전개시키는 것이 아니고, 이른바 원형과 반복, 즉 과거의 것을 반복하는 닮은 꼴을 만드는 것이다. 서구문화 중심의 발전론적 개념으로 보면 서구문화는 모든 다른 지역 문화의 가치 척도의 기준으로 절대성을 갖지만, 동양문화의 특징인 반복과 순환의 개념에 비추어 보면 서구문화 또한 다른 여러 지역 문화 중의 하나로 상대화할 수 있고, 이런 시각으로서 한국의 유토피아가 갖는 의미를 음미할 수 있다.

우리의 것은 과거의 것을 배제하고 새것을 만들어내는 것이 아니라 과거와 현재가 공존 공생하는 것이며, 위계를 세워 앞뒤를 가리는 것이 아니라 서로 보완적인 관계를 유지하는 것이다. 변화하는 것이 아니라 모습만 바꾸어 변용(變容)

하는 문화라고 특징화할 수 있다. 이런 패턴에서 과거와 현재는 닮은꼴로서, 오히려 우리 무의식 깊이 하나의 원형으로 남아 있어 때와 장소에 따라 수시로 표출될 수 있다. 길지사상이 우리의 머릿속에 하나의 입지를 위한 가치 기준으로 존재해 청학동을 찾아 살고 있는 사람도 존재하는 것처럼, 현대 교육을 받은 도시계획가들도, 예컨대 신수도나 신도시를 계획함에 있어 의식적 무의식적으로 전통개념을 반영했을 것이다.

유토피아는 언제나 현실을 살고 있는 우리의 존재양식으로 남아 있다. 현실이 존재하는 한, 현실이 이상적일 수 없는 한 유토피아에 대한 바람은 우리를 떠나지 않는다. 더구나 한국은 역사적으로 수많은 고난을 겪어 왔고, 현재도 여러 면에서 어려운 길을 걷고 있다. 우리는 가치관의 혼란, 물질만능 풍조와 상대적 빈곤감, 사회규범과 질서의 혼탁, 계층간의 엄청난 인식과 견해의 차이 속에서 살고 있다. 오늘날과 같은 혼돈 속에서 우리 시대의 유토피아가 어떻게 제시될지는 알 수 없다.

그러나 어렵고 힘든 시대일수록, 언젠가 실현될 미래의 유토피아를 꿈꾸고 잉태하며, 또 그 실현을 위해 노력하는 것을 멈추지 말아야 할 것이다.

2. 조선 후기 서울의 도시경관—그 원형과 변형

과거의 도시경관 들여다보기

조선시대 후기의 서울이 어떤 모습이었나를 그려 보는 것은, 그 실체가 거의 남아 있지 않은 현 시점에서는 매우 어려운 일이다. 대개의 경우 현재 남아 있는 유적을 토대로 추측하거나 문헌이나 지도·사진 등 간접자료를 통해 보는 수밖에 없다. 여기서는 역사적 사실이나 변천을 실증적으로 고찰하는 역사가의 눈으로서가 아니라, 당시의 모습을 그린 각종 자료를 토대로 추측 재현하여 과거의 경관을 해석하는 경관분석가의 입장에서 과거 도시경관을 들여다보려 한다. 도시경관은 한마디로 우리의 눈에 보이는 도시의 장면들로서, 물리적 특성뿐 아니라 그 사람들과 생활의 모습까지 포함한다. 객관적 실체가 어떤 골격과 형태를 가졌는가도 중요하지만, 그러한 요소들이 당시의 사람들에게 어떻게 보였고 또 그것을 보고 어떤 생각을 품게 되었고, 결과적으로 도시에 대해 어떤 이미지를 갖게 되었나가 중요한 의미를 갖는다.Strauss 1976 여기서는 당시 여러 매체를 통해 그려 놓은 도시에 대한 서술과 묘사를 토대로 해, 가능한 한 그들의 입장에서 간접적으로 도시경관의 형성 과정과 특성 그리고 그 변화를 밝혀 보고자 한다.

조선 후기는 대략 18-19세기에 해당하는 시기로서 조선조 21대 영조 원년(1725)으로부터 27대 순종 말년(1910)까지의 백팔십육 년간에 해당된다. 이 중에서도 전반기의 영·정조 시대는 조선조에서 가장 특색있던 시대로서 일종의 문예부흥적 기운이 농후하던 때이니, 구문화의 정화(精華)를 재현함은 물론, 서구 신문화의 침입으로 학계와 사상계가 다양한 양상을 띠던 때이다.이병도 1955 18세기 후반의 정조 시대는 귀족적 벌열적(閥閱的) 정치 세력을 배제하고 왕권을 강화시키는 한편, 농업 이외에 상공업을 적극적으로 발전시키고 서양의 기술문명을 수용하려 한 실학파의 정치·경제사상이 어느 정도 적용될 기미가 보였던 시기이기도 했다. 민중의 생활환경을 개선하기 위한 이론으로서 실학사상이 단편적으로나마 정책에 반영된 것은, 대동법과 균역법의 실시, 금속화폐의 유통 등에서도 볼 수 있다. 특히 정조의 신임을 받은 연암 박지원과 그의 친구들이자 후학인 박제가·유득공·이덕무 등 북학파(北學派)들은 소위 이용후생 학파로서 주로 사회적 개혁에 대한 연구에 초점을 두었지만, 당시의 도시환경이나 미관에도 각별한 관심을 보였다. 도시에 대한 이들의 서술은 매우 주목할 만한 새로운 시각이었다. 당시의 도시경관에 대한 자료는 주로 이들 실학파의 저술이 대부분이라 해도 과언이 아니다. 여기서는 조선 초기부터 새로운 변화가 보이기까지의 경관을 '원형경관(原型景觀)'으로 보고, 이와 비교하면서 그 이후의 변화양상을 고찰하고자 한다.

당시 서울의 경관과 관련된 텍스트로는, 먼저 원형경관과 관련해 앞에서도 언급한 이중환(李重煥)의 『택리지(擇里志)』가 있고 또한 박제가(朴齊家, 1750-1806)의 『북학의(北學議)』(1778), 유득공(柳得恭, 1749-?)의 『경도잡지(京都雜志)』 및 그 아들 유본예(柳本藝)의 『한경지략(漢京識略)』(1890)이 대표적인 저술이며, 무엇보다도 1792년 정조가 직접 〈성시도(城市圖)〉를 펼쳐 놓고 대궐 안의 여러 신하에게 시를 지어 바치게 하여, 그때 지어진 '성시전도시(城市全圖詩)'들이 있다. 당시 열여섯 수가 우등으로 뽑혔다는데 그 중 박제가와 이덕무(李德懋, 1741-1793)의 시가 유명하고, 후대의 것으로는 박주대(朴周大, 1836-1912)의 시가 전한다. 또한 한산거사(漢山居士)가 썼다고 하는 「한양가(漢陽歌)」(1844)와 작자미상의 「한양오백년가」(1910년경)라는 가사가 전한다. 서울의 경관에 대한 외국인들의 첫인상과 이후 변화양상에 대해서는 개항과 더불어 외국인이 당시의 한양을 묘사한 귀한 자료가 있는데, 길모어(G. W. Gilmore)의 논문 「수도서울(Korea from its Capital)」(1892), 비숍(I. B. Bishop)의 저서 『한국과 그 주변국(Korea and her Neighbors)』(1897) 그리고 헐버트(H. B. Hulbert)의 저서 『한국을 경유하며(The Passing of Korea)』(1906) 등이 있다.

원형경관의 형성

14세기말 서울이 조선의 수도로서 형태를 갖춤에 있어, 그 입지 선정과 배치 계획은 당시 중국 도시계획의 규범으로 삼았던 음양오행설과, 신라말부터 유행했던 풍수지리설에 기초한 사신도(四神圖)의 형태를 기본으로 했다. 좌청룡(左青龍) 우백호(右白虎) 북현무(北玄武) 남주작(南朱雀)을 네 방위로 하는 정방형의 사신도가 중국의 고대도시에는 그대로 적용됐으나, 중국과 같은 평지가 별로 없었던 조선에서는 풍수에서 해석하는 형국에 따라 지형에 맞추어 변형 적용되었다. 입지에 있어서는 지형에 대한 풍수적 해석인 신경준(申景濬)의 『산경표(山經表)』에 따라 백두산에서 지리산까지 내려오는 백두대간을 골격으로 해서, 한강 위쪽의 한북정맥과 그 아래 한남정맥의 중간에 삼각산을 조종산(祖宗山), 북악산을 주산(主山)으로 하여 서울이 들어서게 되었다. 『택리지』에는 서울의 입지에 대해 다음과 같이 기록되어 있다.

"함경도 안변부(安邊府)의 철령(鐵嶺)의 한 맥이 남으로 오륙백 리 달려 양주(楊州)의 여러 작은 산이 되고, 북동에서 비스듬히 돌아 들면서 갑자기 솟아나 도봉

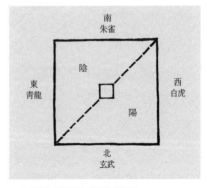

도시계획의 기본형이 되었던 사신도.

산의 만장봉(萬丈峰)이 된다. 여기서 또 남서쪽으로 향하여 달려가다가 좀 끊어지고는 우뚝하게 일어나서 삼각산의 백운대(白雲臺)가 된다. 여기서 다시 남하하여 만경대(萬景臺)가 되고, 한 가지는 서남으로 달리고, 한 가지는 남으로 백악(白岳)이 된다. …백악은 여러 강이 모여 서로 얽힌 사이에 위치하여 전국 산수가 모인 곳이라 칭한다. 옛날 신라 때 중 도선(道詵)의 『유기(留記)』에 일러 왕을 이을 자는 이(李)씨이고 한양에 도읍을 정할 것이라고 했다."이중환, 노도양 역 1982

정도 초기(1394)부터 시작된 도시건설은 주산인 백악산(현 북악산) 밑에 명당을 잡아 남면하여 경복궁을 앉히고, 서쪽에 사직단, 동쪽에 종묘를 배치하고, 다른 건물들도 전통적인 남향으로 앉혀, 이른바 『주례(周禮)』「고공기(考工記)」에 기술된 좌묘우사(左廟右社), 전조후시(前朝後市)의 원칙을 따랐다. 윤정섭 1984 백악산에서 시작하여 좌청룡 낙산, 우백호 인왕산을 따라 성을 쌓고, 이 성을 일주시켜 안산인 목멱산(현 남산)까지 연결해 성의 외곽을 정한 다음, 방위에 따라 사대문과 사소문을 두어 출입을 통제토록 했다. 경복궁과 광화문을 중심축으로 해 세종로를 두고 양쪽에 육조의 관아 건물을 세웠으며, 이 축과 직각으로

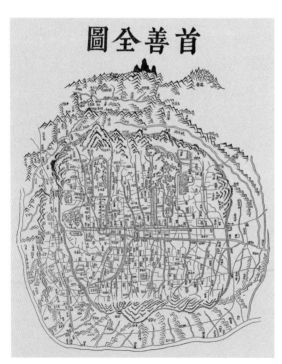

김정호(金正浩)가 제작했다고 전해지는, 서울의 원형을 보여주는 〈수선전도〉 목판인쇄본. 1825년경.

48

동서 방향의 종로를 두어 중심가로로 했고, 이와 평행으로 청계천을 파내어 하수천으로 삼았다. 또한 남쪽으로 중심축과 약간 어긋나게 대로를 내어 남대문과 연결하고 이와 중심축 사이, 현재 광화문과 보신각 사이에 중앙시장의 역할을 하는 육의전(六矣廛)과 종루를 세웠다. 태종조에는 창덕궁이 새로 조성되고 종루를 중심으로 삼천여 칸의 시전행랑이 세워졌다. 성의 총 길이 사십 리, 성 내 면적 약 오백만 평이었다. 주요 건물과 간선도로가 정해진 다음에는 지형에 따라 혹은 주민의 편의에 따라 불규칙한 도로들이 점진적으로 생겨났으며, 시장을 중심으로 남촌과 북촌이 갈라지게 되었다. 이로써 한양의 모습이 갖춰졌는데, 도시의 중심 시설은 궁궐과 관아로서 매우 폐쇄적인 행정도시 성격을 띠었다. 도시의 주축과 방향을 정하는 문제에 관해 유교의 합리적 세계관과 불교의 신비적 세계관 간의 논쟁, 또한 배치 형태 등에 대한 다른 견해에 관해 「한양오백년가」는 다음과 같이 읊어 후세에 전한다.

　태조대왕 거동 보소 정삼봉을 분부하고

　무학을 불러다가 왕도로 정할 적에

　임진강 얼른 건너 삼각산 일지맥에

　대궐 터를 잡아 노니 대궐좌향 어찌할꼬

　무학이는 해좌사향(亥坐巳向) 정삼봉은 자좌오향(子坐午向)

　둘이 서로 다툴 적에 정삼봉 하는 말이

　네 모른다 이 중놈아 해좌사향 놓지 마라.

　…

　정삼봉의 거동 보소 대궐을 지을 적에

　남산잠두 주작되고 무학재가 현무로다

　남한산성 청룡되고 용산삼개 백흘다

　이렇듯이 향배 놓고 동서남북 사대문을

인의예지 네 글자로 연해 지어 노니

동대문은 흥인이요 서대문은 돈의로다

남대문은 숭례문 북대문은 광지문

좌우 궁장 널리 쌓고 삼천 궁궐 지어 노니^{작자미상, 박성의 교주}¹⁹⁸⁴

이러한 배치기법은 기본적으로 중국 고대의 설계원리를 따른 것이지만, 실제의 적용에 있어서는 주작대로인 중심축이 끊기고 성벽이 불규칙하고 도로가 굽는 등의 많은 변형이 있었다. 당시 서구는, 르네상스 시대가 되면서 알베르티(L. Alberti, 1402-1472) 등에 의해 이상도시안이 제시되고, 그 이후 바로크 시대를 맞이하면서 전제 군주들에 의해 소위 장엄한 설계원리(Grand Manner)^{Kostof 1991}로 축조된 성당·궁궐·광장 등 대규모 도시시설이 축조된 시기로서, 기하학적이고 다이어그램적인 형태에 바탕을 둔 도시가 형성되는 시기였다. 도시의 기원을 자연발생적인 유기적 형태에서 나온 것과 어떤 관념과 질서를 기본으로 한

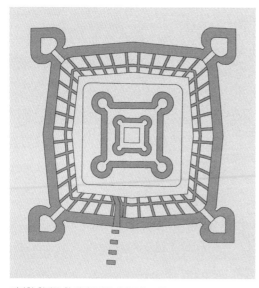

정방형 형태를 한 알베르티의 이상도시 도안.

다이어그램적 형태에서 나온 것으로 구분한다면, 서울의 골격은 다이어그램적 형태를 유지하면서 실제의 모습과 세부적 요소는 유기적인 모습을 지닌, 일종의 절충적 형태인 것으로 해석된다.

조선조 후기에 이르러 상업인구·소비인구가 늘어나고 또한 도시 수공업과 교통이 발달하면서, 서울은 행정·정치도시에서 상업도시로 바뀐다. 서

구의 도시발달 과정에서 보듯이 도시의 기본적 성격을 '사람과 상품의 집합과 교환의 장소'라 한다면, 서울은 18세기에 이르러 비로소 근대적 의미의 도시로서 면모를 갖췄다고 볼 수 있겠다. 조선 오백 년 장구한 세월 동안 서울은 인구가 십만 명에서 이십만 명으로 늘어났을 뿐, 지금까지 묘사한 최초의 도시 형태와 경관을 거의 그대로 유지했다. 그런 점에서 조선시대 오백 년간은 조선 사람들의 세계관이 투영된 원형 서울이 그대로 유지된 기간이었다.『동아일보』1993. 4. 10 이 기간은 조선의 자연경관에 처음으로 인간문화의 총체로서 도시경관이 형성된 시기이다. 이때 서울의 경관을 최초의 문화경관이라는 의미에서 '원형경관'이라고 부르고 싶다.

원형경관의 특성

전체경관

서울의 도시 전체경관을 개괄적 전망으로 볼 때 가장 두드러진 특징은, 조선 중기의 화가 겸재(謙齋) 정선(鄭敾)이 그린 서울의 여러 진경산수화에서도 볼 수 있듯이, 도시 내부에 있는 산이든 주변에 있는 산이든 항상 산이 경관의 지배적 요소로 나타난다는 것이다. 그것은 도시의 중요 스카이라인을 형성하기도 하고 랜드마크(landmark)로서 보여지기도 했다. 이것은 예로부터 신전·지구라트·교회 등 가능한 한 하늘을 향해 솟은 것을 세우려던 서구의 전통과는 매우 다르다. 우리뿐 아니라 중국이나 일본도 유사한 경향을 보여, 동양 삼국의 공통적인 특징인 것 같다.Kostof 1991 이것은 풍수지리설의 영향이라고 볼 수 있다. 풍수적으로 보면 산은 양으로 간주되고(맥락에 따라서는 음으로도 해석하지만), 집은 높은 것이 양이요 낮은 것이 음이 된다. 양과 양, 음과 음은 상충하고 음양의 조화로서만 생기가 발동하는바, 한국같이 산이 많은 지세에 높은 건물을 지으면 국운이 쇠한다고 했고, 이런 이유로 해서 고려시대나 조선시대에 궁궐이 그다지 높지

안개 속의 한양을 그린 정선의 〈장안연우(長安烟雨)〉 1740-1745년경.

못했고 민가도 납작집이 대부분이었다. 임종국 1980 구한말에 한국을 여행했던 헐버트는 이렇게 단층집만 보이는 것에 대해 무거운 지붕과 기둥 사이의 균형문제 때문이라고 구조적 이유를 들었지만, Hulbert 1906 그보다는 산에 대해 존중하고 숭배했던 사회문화적 이유를 드는 것이 더 타당할 것이다.

서구인들은 인위적으로 만든 높은 구조물에 관심을 가진 반면 우리 선조들은 산에 관심이 많았다. 서구인들은 로마의 일곱 언덕이나 아테네의 아크로폴리스 언덕같이 산이 있어도 그 위에 건물을 세웠지만, 우리는 산을 자연 그대로 두고 손대지 않았다. 산은 도시의 입지나 건물 배치의 기준이 되었을 뿐 아니라 각종 기록이나 문학작품에 가장 많이 등장하는 요소였다. 서울의 경우, 특히 남북의 북한산·관악산과 좌우의 덕양산·아차산이 풍수상의 외사산(外四山)으로, 남북의 북악산·남산과 좌우의 인왕산·낙산이 소위 내사산(內四山)으로 자주 언급되었다. 산에서 도시를 내려다보면 모든 집들이 납작해 보이고, 두 층 높이 정도의 궁궐과 남대문·광화문 등이 눈에 들어올 것이고 멀리 성벽이 여기저기 보일 것이다. 박제가는 「성시전도시」(1792)에서 이렇게 전경을 표현했다.

그대는 한양의 궁궐이 하늘 높이 솟아 있는 것을 보지 못했나
충충으로 쌓은 성이 사십 리를 둘러 있네
왼쪽에는 종묘, 오른쪽에는 사직단을 크게 높이 세우고
뒤에는 산들이 둘러 있고 앞에는 한강수가 돌아 든다. 박제가, 박정노 역 .1985

그러나 서울 바깥에서 접근하면 무엇보다도 사십여 리를 둘러싼 성벽과 성문이 먼저 시야에 들어올 것이다. 특히 남대문은 남부지방과 관동지방에서 서울로 들어오는 관문인데, 중층의 문루를 설치해 그 위용이 눈에 띄었을 것이다. 성 안으로 들어오면 도시는 완전히 폐쇄적인데 1880년대에 서울에 와서 선교사업을 한 길모어는 이 첫인상을 "문으로 닫힌 성으로 에워싸인 도시 속에서, 어두운 뒤면 불도 없고, 성을 넘지 않으면 도망칠 수 없는 처소에 있다는 것은 참으로 중세기의 정취가 난다"^{길모어, 조용만 역}고 했고, 헐버트도 성벽이 위압적인 구조여서 그 거대한 모습은 인상적이라고 했다.^{Hulbert 1906} 성벽은 이처럼 시각적 요소이자 도시를 외부로부터 구획하는 기능적 요소이기도 했고, 나아가 놀이 장소로 이용되기도 했다. 등반이 곤란한 장소를 제외하고는 평화시에는 산보로가 되었고, 이 위에서 도성 내외를 관망할 수 있기 때문에 '순성(巡城) 놀이'가 유행하기도 했다. 순성 놀이는 봄과 여름에 서울 사람들이 짝지어 성 둘레를 돌며 도성 안팎 화류(花柳) 구경을 하는 멋있는 놀이로서, 아직도 이와 유사한 행사가 고창의 고성(古城)에서 행해지고 있고, 서양에도 영국의 중세도시인 체스터(Chester)나 요크(York)시에서 성벽이 산책용으로 활용되고 있다.

길모어는 다시 "해질 무렵에 남산 봉우리를 볼 수 있는 자

지금은 대부분 사라진 옛 서울의 성벽과 성문.(위)
복원되어 산책로로 활용되는 영국 요크시의 성벽.(아래)

아침 해가 떠오르는 남산의 모습을 그린 정선의 〈목멱조돈(木覓朝暾)〉
조선 1740~1741년경.

리, 혹은 서대문 밖에서 가까운 거리에서 산봉우리를 볼 수 있는 자리에 서 있으면 중세 취향의 인상이 더욱 농후해진다"고 하여 서구의 중세도시와 유사함을 강조했다. 서구의 도시들도 성벽에 둘러싸이긴 했지만 이들과 가장 다른 점은, 서구의 도시들은 어디서나 눈에 띄는 성당이나 교회의 뾰족탑이 도시 한복판에 있는 반면, 서울은 그 대신 남산이 있다는 것이다. 남산은 예나 지금이나 가장 중요한 경관 요소로서, 당시 길모어도 '시가 중앙의 남쪽에 깎아지른 듯한 울창한 나무에 덮인 아름다운 산'이라고 했다. 이 남산은 이렇게 랜드마크의 역할을 했을 뿐 아니라 서울 시가를 내려다보는 전망 장소이기도 했다. 여러 시가나 문집에도 단편적으로 나오나, 특히 비숍의 관망기가 남산에서의 서울의 전경을 요약해서 전한다.

"아름다운 남산에서 산으로 둘러싸인 서울이 가장 잘 보인다. …도시는 대부분 짚으로 된 낮은 갈색 지붕의 바다여서 단조로울 뿐이고 나무나 빈 공간도 없다. 이 갈색 바다 위에 중층지붕의 성문이 있고, 궁궐의 화강석 담벽과 그 안의 각종 건물의 널따란 지붕들이 보인다."Bishop 1897

상업가로경관

당시 서울에는 세 개의 중심가로가 있었는데, 현재 종로 일가 일대는 가장 중심이 되는 상업가로였고, 광화문 네거리(황토현)부터 궁궐까지의 세종로는 관아

지구로서 육조가 들어선 당시 제일의 상징가로였으며, 광화문 네거리에서 서대
문까지의 신문로는 공공건물이 들어선 거리였다. 종로는, 저녁에 인정(人定), 아
침에 파루(罷漏)로 큰 종을 쳐서 여덟 개의 성문을 개폐하던 종루가 세워진 후로
종루십자가(鐘樓十字街) 또는 운종가(雲從街)로 불렸고, 종로라는 이름은 후에
일제시대(1913)에 붙여졌다. 종은 매우 커서 눈에 잘 띄어 시각적 지표가 되었
고, 시민들의 활동 시간을 알리는 생활의 기준이기도 했다. 길모어도 "아홉 시쯤
되면 도시 중앙에 있는 큰 종이 전 시에 들리도록 울리는데, 규칙적으로 치면 깊
고 우렁차게 들린다. 이 종소리는 영국 왕 존 때의 모종(暮鐘)과 같은 것으로, 사
람들에게 돌아가는 것을 가리킨다"^{길모어, 조용만 역}고 했다.

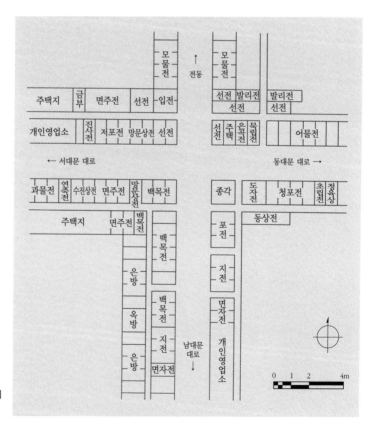

조선말,
종로 시전 운종가의
물종별 분포도.

조선말 칠패시장의 모습.

종로는 정도 초기에 벌써 대시(大市) 혹은 시가(市街)로 불릴 만큼 큰 시장을 이루었고 공영 점포인 시전행랑이 즐비하게 세워진 후로 더욱 번창했다. 이것은 거의 기와집이었으며 전면은 점포, 후면은 가족의 살림집이었다.

임진왜란·병자호란을 치른 다음에는 공인 특권 시전인 육의전(六矣廛)이 자리 잡고 한양의 상권을 주도하게 되었다. 조선 후기에 이르러서는 이에 'T'자로 연결된 남대문로와 함께 서울뿐 아니라 전국 상권의 중심부가 되었다. 운종가라 함은 '수많은 사람이 구름같이 모였다가 흩어지는 저잣거리'김영상 1989 라는 뜻으로, 이 광경을 박주대는 「성시전도시」(1792)에서 다음과 같이 읊었다.

운종가 남쪽 환한 길에는
오는 사람 가는 사람 분주하구나.
행랑채 뒷골 기와집 수도 없이 많고
큰 길 옆 가게는 즐비하게 늘어섰다.박주대, 박정노 역
.1985

육의전은 정부로부터 전매권을 확보한 상가로, 비단·명주·무명·모시·베·종이 그리고 어물 등을 팔며 지금의 광화문에서 종로 삼가에 이르는 지역을 점하고 있었다. 조선 후기에 들어와 상업이 발달하면서 정부의 비호하에 상권을 주도하던 시전상인들 이외에 소위 난전상인들이 늘어나 이현(梨峴, 현 배오개, 동대문시장 일대), 칠패(七牌, 현 남대문시장 일대) 등 시전의 외곽에 시장을 개

설하게 되어 소위 삼대 시장이 생기게 되었고, 나아가 용산·마포·서강·송파 등의 나루터까지 그 범위가 점차 확대되었다. 그 당시 종로 양쪽에 자리잡은 장랑의 육의전이 여전히 왕실과 관아의 어용 상점으로 전통적 규모를 갖추고 있었으나, 중심 상가는 차츰 신흥의 삼대 시장으로 이전하게 되었다.^{이우성 1963} 그래서 『경도잡지(京都雜志)』에도 "대체로 장 보는 사람들이 새벽에는 이현과 서소문 밖에 모이고 낮에는 종가(鐘街)에 모인다. 온 장안의 필요한 물건 중에 동부에서는 채소가, 칠패에서는 생선이 가장 풍부하다"고 당시의 모습을 그리고 있다. 당시의 상업가로에 대한 경관적 특성은 박제가의 「성시전도시」에 잘 나타나 있다.

> 이현과 종루 그리고 칠패는
> 도성의 삼대 시장이라네
> 온갖 공장(工匠)이 다 모여 있고 사람들은 분주한데
> 수많은 화물들이 값을 다투어 수레와 수레가 연이어 있네
> 봉성(鳳城)의 털모자 연경의 비단실
> 함경도의 마포며 한산의 모시
> …
> 게를 담은 광주리를 머리에 이고 아이는 등에 업었는데
> 갯마을에 사는 젊은 여자는 미영수건을 썼구나
> 어떤 사람은 닭 한 마리 고르느라고 무게를 들어 보는 사람이 있고
> 소리 지르는 게 귀찮아 두 마리 돼지를 함께 지고 있는 사람도 있네
> …
> 팔고 사는 일은 다 끝났으니 이젠 연희를 하는 듯
> 우리나라의 당간(撞竿, 남사당 놀이) 천하에도 다시 없어
> 줄 타고 재주 부리는 것이 마치 거미와도 같네
> 또 꼭두각시가 등장하려는데

칙사가 동쪽에서 나오면서 따귀를 한 대 치네."박제가, 박정노 역
1985

또한 한산거사의 「한양가」(1844)에도 생선전을 비롯하여 과물전 · 싸전 · 잡화
전 그리고 육주비전의 각종 상품명을 상세히 그리고 있는데, 일부 소개하면 아
래와 같다.

칠패의 생선전에 각색 생선 다 있구나
민어, 석어, 석수어며 도미, 준치, 고도어며
낙지, 소라, 오적어며 조개, 새우, 전어로다
남문 안 큰 모전에 각색 실과 다 있구나
청실뇌, 황실뇌, 건시, 홍시, 조홍시며
밤, 대추, 잣, 호도며 포도, 경도, 오얏이며
석류, 유자, 복숭아며 용안, 여지, 당대추이다.한산거사, 박성의 교주
1984

계획 당시 종로의 대로 폭은 오십육 척(16.8-17.5미터)으로서 꽤 넓은 편이었
다. 이 도로를 최초로 침범한 것은 가가(假家)였다. 『북학의』에도 이러한 실정이
기록되어 있는데, "어염 백성들이 전을 열고 물건을 매매하는 것을 가가라고 한

납작집만 보이는 종로의 가가. 조선 1880년경.

다. 처음에는 처마 밑
에 달아 지은 집같이
옮겨 들일 수 있는 것
에 불과 했으나, 차차
흙을 바르고 쌓다가 드
디어 길을 차지하게 되
었다. 그리고 문 앞에
는 나무까지 심어서 말

탄 사람끼리 서로 만나면 길이 좁아서 다닐 수가 없는 경우도 있다"박제가, 노도양 역
고 발생 요인을 분석하고 있다. 이 때문에 상가의 경관은 매우 조악하게 보였을
뿐 아니라 불편기도 했는데, 헐버트는 이들 가가들에 의해 간선가로들이 비좁
아진 것을 개탄했고, 길모어도 다음같이 당시의 정경을 상세히 그리고 있다.

"(대궐로 통하는 길 이외의) 다른 길들은 좁고 골목이 많고 대부분 어깨를 비비
면서 겨우 걸어가게 되어 있다. …길이 좁고 초가지붕과 기와지붕이 앞으로 나왔
기 때문에 말 탄 사람 혼자서도 지나기 힘들어서, 말에서 떨어지지 않기 위해서
는 머리를 숙이고 안장을 잘 꿇어 가지고 조심성있게 가야만 한다."길모어, 조용만 역
1958

서울에서 가가가 출현한 때는 아마 시전이 생성된 초기일 것이나, 그것이 하
나의 고정된 공작물이 되어 도로를 완전히 침범해 버리게 된 것은 임진왜란 이
후 국정 전반이 흐트러지고 자주 화재가 일어난 때부터였으리라 짐작되고, 그것
이 가장 심해진 것은 영·정조 시대에 들어오면서 상공업이 발달하고 도성 내외
가 경제적으로 은성(殷盛)해지는 과정과 때를 맞추어서였을 것으로 추측된
다.손정목 1977 조선말에는 가가를 인정하는 대신 부분적으로 정비하려고 노력했는
데, 결국 가가는 가옥이 되어 오늘날의 가게로 남게 되었고, 당시 상업가로 미
관에도 상당한 저해 요인이 되었을 것이다.

주거경관

양반·중인·상민의 계급제도를 엄수했던 조선시대에는, 계급에 따라 가옥의
크기는 물론 주거 지역에도 제한을 두고 있었다. 즉 이품(二品) 이하의 양반은
사십 칸 이하, 삼품(三品) 이하의 양반은 삼십 칸, 상민은 십 칸 이하의 집을 지
을 수 있되, 이것도 왕궁을 내려다볼 만한 높은 곳에는 세울 수 없고 대문을 남
향으로 낼 수도 없었다.

수거 지역의 분포를 보면 양반들은 종로를 중심으로 북부와 남부 지대에 거주했고, 중인 이하는 중부 지대에 살았다. 관리·양반들은 계동·가회동·원서동·안국동 등 소위 북촌에 살았으며, 벼슬을 못하면서도 양반 행세를 하던 소위 '남산골 샌님'들은 남산 밑 지금의 중구 회현동·필동(당시 붓골) 등에 살았다. 이들 시운을 타지 못한 선비들은 불우함 속에서도 마음가짐을 꼿꼿이 세우고 경우 따지기를 서슴지 않던, 오늘날로 치면 야당 기질이 풍부했던 선비들이었다.^{김영상 1989} 청계천 일대는 중촌으로 개발되어 중인계층과 돈 많은 상인들이 거주하기 시작했고, 궁궐과 관련이 있는 잡직(雜職)의 중인들은 종로구 누하동·적선동·사직동 방면에 살았다. 농민들은 지금의 서대문구 신촌동(당시 새말), 마포구 도화동(당시 복사골), 동대문구 제기동, 성북구 종암동(당시 북바위) 방면에 살았고, 군인들은 성동구 왕십리 쪽에, 한강을 오가며 배를 갖고 장사하던 경강(京江) 상인들과 객주·어부들은 마포(당시 삼개) 등지에 살아 직주 근접이 이루어졌다. 장의에 관계되는 사람은 중구 광희동 시구문(屍口門) 쪽에, 백정들은 종로구 혜화동 쪽에 많이 살았던 것으로 전해진다.^{동아일보 1983. 1. 31} 상인이나 관리를 상대로 하는 기생들은 청진동·서린동·다동에 주로 살았으며, 당시 상인 상대의 목로점이 오늘날 해장국집으로 연결된다.

당시의 경관을 박제가는 「성시전도시」에서 "차례차례 비늘처럼 늘어선 기와집 사만 호는 마치 맑은 물 속에 방어와 잉어가 은은히 보이는 듯하다"고 칭송하고 있지만, 앞에 비숍이 묘사한 대로 왕궁과 관아 이외에는 거의 나지막한 초가집이고, 그것도 매우 조악한 환경이었을 것이다. 비숍은 시내의 첫인상에 대해 진흙 바닥의 좁은 골목들, 쓰레기가 널려 있는 열린 하수구, 그 속에서 노는 헐벗은 어린이들, 그리고 '유일한 쓰레기 청소부'라고 표현한 야생에 가까운 개들의 정경을 그리며 다음과 같이 혹평한다.

"나는 서울 시내의 모습을 그리기가 두렵다. 나는 베이징(北京)을 보기 전에는 서울이 지구상에서 가장 더러운 도시라고 생각했고, 샤오싱(紹興)을 경험하기 전에는 가장 냄새가 나는 도시라고 생각했다. 이처럼 큰 도시, 더구나 수도로서 그 천박성(meanness)은 말로 표현할 수 없을 정도이다."Bishop 1897

박제가는 왕 앞에서는 경관 예찬의 시를 읊었지만, 청국견문록인 『북학의』(1778)에서는 다른 시각을 보인다. 당시 북학파들은 모두 북경을 유람하고 와서 그곳의 진보된 도시경관이 보고 배울 것이 많다고 주장했고, 박제가도 서울의 도시환경을 베이징과 비교하면서 매우 비판적으로 평가했다.

"우리나라는 천 호나 되는 고을에도 반듯하고 살 만한 집이 한 채도 없다. 깎지 않은 재목을 평평하지 않은 터에 세우는데, 그 재목을 새끼줄로 엮고는 바르게 섰는지 살피지도 않는다. 진흙을 손으로 바르며 흙손을 구하지도 않는다. 그리고 문에 틈이 생기면 개가죽을 찢어서 못으로 박아 놓아, 그 못에 옷이 반드시 걸린다. …지금 도성 안에 더러 화려한 저택이 있기는 하나 그 대청과 온돌방에도 바둑판을 반듯하게 놓을 수가 없어서 바둑판의 한편 다리를 바둑돌로 괴어야만 한다. 여염의 작은 집은 일어설 때 머리를 바로 들지 못하고 누울 때 다리를 능히 펼 수 없다."박제가, 노도양 역 1982

"중국 사람들은 나무 심는 데에 부지런하여, 거리와 골목 안에도 구름 같은 나무가 서로 얽혀서 번화하게 꾸미는 까닭에 울창함이 그림과 같다. 그러나 우리나라에는 평양 대동강가만이 수십 리 한길에 늘어선 수목이 아름다워 볼 만하다. 이 방법을 다른 곳에도 옮겨서 시행하면, 십 년 안에 큰 수풀이 될 것을 알지 못하고 있다. …지금 우리나라에서는 길을 닦을 때에는 모두 땅 표면을 깎아서 흙 빛깔만 새롭게 할 뿐, 실제로는 몇 발자국도 평평하게 못한다. 또 돌을 깐 것도 판판하게 하지 못해서 울퉁불퉁하여 넘어지기 쉽다."박제가, 노도양 역 1982

녹지경관

예로부터 자연을 벗 삼아 놀이를 즐겼던 우리 선조들은 주로 자연경관 속에서 여가활동을 했다. 그것은 주로 산 아니면 물이었고, 이렇게 산수경개가 좋은 곳에 누각과 정자를 지어 놓고 시를 짓거나 그림을 그리면서 소일했다. 당시의 경관은 겸재나 단원의 진경산수화나 풍속도에 잘 나타나 있다. 인왕산 기슭의 필운대·청풍계 혹은 옥류동, 남산 기슭의 산단(山壇)·칠송정 혹은 청학동, 북악산 동쪽 기슭의 삼청동과 서쪽의 세검정 등이 유명하고, 이 외에 혜화문 밖의 성북동·돈암동·삼선동 일대도 조선시대 내내 금산(禁山) 조치로 무성한 숲을 유지했다. 안암천의 수려한 경관으로 이곳은 한량들의 놀이터였다.[동아일보, 1993. 5. 22] 특히 한강 변은 수많은 나루터와 정자가 곳곳에 흩어져 있어 훌륭한 놀이공간이 되었는데, 한명회(韓明澮)의 정자로 유명한 압구정(狎鷗亭)은 벼슬을 하다가 그만두고 낙향하는 서울의 관리들이 친지들과 어울려 이별주를 나누던 정자로 전해 온다. 우리 선조들은 각종 놀이를 즐겼는데, 『경도잡지』에 보면 필운대의 살구꽃, 북둔의 복사꽃, 흥인문 밖의 버들, 천연정의 연꽃, 삼청동·탕춘대의 수석(水石)에 놀이하고 시 짓는 사람들이 많이 모여들었다는 기록이 있고, 또한 한산거사의 「한양가」(1844)에 나타난 것을 보면, 당시에는 놀이도 여러 가지로 다양했던 것 같다.

남북촌 한량들이 각색 놀음 장할시고
선비의 시축(詩軸) 놀음 한량의 성청(成聽) 놀음,
공물방 선유(船遊) 놀음 포교의 세찬(歲饌) 놀음,
각사 서리 수유(受由) 놀음 각집 겸종 화류(花柳) 놀음,
장안의 편사(便射) 놀음 장안의 호걸 놀음,
재상의 분부(吩咐) 놀음 백성의 중포(中脯) 놀음,
각색 놀음 벌어지니 방방곡곡 놀이철다.[한산거사, 박성의 교주 1984]

풍수지리사상은 자연의 개발과 파괴보다는 그 이해와 보존 그리고 그것을 경관 요소로서 활용하는 관점을 취했기 때문에, 거의 모든 도시 주변의 자연공간과 녹지는 원형 그대로 보존되었다. 간혹 빼어난 경치를 전망하기 위해 소규모의 인공 구조물이 들어서더라도, 그것은 자연경관을 돋보이게 하는 역할을 하도록 배치되었다. 비록 도시 속의 인공경관은 보잘것없다 해도, 본래부터 아름다운 이 도시 주변의 자연경관은 도시경관을 돋보이게 하는 요소로서 큰 역할을 했을 것이고, 바로 이러한 점이 조선 후기 서울 도시경관의 중요한 특성이라고 보인다. 세계 어느 나라의 대도시를 보아도 서울처럼 아름다운 산으로 둘러싸인 도시는 드물다.

원형경관의 변화

대자연 속에 파묻혀 소박하고 폐쇄적이며 중세적 분위기가 나던 서울의 경관은, 강화도 조약(1876)에 의해 개국이 되면서 부산·원산·인천 등이 개항되고, 한일합방(1910)에 이르기까지 약 삼십여 년 간에 걸쳐 지금까지 볼 수 없었던 큰 변화를 겪게 된다.손정목 1982 이때는 전통적인 중세사회가 서구적인 근대로 넘어가며 새로운 질서가 형성되던 시기로서, 도시의 모습도 이 흐름에서 예외는 아니었다. 우선 스카이라인에 영향을 줄 만한 새로운 건물이 들어서기 시작했으니, 독립문(1897)·명동성당(1898)·정동교회(1898) 그리고 후에 들어선 석조전(1910) 등이 그것이다.

또한 가로경관에도 큰 변화가 생겼는데, 서대문과 청량리 사이에 전차가 개통되고(1899), 종로 네거리에 가로등이 등장했으며(1900), 전봇대가 서고 전화가 가설되었다. 주거공간에도 변화가 일어나 민간 일본인의 정주(定住)가 허용된 이래(1885) 충무로 이가 진고개 일대는 일본인 거류의 중심지가 되었고, 중구 정동은 미국공사관이 들어서면서(1883) 구미인의 동네가 되었으며, 신용산이 군

스카이라인이 돋보이는 언덕 위의 명동성당. 1896.

사용지로 개발되기 시작했다(1905).

무엇보다도 큰 변화는, 조선시대 오백 년간을 중요한 경관 요소로서 그 모습을 지켜 온 성벽이 파괴된 것이었다. 당시 도성에는 여덟 개의 문이 설치되어 있어, 대체로 저녁 열 시경 인정 소리에 모든 성문을 닫고 새벽 네 시경 파루 소리에 모든 성문을 여는 통행금지제도가 실시되어, 수도의 방위뿐 아니라 치안 및 사회질서를 유지하는 중요한 기능을 수행하고 있었다. 구한말인 1907년, 이완용 내각은 '성벽처리위원회'라는 묘한 기구를 설치해 동대문 양측 성벽 철거를 시작으로 십팔 킬로미터가 넘던 성곽을 남산 등 산지 일부분만 제외하고는 모두 파괴했다.(현재는 약 9.8킬로미터의 구간이 복원되었다) 원형경관으로서 서울의 모습은 외곽부터 사라지게 되었다. 이것은 서울이 구각을 벗는 중요한 계기였다고 볼 수도 있으나, 그보다는 일본에 의한 문화 파괴 행위의 하나로 보아야 할 현상으로서, 이것은 서울뿐 아니라 경주나 전주 등 지방의 역사도시들도 겪은 수난이었다.

외곽의 성벽 파괴와 함께 서울의 스카이라인에 있어 가장 큰 변화는 남산 북쪽 기슭 언덕 위에 등장한 명동성당의 모습이었을 것이다. 성당이 위치한 종현(鐘峴)은 명동과 저동 사이에 있던 고개로 지대가 높아 전망이 좋은 곳인데, 서양인이 몰락한 양반으로부터 이를 매수해 평지를 만들고 그곳에 성당을 만들기 시작한 지 육 년 만에 완성한 것이다. 길이 육십구 미터, 폭 이십팔 미터, 본당 높이 이십삼 미터, 종탑 사십오 미터인 이 고딕 양식의 성당이 건축되는 동안, 서울 장안에는 이것이 큰 이야깃거리가 되어 구경하러 오는 사람들이 많았으며, "대체 이 사람들이 무슨 집을 이렇게 크게 지으며, 들보를 얹을 수 없으니까 벽만 자꾸 쌓아 올려 가는구나"라고 말하는 등 우스운 이야기가 많았다 한다._{유흥렬 1958} 언덕 위의 종탑이 주는 스카이라인은 유럽의 옛 도시를 연상시키는데, 이 건물은 그후 고층 건물이 주변에 들어서기까지 수십 년 동안 주변경관의 지배적 요소였을 뿐 아니라, 지금까지도 마치 서구의 성당들이 그 나라에서 그랬던 것처럼 우리나라의 정치·사회·문화에 지대한 영향을 끼치고 있다.

명동성당의 외부가 대체로 완성되던 1896년 기공해 그 이듬해에 완공된 서대문의 독립문은 이제까지 볼 수 없었던 새로운 랜드마크였다. 독립문은 그 설립 목적이나 과정, 또 그 형태가 매우 특이한 것이었다. 세계 만국에 조선이 자주 독립국이라는 표를 보이자는 목적으로 사대 외교의 유물인 영은문(迎恩門)을 헐고 그 자리에 세웠는데,_{윤일주 1972} 독립협회의 창시자인 서재필(徐載弼)이 러시아의 건축가 사바틴(A. Sabatin)에 설계를 의뢰하여 건립했다 한다. 형태는 서재필 자신이 파리의 개선문을 모방했다고 말한 그대로 석조 아치 대문으로서, 크기나 조형성은 그것만 못하지만 당시 단층집만 깔려 있던 경관에서는 매우 두드러진 모습이었을 것이다.

종로 거리에 가로등이 들어옴으로써 변한 야경 또한 큰 경관의 변화였다. 『경도잡지』에도 '부처님 오신날'에는 종로 네거리 여러 가게에서 큰 등을 좋아해 높이 매달았다는 기록이 보인다. 조선시대 서울의 밤거리는 모든 시민의 축제였던 사월 초파일에는 밝았지만, 그 이외에는 거의 밝지 않았던 것 같다. 비숍이 술회한 것을 보면, 평시 서울의 야경은 매우 적막해 가로등이 처음 들어왔을 때의 놀라움을 상상할 수 있다.

"야간의 정적은 매우 인상적이다. 아무런 사람의 움직임이나, 소리나, 인적이 없다. 거리 쪽으로 등을 밝힌 창문이 다소 있기는 하나 철저한 어둠뿐이었다. 이러한 정적 속에서 깊고 폐부를 찌르는 듯한 큰 종소리는 거의 위협적이었다."_{Bishop 1897}

개국 이후 서울의 경관은 이 외에도 여러 요인에 의해 급격한 변모를 겪지만, 그 변화 양상은 1910년대 이후의 상황과 관련해 후에 논하기로 한다. 하여튼 이 시점부터 자연과 성곽 속에 싸여 잔잔하고 적막하던 서울은 그 원형경관을 상실하면서, 수평적으로는 성 바깥으로 확장되고, 수직적으로는 하늘을 향해 치솟는 변화를 겪게 된다.

새로운 한국적 도시경관의 싹

서울이 원래 가지고 있던 원형으로서의 도시경관은 오늘날의 모습과 전혀 다르다. 당시의 흔적으로는 몇 개의 점으로 남은 유물만이 도시 여기저기에 산재해 있을 뿐이다. 서구의 많은 중세도시들에 옛 건물과 가로 그리고 랜드마크들이 남아 가로의 주요 경관 요소로서 ·역할하는 것과 큰 차이가 난다. 그 이유는 무엇보다도 사회문화적 체제의 탈바꿈과 변형의 차이에서 기인한 것이고, 서구처럼 서서히 내재적 요인으로 변화했다기보다 외생적 이유에 의해 타율적으로 급격하게 변한 데 있을 것이다. 신문화가 들어온 이후의 변화양상을 더 추적하기 전에 어떤 결론을 끌어낼 수는 없지만, 여기서 한가지 간과할 수 없는 흥미로운 사실을 지적해 당시의 상황에 대한 색다른 해석을 해 보고자 한다.

앞에서도 살폈듯이 도시경관에 관련되는 과거의 자료는 대부분 실학사상을 가진 학자, 그 중에서도 북학파에 의해 서술된 것이었다. 홍대용(洪大容)·박지원·박제가 등으로 이어지는 북학파는 수시로 청국을 왕래하면서 그 나라 학자들이나 서양과학을 중국에 매개한 서양선교사들을 통해 접촉하는 기회를 가졌다. 이들의 저서들은 단순한 여행기가 아니고, 외국의 좋은 점을 솔직히 배워 생산력의 발전과 민중의 생활개선을 위한 이용후생에 이바지해야 한다는 견해를 피력한 것이었다.강재언 1991 이들은 도시에 대한 관심이 많았고, 비록 단편적이긴 하지만 우리가 사는 환경과 경관의 개선에 대한 개혁 의지를 여기저기서 밝혀 놓았다.

　그것은 우선 이중환과 박지원의 유토피아 사상에서 찾을 수 있다. 앞에서 논했듯이, 인문지리에 밝았던 이중환은 『택리지』에서 전국의 살 만한 장소를 논한 다음, 마지막 구절에서 '땅 아닌 땅(非地之地)', 즉 이 세상에는 없는 땅이라는 이상향을 제시해 당시 유행했던 길지사상에 대한 하나의 반론적 견해를 피력한 바 있다. 또한 박지원도 맥락은 다르지만 풍자소설 『허생전』에서 무인공도를 제시함으로써, 보다 낳은 사회를 추구하는 그의 사상의 한 단면을 보였다. 이상사회에 대한 이들의 구상에 반해, 박지원의 제자인 박제가는 같은 이상주의를 표방하면서도 보다 현실적인 도시문제를 다루고 있다.

　그는 『북학의』 「벽돌」편에서 건축재료로서 일정한 규격의 벽돌을 사용하여 물과 불, 도둑, 썩고 젖는 것, 넘어지고 무너지는 것을 방지하자고 주장했고, 「도로」편에서 소위 가가에 의해 도로가 좁아지는 것을 개탄하여 법에 의해 이를 규제할 것을 강조했다. 「시장」편에서 판서 채제공(蔡濟恭, 1720-1799)의 말을 빌려 상점마다 상품에 맞는 상호를 붙여 동대문부터 남대문까지 면모를 일신시킬 것을 주장했으며, 개울 치는 세 가지 법칙을 제시해 배수문제까지도 언급했다. 당시 우리나라의 기와 만드는 기술로 충분히 가능했던 벽돌을 일반 건축재료로 제작 공급했더라면, 그의 말대로 십 년 이내에 도시의 모습은 일신되었을 것이다.

　이들 북학파 학자들의 개혁 의지나 실천적 사상들은 갑신정변의 주축이 되는 개혁파에 깊은 영향을 주는데, 이들의 연결고리는 박지원의 손자 박규수(朴珪壽, 1807-1876)이다.강재언 1991 그는 우의정을 사직한 뒤 그의 사택에 김옥균(金玉均)·박영효(朴泳孝) 등 영준한 청년을 모아 연암의 문집들을 강의하면서 중국 사신들의 견문과 그들이 가져온 신사상을 고취했다. 이러한 연유로 개혁적 사상에 심취한 김옥균·박영효에 의해 치도론(治道論)이 등장하게 된다. 그 경위는 김광우가 그의 연구에서 상세히 밝히고 있는데,김광우 1992 치도론의 기본이 된 것

온 치도약본(治道略論) 및 치도약칙(治道略則)이라는 도시계획 이론으로, 메이지 초기 문명이 개화된 일본에서 입수한 이것은 도시구조 및 경관 개선에 관해 당시로서는 손색이 없는 내용을 담고 있었다. 당시 외국에 개방된 서울의 위생상태와 가로경관은 부끄러울 정도여서, 박영효는 한성판윤이 되자마자 치도론을 바탕으로 치도국과 순경국을 설치하여 근대적 도시건설과 치안제도 확립을 도모했던 것이다.

이들의 개혁적 사상은, 김옥균의 지도를 받아 일본에 유학하고 돌아와 갑신정변에 참가한 서재필에게도 영향을 주었다. 그가 독립문을 세울 당시 파리는 오스만 남작에 의해 획기적인 개조계획이 이루어져, 이 장엄한 계획안들은 런던의 중심부 리선트가(Regeant Street) 개조계획과 아울러 전 세계에 알려졌고, 당시 아시아에 있어서도 문명개화의 한 상징으로 기능하여 도쿄의 개조계획에도 모델이 되었다.김광우 1992 서재필도 독립문의 형태를 파리 개선문을 모방해 세움으로써 상징적으로 서울의 경관개선에 대한 개혁 의지를 나타냈다고 볼 수 있다. 장소를 이전해 그 의미가 반감되었지만, 독립문은 현재에도 서대문의 독립공원의 관문으로 남아 있다.

장엄한 설계에 의해 계획된 파리 개선문과 샹젤리제 거리 평면도.

또한 당시의 고종은 대군주가 직접 국정을 주관하는 새로운 정치체제를 지향하면서 그에 걸맞은 왕궁과 왕도를 건설할 필요성을 절감한다. 그리하여 개혁파인 이채연(李采淵)을 다시 한성부윤으로 임명해 서울의 중심부에 해당하는 경운궁(현 덕수궁)을 중심으로 한성부개조사업(1896-1898)을 시작한다.이태진 1995 그는 미국을 시찰한 바 있고 또한 서재필의 독립협회에도 참여한 개혁파 관료로서, 그가 수행한 개조사업은 비록 단기간이었지만 대한제국 전 기간을 통해 가장 괄목할 만한 것이었다. 당시의 정경은 '경운궁을 중심으로 하는 방사선도로와 환상도로 및 그 외접도로'이태진 1995가 있었다는 대략적인 윤곽만 알 수 있을 뿐이지만, 이 개조사업이 제대로 이루어졌는지는 서울을 처음 방문해 '세계에서 가장 더러운 도시'라고 술회한 바 있는, 이

지금은 서대문 독립공원의 관문이 된 독립문.(위)
1899년 한성부 개조사업이 진전된 후 종로의 거리.(아래)

개조사업이 어느 정도 진전된 후인 삼 년 뒤 다시 서울을 방문해 몰라보게 달라진 모습을 보고 서술한 비숍의 견문록에 잘 나타나 있다. 그는, 비좁은 길은 넓히고 진흙도랑은 메우고 넓고 평탄한 도로 위로 자전거가 질주하고 있으며, 쓰레기는 수거하고 훌륭한 대로를 따라 과거의 초가집이 점점 사라지고 지붕은 기와, 벽은 돌을 사용한 집들이 들어서고 있는 모습을 보고, 서울에 대한 종전의 이미지를 완전히 바꾼 것이다.

"내가 서울에 도착했을 때, 서울은 정력적이고 개화된 이채연 부윤이 관장하고 있었다. 그리고 방치된 쓰레기 더미, 거기서 나는 악취 같은 과거의 서울의 특징은 시가지 서쪽에서는 다시 느낄 수 없었는데, 이는 그의 치적이었다. …서울은 극동에서 가장 불결한 도시에서 가장 깨끗한 도시로 탈바꿈해 가는 중에

있다. …여기서 언급하지 않을 수 없는 것은, 수도 서울이 유럽식이 아니라 한국식으로 개조되고 있다는 것이다."[Bishop 1897]

개혁파들의 개혁사상은, 외국의 사상과 경험을 그대로 빌려 온 것이 아니라 그것을 충분히 음미하고 소화한 후에 한국적 토양에 밀착시키고 정착시키려 한 것이었으며, 민족의 전통에 내재하고 있는 모든 가능성을 발굴하고 육성하려는 것이었다.[강재언 1991] 그러나 이들에 의한 '한국적 도시'로의 탈바꿈 의지는 한일합방에 의해 무산되고, 이후 서울의 모습은 일본인들에 의해 일본식 근대적 도시로 변모해 간다. 역사를 두고 가정하는 일은 덧없지만, 실학사상으로부터 연유된 개혁적 도시개조사업이 중단 없이 지속되었다면, 서울의 모습은 가장 한국적인 도시의 모습으로 근대화의 길을 걸었을 것이다.

3. 일제시대의 왜곡된 도시경관

왜곡의 요인과 그에 따른 도시의 변화

20세기 전반기, 일제 삼십육 년간은 우리나라 도시가 근대적 모습을 갖춤에 있어 중요한 의미를 갖는다. 전통적인 원형 도시경관이 바뀌기 시작한 것은 19세기말 개항기부터지만 이것은 도시의 국지적 지엽적 변모라 할 수 있고, 그 골격과 도시계획 자체가 변모한 것은 갑오경장 이후 한일합방이 이루어졌던 1910년 이후라고 볼 수 있다. 이 시기 서구는 모더니즘을 주축으로 하여 도시와 건축이 급격히 변모한 격동기로, 우리나라의 도시가 공교롭게도 이 시기에 일제의 지배를 받은 것은 불행한 일이다. 만약 이렇게 타의에 의해 변모하지 않고 우리 독자 의지로 모습이 바뀌었다면, 지금과는 다른 모습이었을 것이다. 여기서는 일제시대의 식민정책이나 정치·사회·경제적 요인들이 도시경관의 형성과 변모에 어떤 영향을 주었는가를, 특히 그로 인해 왜곡된 역사적 현상들에 주목해 몇 가지 특징을 밝히고자 한다.

기본적인 전제가 되는 것은, 일본은 통치기간 내내 의도적으로 조선의 정체성과 왕권을 약화시키고 우민화하려 했으며, 그러한 의도가 도시경관에 영향을 주어 결과적으로 왜곡된 도시의 모습으로 나타났다는 것이다. 당시 한반도에 대한 일본의 식민정책은 여러 직간접 자료에서도 나타나고 있지만, 일제 삼십육 년간 쉬지 않고 발간된 『매일신보』를 통해 정책에 대한 그들의 구체적인 의도뿐 아니라 홍보·선전·언론 정책을 살펴볼 수 있다. 『매일신보』는 합방 이후 해방이 될 때까지 조선총독부의 유일한 어용지로서 발간되었다. 앞서 있었던 『독립신문』과 『황성신문』은 합방 이전에 폐간되었고, 민족지라 할 수 있는 『동아일보』 『조선일보』 등 한국인이 만든 일간지는 삼일운동 이후인 1920년 창간되었으나 이십 년이 지난 1940년 다시 폐간되었다. 이 장은 여러 관련 문헌 이외에 『매일신보』를 주로 참조했고, 특히 통치 의도가 잘 드러나는 사설란을 관심있게 고찰했다.

일본의 한국 침략은 1876년의 개항과 함께 시작되었지만, 사실상 강점의 기점은 한국이 실질적으로 일본의 지배 밑에 들어간 1910년으로 잡는다. 일본의 식민성책은 정치적으로는 통치정책의 전환을 기준으로 대개 세 단계로 나눈다. 즉 무단정치기(1910년부터 1919년 삼일운동까지), 문화정치기(1920년부터 1931년 만주사변까지), 대륙병참화추구기(1931년부터 1945년 해방까지)가 그것이다. 그러나 도시 변화의 측면에서는 도시계획의 변천, 도시경관의 변화, 건축의 특징으로 보아 크게 전기와 후기로 구분하는 것윤일주 1972이 타당할 것 같다.

1920년대 중반을 중심으로 구분해, 그 이전의 전기는 기존의 왕권체제를 없애고 일제 중심의 통치체제 구축을 위한 소위 식민통치기반 조성의 시기로서, 이때 시구개정사업을 위한 도시개조사업이 이루어졌으며, 건축에서는 조선총독부 청사를 비롯한 각종 공공건물이 건립되었다. 일본이 대륙 진출을 위해 건설한 철도시설물이나 관련 서비스 건축이 들어서는 시기이며, 이때 형성된 도시경관은 정치적 식민화의 모습을 나타낸다고 볼 수 있다. 일제시대의 후기는 합방 이후 통치기반의 조성을 마무리 짓고 조선의 도시들을 식민적인 산업도시로 만들어 나가던 시기로서, 1920년 조선회사령 철폐를 계기로 일본 대재벌의 침투에서 비롯된 상사와 사무소 건축이 1928년부터 번성했다. 특히 1934년 제정 공포된 조선시가지계획령은 도시가 근대적 모습을 갖추는 데 영향을 주었으며, 건축도 일본의 풍조를 따라 모더니즘의 경향을 띠기 시작하는 시기로서 특징이 있다.

일본은 한 나라의 옛 지배층을 정권에서 완전히 밀어내어 처음부터 철저하게 직접 지배하는 것을 식민정책으로 삼았다. 이러한 지배 방식은 합방 초기의 무단정치기간은 물론 삼일운동의 충격을 받은 후에도 기본적으로 변하지 않았다. 이것은 서구 제국주의의 식민정책은 물론 대만 등에 대한 일본의 식민정책과도 다른 특징을 지니게 되는데, 그것은 한마디로 통치 방식의 엄격성과 이에 따른 동화정책에서 드러난다.차기벽 1985 일본의 식민정책은 프랑스식을 모방해서 직접 통치의 원칙을 고수했으나, 프랑스식과 근본적으로 다른 점은 '동화'라는 미명 하에 '이민족 말살정책'을 강행한 데 있다.

서구 제국주의의 식민정책은 간접통치든 직접통치든 사회경제적 수탈을 기본 목적으로 한 것으로, 피지배 민족의 민족 보존은 당연한 일로 인정했으며, 민족 문화운동에 대해서도 그것이 직접적인 독립운동이 아닌 한 어느 정도 방관적 태도를 취했다. 그러나 일본제국의 식민정책은 사회경제적 수탈에 그치지 않고 이민족(異民族)을 말살 소멸시켜, 스스로의 제국 내 종속신분층을 만드는 데 중점을 둔 악질적인 것이었다. 소위 '내선일체(內鮮一體)'라는 동화정책에 의거, 철저하고 무자비한 식민지 노예교육이 감행되었다. 당시 일본의 식민정책의 제일인자인 야마모토(山本)는, 조선의 장래는, 마치 영국과 그 식민지들인 캐나다·호주·남아프리카공화국에 대한 관계와 같이 자치를 허용해 자치식민지로서 양자(본국과 식민지)의 관계를 지속시키는 것이 이상적이라는 견해를 밝혀, 일본의 식민정책이 바람직한 방법이 아니라는 점을 지적한 바 있다.도야마 시케키 외 1986

일본이 이렇게 강압적인 식민정책을 펼친 것은, 무엇보다도 한반도를 일본의 대륙진출의 교두보이자 거점으로 생각하여, 군사적으로는 병참기지로, 경제적으로는 수탈대상으로, 동시에 대륙 침략의 전진기지로 하려 한 데 그 이유가 있다. 그러나 보다 근본적으로는, 그들보다 앞서가는 문화와 전통을 가진 민족을 무리하게 지배하려는 데에서 오는 이유가 더 컸던 것으로 생각된다. 우리 한민족은 역사적 문화적 전통을 함께 하는 단일민족이며, 또 근대 이전에는 일본보나 긴 역사와 그것으로 농축된 고도의 문화를 지닌 민족이며, 합병 및 그 이후의 의병투쟁이나 삼일운동 등에서 보이듯이 치열한 반침략운동을 벌여 온 민족인 탓으로, 보다 강압적인 정책을 쓰지 않으면 통치가 안 되었던 것이다. 『조선통치론』을 쓴 아오야나기 남메이(靑柳南冥)도 그의 저서에서 일본이 무단정치를 쓰지 않을 수 없었던 사정을 밝혀, "우리 일본제국이 동방의 추세와 일·한 간의 관계에 비추어 십 년 전에 조선을 병합했을 때, 동해의 일(一) 소도(小島) 국민으로서, 더구나 대륙의 문화에 아무런 근저도 갖고 있지 못하고, 또 아무런 민족적 집단의 우세한 지반도 갖고 있지 못하면서, 이천 년의 구방(舊邦)과 일천오백만의 민족을 병합 통치하는 데에 과연 어떠한 정책을 가지고 임해야 하는가"라고 해 이러한 견해를 뒷받침한다. 사실상 합병 당시 한국의 사회발전 단계가 일본의 식민지로 단순히 흡수되기에는 상당히 높았던 것이다.

이들의 이러한 식민정책은, 우선 당시 조선민족의 중심체였던 이왕가(李王家)에 대한 약체화정책에 나타난다.^{강동진 1980} 이왕직(李王職) 기구를 간소화하고 일본 황족과 정략적 결혼을 꾀했으며, 왕가가 갖춘 정통성을 무시하여 각종 예식을 일본화했고, 무엇보다도 왕권의 상징인 왕궁 중심부에 총독부 청사를 세워 그 위엄을 의도적으로 손상시켰다. 이러한 상징 훼손은 전국 도처에 풍수기맥을 끊고 신사(神社, 혹은 神祠)를 건립하는 등 수없이 자행됐으며, 통치 후반에는 역사도시 부여에 신도(神都)를 건설하려는 시도까지 이어졌다. 일본의 한민족 말살정책은 삼일운동이라는 거대한 저항에 부딪쳐 소위 문화정치로 그 통치 방식을 전환한 후에도 마찬가지여서, 무력 위주의 기본 통치 방식에는 변화가 없었고, 소위 '분열지배 방식(divide and rule)'을 취하는 등 통치 수법이 더 간교해졌을 뿐이었다. 결국 후기에 이르러 만주 침략을 계기로 문화정치를 표방하는 것도 끝나고, 또다시 이민족말살정책을 강화하는 한편, 병참기지화정책에 부합되도록 식민지 수탈정책의 재전환을 강행했고, 창씨개명·신사참배·황민화 등 그 수법도 더 악랄해졌다.

이렇게 독특한 일본의 식민정책과 이에 따른 사회경제적 상황은 당시의 도시경관 형성에 직접적으로 부정적인 영향을 주었다. 마침 전 세계적으로 모더니즘이 태동하는 시기에 한국의 도시들이 이렇게 비정상적인 과정을 겪었다는 것은 불행한 일이 아닐 수 없다. 그러나 상황이 어떻든 서울을 비롯한 여러 도시들이 이 기간에 전통의 굴레를 벗고 근대도시로 탈바꿈한다. 정상적으로 근대화 과정을 겪었다면 다른 모습을 보여줄 수도 있었던 우리 도시들이, 권위실추를 의도한 상징조작과 위장된 도시계획, 기타 기만적인 식민정책에 의해 어떻게 왜곡된 경관으로 나타났고, 그 결과가 어떻게 되었는가 살펴보기로 한다.

도시경관의 왜곡 현상

상징조작과 경관축 변형, 조선총독부 및 부여신궁 건설

조선왕조에 대한 약체화, 민족정신의 지주를 말살하려는 정책 때문에 제일 수난을 당한 것이 경복궁과 이를 중심으로 하는 상징축이다. 경복궁은 이미 조선총독부가 집권 오 년의 치적을 알리기 위해 기획한 조선물산공진회(朝鮮物産共振會) 개최 장소로 선정되면서(1915) 왕궁으로서의 존엄성이 상실된다. 진열관을 짓는다는 명목으로 각종 전각들이 헐려 그 중 많은 것은 민간인에게 불하(拂下)되었고, 근정전·교태전·경회루 등은 진열장으로 사용됐으며,^{정운현 1995} 관람이라는 명목으로 왕궁의 앞마당에 전국의 시민들이 몰려들어 북적댔다. 당시 총독부는 공진회 개최의 목적을 오 개년 통치효과 선전, 산업 장려, 수출무역 증진 등으로 들고 있지만,^{『매일신보』 1915. 9. 4} 개최장으로 가장 신성해야 할 이 장소를 택한 것은 왕권에 대한 명예훼손과 모독의 의도라 아니할 수 없다.

이들은 곧바로 시작한 조선총독부 신축공사로 궁궐 전면부를 완전히 제압했다.(1916) 십 년 걸려 준공된 이 건물은 그 규모도 규모지만, 그 배치방법에 있어 의도적으로 서울의 주경관축을 왜곡시키는 것이었다. 여러 다른 자료에도 언

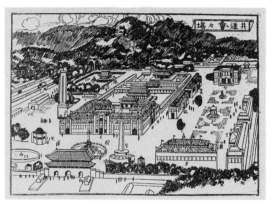

1915년 9월 3일자 『매일신보』에 실린, 경복궁에 조선물산공진회가
개최되던 모습.

급됐지만 총독부 건물의 중앙 돔은 일본천황의 왕관을 나타낼 뿐 아니라, 건물의 평면도도 일본의 '日'자를 본뜬 것으로, '大'자형인 북악산과 같은 해에 준공된 '本'자형인 경성부청(현 시청)과 어울려 공중에서 내려다보면 '大日本'의 형상이 뚜렷하다는 해석이 있다.[이몽일 1991] 신청사 낙성식 날 『매일신보』 사설에서 "청풍은 자연의 낙(樂)을 주(奏)하고 서운(瑞雲)은 태허(太虛)에 춤추는 이날, 이 장엄! 이 성황!"[『매일신보』 1926. 10. 2]이라고 극찬한 이 총독부 건물은, 당시의 규모나 외관 면으로 보면 동양 유일의 장엄함을 자랑하는 반도 통치의 중추기관으로서 경복궁의 전면을 완전히 가린 것이었다.

중심축의 설정에 있어서도 왜곡 사실이 드러났는데,[『동아일보』 1993. 5. 8] 경복궁의 배치축은 본래 풍수상의 진산인 북한산과 외사산축의 관악산을 지난다. 이와 달리 총독부 건물은 약 3.5도 틀어져서 풍수상의 주산인 북악산과 약간 빗겨 가긴 했지만 남산의 내사산축에 일치하고 있다. 전통적인 지리관과 건축기법에서는 보다 넓은 의미에서 도시를 감싸 주는 진산이 주산보다 더 중요시되었다. 이러한 사실은 1992년 청와대에 있던 구총독부 관저를 철거해 공원으로 조성하는 과정에서 더 확연히 드러났다. 이 자리는 본래 조선시대에는 경복궁을 지키는 수궁(守宮)의 자리로서 풍수상 용의 머리에 해당되는 부분이며, 전망이나 형국으로 보아 명당의 자리였는데, 바로 이곳에 관저를 건립했고, 이곳은 곧 '북악산-총독부 관저-조선총독부-경성부청-남산'을 잇는 내사산의 축상에 자리하는 것이었다. 이와 같은 배치는 엄격한 국도풍수이론(國都風水理論)에 의해 만든 우리 수도의 기맥(氣脈)을 끊고, 나아가 조선의 국맥(國脈)을 훼손시키려는 조치였으며,이몽일 1991 조선 건국초인 태조부터 말기 대원군에 이르기까지 왕권의 상징으로 삼았던 경복궁을 훼손해 우리 민족의 정신을 일본에 예속시키려 했던 여러 겹의 상징조작이라 볼 수 있다.

일본은 그들이 새로이 설정한 남산축에 건립할 총독부 건물의 준공에 앞서 조선신궁(朝鮮神宮, 현 남산 식물원 터)을 준공함으로써(1925) 이 경관축을 더욱 훼손했으며, 이로써 서울의 대표적인 스카이라인을 상징하던 남산을 포함한 서북산 기슭 전체가 조선신궁의 경내가 되다시피 했다.

남산은 이태조가 조선을 건국하고 한양을 도읍지로 한 다음 목멱신사〔木覓神社, 후에 국사당(國師堂)으로 명칭이 바뀜〕를 세운 곳으로, 이 자리는 바로 일본이 책정한 이십여 만 평 조선신궁 용지의 머리 부분이었다.이경재 1993 1925년 10월 15일 개최된 조선신궁진좌제(朝鮮神宮鎭座際)에 즈음하여 『매일신보』는 '천황의 내지인과 신영토 국민을 동일하게 하려는 뜻으로' 신궁을 영조하여, 남산의 아름다운 경치와 어울려 '장엄의 극치'를 이루게 했다고 경관을 과장하여 표현했으나,『매일신보』, 1925. 10. 13 조선인의 눈에는 거슬렸을 것이다. 이때를 전후로 조선인 신사참배가 문제시되고 또 강제성을 띠게 되었다. 신사는 조선인에 있어 공포의 대상이었고 스스로 신사에 가는 일은 피했으며, 이렇게 남산에 조선신궁이 들어선 이후 남산공원은 예로부터 있어 왔던 공원으로서의 기능을 완전히 잃는다.강신용 1995

이 외에도 서울의 왕권 격하를 위한 조치는 여러 곳에서 나타난다. 이미 합병 전인 1907년에 궁 안에 박물

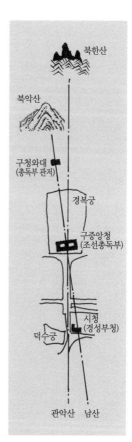

축이 어긋나 있는 서울의 외사산축과 내사산축. (괄호 안은 일제시대 건물)

관을 비롯해 식물원과 동물원까지 설치된 창경궁은, 새로 연못을 파고 벚나무를 심으면서 나들이용의 창경원으로 격하되어, 휴일이면 일반인들이 쇄도하고 일제시에는 4-5월의 꽃피는 계절이 오면 매일 오천여 명의 입장객이 몰렸다. 이 위락적 기능은 해방 후에도 지속되어 1984년 동물원을 과천으로 이전시키고 다시 본래 창경궁의 모습으로 복원할 때까지 지속된다. 하늘에 제사 지내던 자리인 원구단(圓丘壇)을 철거하고 조선호텔을 짓고(1914), 사직단(1922)·장충단(1919)·덕수궁(1933)을 공원화하고, 경희궁에 일본인 학교를 만드는 등 조선왕조시대의 국가 시설은 그 존재의 의미를 잃어 갔다. 새로운 중심 경관축의 남단인 남산의 남쪽, 용산에 자리잡은 조선군(일제시대에 우리나라에 주둔했던 일본군) 사령부는 한편으로는 남산의 일본인 거류지를 보호하면서, 다른 한편으로는 서울 시내를 순식간에 제압할 수 있도록 위협적으로 배치돼 민족 억압의 수단으로 활용되었으며, 그 위력은 삼일운동시에 유감 없이 발휘되었다.전우용 1995 이 지역의 이러한 전략적 가치는 해방 후에도 그대로 활용되어 오늘날 미군의 주둔지로 쓰이고 있다. 이미 조선총독부가 들어선 경복궁에는 1929년에 다시 박람회가 열려 그 훼손이 극심했으며, 1935년부터는 일반인에게 공개해 이제 왕궁이라기보다 일개 공원으로 전락하고 말았다.

지방에서의 상징조작은 왕권 격하보다는 신사 및 신궁의 건설로 더 잘 나타난다. 이미 합병 전에 항구 및 지방도시의 일본인 거류지에 신사가 건립되기 시작해, 한국에서 최초로 개항된 부산은 일본인 거류지 내의 용우산을 중심으로 신사가 신축되었고(1903), 또 확장하여 신사 경내 및 주변의 삼림은 점점 공원으로 바뀌었다.강신용 1995 대구에서도 중심부의 달성산에 신사를 건립해(1906) 이 일대가 공원으로 바뀌었고, 인천은 일본인 거류지인 동공원(東公園)에 신사가 건립되었다. 기타 목포·원산 등에도 거류지 내에 신사를 창건했고, 평양의 명소인 모란대(牡丹臺)의 주변에도 신사를 건립했으며, 군산·개성·마산 등에도 건립해 합방 직후 이미 신사(神社) 또는 신사(神祠)는 서른한 개소에 달했다. 이들

신사는 대개 도시 내의 전망이 좋은 곳에 자리해 도시경관이나 스카이라인에 중요 요소가 되었다. 이를 통해 일본은 조선인을 제국식민화하고 천황제 이데올로기를 주입하는 기반으로서 신사제도 확립에 힘을 기울였고,_{강신용 1995} 말기에는 '일 면(面) 일 신사' 정책을 실시해 농촌에도 신사를 만들기에 이르렀다.『매일신보』_{1940. 2. 13}

일제말에 이르러 일본이 내세운 조선통치의 가장 중요한 지침은, 일본이 한국을 합방한 것을 두고 "하늘의 뜻이요 길이요 덕이라"『매일신보』_{1937. 4. 23}는 전제하에 '내선일체(內鮮一體)' '선만일여(鮮滿一如)' '일만일체(日滿一體)'를 강조하는 것이었다. 이를 상징화하기 위해 일제는 1933년말에는 인구 일만이천 명밖에 안 되는 백제의 고도 부여에 일본의 기원 이천육백 년을 기념하는 사업의 하나로 신궁을 건립키로 하여, 그 준공에 맞추어 부여 전체를 '신도(神都)'로 건설하려는 계획이 추진된다. 부여신궁 창립계획은 부여의 진산인 부소산(扶蘇山, 높이 106미터) 중턱, 바로 풍수상의 내용(來龍) 자리를 깎아 본전을 앉히고 이십일만사천여 평의 넓은 지역을 잡아 신궁 터로 하는 것이었다. 기공식이 행해진 1940년을 전후해서 매일 수천 명에 달하는 근로봉사대가 시가지의 북측 부소산 남쪽에 굴삭공사를 진행했다. 이 신궁 영조계획은 신궁의 건립과 시가지 계획이라는 단순한 도식으로써 이해할 것이 아니었다. 그 것은 다른 아닌 '내선일체를 실현하기 위한 도장(道場)'이었던 것이다. 이와 함께 병행된 부여 시가지 계획 또한 내선일체 구현을 위한 '메카 만들

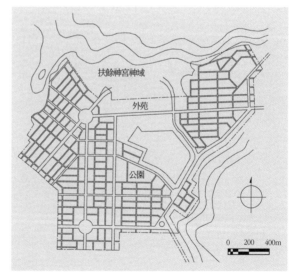

북측에 신궁이 배치되도록 일제가 계획한 부여 시가지 계획 평면도.

기' 였다 할 수 있다.강신용 1995

1943년까지 완공 예정이었던 부여신궁 조영공사는, 1941년 일제가 태평양전쟁을 일으킨 뒤에 물자와 인력 부족으로 결국 초대를 마무리한 단계에서 종전을 맞아 중단되었고, 그로부터 십여 년 후인 1957년 백제 말기의 세 충신인 성충(成忠)·흥수(興首)·계백(階伯)을 추모하는 삼충사가 이곳에 건립되었다.손정목 1990 상징조작의 극점이라 할 수 있는, 이 일본의 스승의 나라 백제의 수도 부여를 훼손하려는 시도는 결국 무산되었고, 부여는 옛 모습 그대로 보존되었으며, 종전 후 모든 도시에서 신사가 우선적으로 철거됨으로써 도시의 일차적 일제 잔재는 그 자취를 감추었다.

시구개정 및 시가지계획령과 도시 골격의 변모

합방 직후 조선총독부가 훈령으로 반포한 시구개정(市區改正, 1912)은 조선시가지계획령이 나오기까지 이십 년간 이 땅의 시가지를 개조하고 규제하는 근간이 되었다.손정목 1990 그 내용은 "지방에 있어서 추요(樞要)한 시가지의 시구개정 또는 확장하려고 할 때에는 그 계획 설명서 및 도면을 첨부하여 미리 인가를 받을 것. 다만 일부의 경미한 변경은 그러하지 아니하다"라는 간단한 것이었다. 이것은 이보다 앞서 반포해 도쿄에 적용하여 시행된 도쿄 시구개정(1888)을 모델로 한 것이었는데, 도쿄의 경우와는 몇 가지 다른 점이 있다.이명규 1994

일본의 경우는 근대적 도시로 탈바꿈하기 위해 도쿄 시구개정을 제정했는데, 한국의 경우는 일제가 식민지 지배정책을 합당화하기 위한 수단으로 시구개정을 시행했다. 그 사업 내용에 있어서도 일본의 경우는 도로사업을 중심으로 상하수도 설치 등 도시주민을 위한 시설사업들이 주였으나, 한국의 경우에는 시가지 정리 차원에서 치도공사(治道工事), 즉 도로사업을 중심으로 한 내용들이 거의 전부였다.

또한 일본의 경우 이를 위한 재원의 확보가 규정되어 있는 반면 한국의 경우

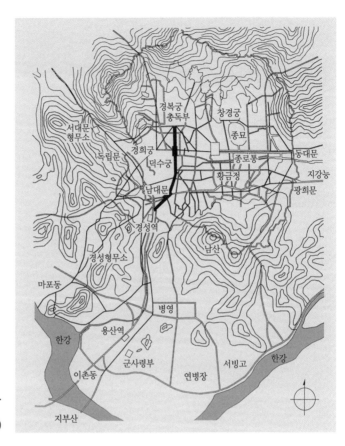

경성 시구개정 노선도.
(가운데 굵은 선으로
표시된 곳이 태평로축)

는 도쿄과 달리 재정 문제가 언급이 안 되어 있어, 재원 없이 강제성을 띠고 시행 과정에서 많은 마찰이 있었다. 다시 말하면 시구개정사업은 일제가 토지매 입을 위해 큰 돈 안 들이고 도로를 내는 수단에 이용했으며, 나아가 이것은 일 본인들이 토지를 확보하기 위한 수단으로 사용했다. 당시 『매일신보』의 사설에 는, "도로란 문명교통과 직접 관계가 있다"라든가, 경성의 도로를 사통오달하여 "조선을 계발하려 한다"는 등의 문구를 사용했는데,『매일신보』 식민지 수탈정책 을 위장하기 위해 도로사업이라는 표면적 의도를 보였다. 그런데 다음, "우매한 인민들이 국가의 원대한 경영을 모르고 오해를 하여 인민의 가옥과 토지를 제압 한다 하니⋯ 공공대사를 위하여 의구심을 버려야 한다"라고 한 것을 보아, 당시 조선인의 저항이 상당했던 것을 짐작할 수 있다.

시구개정 사업은 우선 경성(서울)에서부터 시작했는데, 십칠 년간(1912–1929) 마흔일곱 개 노선이 정비되었다.손정목 1990 이 중에는 '광화문–황토현 광장(현 세종로 네거리)' '남대문–남대문 정거장' 등 기존의 도로에 따라 이를 확장 정비한 것도 있지만, '황토현 광장–대한문 앞 광장(현 시청 앞 광장)–남대문' 노선, 창덕궁과 종묘를 가로지르는 '광화문–안국동 광장–돈화문통–총독부의원(현 서울대병원)–이화동' 노선처럼 도시의 중심부 골격을 근본적으로 개조한 것도 있다.

특히 이 중에서 총독부가 들어선 광화문에서 경성부청이 들어선 대한문 앞 광장을 잇는 직선도로를 대폭 확장해 남대문을 거쳐 바로 일본군 사령부가 있는 용산으로 직접 연결시킨 것은, 합방 전 경운궁(현 덕수궁)을 중심으로 고종이 직접 시도했던 대한제국의 황국건설 구도를 파괴한 것인 동시에, 빈번하게 항일군중집회가 열려 반일감정의 근거지가 된 대한문 앞 광장의 역할과 전통을 없애고자 한 의도로 해석된다.이태진 1995

이유야 어떻든 이들 도로는 도쿄의 시구개정 기준에 따라 좌우에 보도를 설치하고 중앙을 마차보도로 하는 수법을 썼으며, 교통량이 빈번한 구간에는 아스팔트 등의 공법에 의한 포장을 하여, 주변에 현대식 건물은 들어서지 않았지만 도로경관만 봐서는 현대식 가로경관과 유사한 모습이었으리라고 상상된다. 이로써 'T'자형을 기본 골격으로 한 기존 가로망 체계와 자연지형을 살리면서 불규칙하게 얽혀 있던 경성 시가지 중심부 가로경관은 격자형의 모습으로 바뀌었다. 경성 시가지의 도심에 대한 치도사업은 이것이 처음이자 마지막이었고, 그 이후에는 해방 후, 특히 육이오 전쟁 후 복구사업으로 이어진다.손정목 1990

시구개정 사업은 지방도시로 확장되어 대구·부산·평양·진남포·신의주·전주·진해·진주·해주·청주 등 여러 도시에서 이루어졌고, 대구·부산·평양의 삼대 시가지 중심부는 거의 이때 정비되었다. 그러나 이것은 순전히 일본인들의 번영과 치부(致富), 그리고 새로이 조성되는 일본인 시가지의 발달을 위한 것이었다. 특히 지방도시의 골격 변화에 이보다 더 영향을 끼친 것은 철도와 그 역사(驛舍)의 도입일 것이다. 철도는 개화 초기 제물포 노량진 간 33.2킬로미터의 경인선이 개통된 이래(1899), 일제 말기 중앙선이 놓여 대체로 국내 주요 간선망이 형성되기까지(1942) 경제수탈을 위한 일본 식민정책의 주요 통로로 활용되었다. 식민지에서 일본 본토의 부족한 원료와 식량을 반입해 가고, 한편으로는 일본의 공업제품을 되파는 자국의 안정적인 경제기반을 획책한 것이다. 이들은 합방 후 곧바로 조선 내 철도를 만주까지 확장함으로써 "여객의 편의와 운수의 신속을 기하며, 이로써 문명은 도로의 편의를 따라 발달하고 수입과 지출이 원활히 된다"『매일신보』1912.6.2라고 선전했다. 이것이 대륙 침략의 병참간선을 확보하려는 군용철도로 지목되거나 식민지 철도로 대중들에게 인식되는 것을 의식하여, '유럽으로 가는 세계적 일대 공로(公路)'『매일신보』1912.6.13라고 위장하지만, 철도와 역사의 형태는 물자를 실어 오거나 실어 가기 쉬운 통과형이지 그 도시의 기능을 살리는 데 역점을 둔 종착지형은 아니었다. 이러한 수탈 목적의 통과형 철도는, 그 이후 오늘날까지 도시의 수평적 성장에 많은 지장을 초래해 여러 지방도시들이 후에 역을 이전하기도 했다.

전주·경주·대구 등 대표적인 지방도시에서 보이듯이, 철도 노선은 기존 성곽도시의 바로 외곽을 지나도록 설계되어 철도역이 그 가장 가까운 지점에 위치하고, 이 철도역에서 기존의 시가지로 향하는 간선도로(대개 '중앙로'라는 명칭을 가짐)가 형성된다. 일제는 철도역 사용부지를 필요 이상으로 광대하게 책정하고, 그 일대 농민을 내쫓은 후 일본인들에게 불하함으로써 철도역 주변 금싸라기 땅을 일본인 거주지로 변모시켰다.전우용 1995 이렇게 철도역 주변으로부터 시작된 신설가로를 중심으로 일본인에 의한 상업 지역이 형성되어 선형(線形)의 도심이 이루어졌으며, 이에 따라 기존의 전통적인 도로체계도 이를 중심으로 격자형으로 정비되기 시작했다.김한배 1993 결국 철도 통과에 따른 교통 편의와 땅값 상승의 이점은 일본인의 차지였고, 도시의 모습은 전통적인 모습에서 심히 왜곡되고 말았다.

철도건설과 치도사업은 토지조사 및 축항과 더불어 총독부의 사대 주요 식민정책사업이었으며,「매일신보」1917. 10. 7 이들 모두 조선의 질서있는 발달과 건전한 진화를 위한다는 구실하에 경제는 물론 전통문화를 유린하는 행위까지 자행하는 중요한 수단이었다. 예컨대 경주의 경우는 사천왕사의 허리를 자르고 경주 월성과 동궁지(안압지) 중간을 자르면서까지 철도를 놓았다. 이로써 수백 년의 역사를 통해 지속된 읍성도시들의 기존 공간질서는 완전히 와해되었다. 옛 감영(監營)을 중심으로 형성되었던 행정·업무시설들은 건물이 일본식으로 바뀌었을 뿐 그 기능은 그대로 유지되었는데, 성문 밖에 입지했던 과거의 시장들은 보다 주변 지역으로 이선되는 경우가 많았고, 옛 성곽 내에는 새로 생긴 가로를 중심으로 일본인에 의한 근대시장(新市)이 형성되었다. 또한 신설된 철도역을 중심으로 위락·상업시설들이 이전했다.김철수1984 그러나 지방도시들은 이러한 왜곡된 의도에 의해서나마 중세적 도시경관에서 근대적 도시경관으로 탈바꿈하는 큰 계기를 맞는다.

기존 도시의 경관 변화의 특징 중 또 하나 지적할 것은 몇몇 성곽도시의 성벽 파괴에서 온 변화이다. 일제는 문화재적 가치가 있는 전통적인 건조물들을 인위적으로 파괴하거나 운반 가능한 문화재는 일본으로 반출했는데, 성벽의 파괴는 그 중에서도 도시의 변화에 가장 영향을 준 것이었다. 이 파괴 행위는 이미 치도사업이 본격적으로 시작되기 전인 합방 전부터 자행되었는데, 아름다운 서울의 성벽은 전차 궤도를 부설하면서(1898) 철거가 시작된 이래, 통감정치 이후 급속히 진행되어 앞장에서도 언급한 것처럼 성벽처리위원회를 구성한다.(1907) 일제는 파괴의 구실을 찾을 수 없었던 산자락 성벽 일부와 남대문·동대문을 남겨 두고 모두 없애 버렸다.

지방의 읍성들도 하나씩 철거되어 전주와 대구의 성벽은 서울보다 약간 앞서 헐렸는데(1906), 전주는 다행히 풍남문만은 보존되어 현재 전주의 중요한 경관

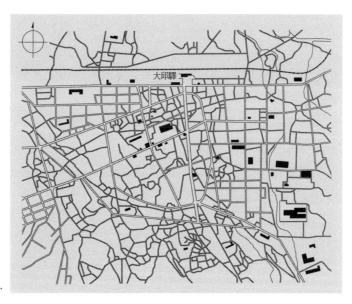

역과 중앙로가 직교하는
일제시 대구 도시계획도.

요소로 자리하고 있지만, 대구읍성은 모든 성벽과 성문이 남김 없이 가혹하게
철거되었다. 청주읍성은 합방 직후 시구개정 사업의 착수시에 철거가 시작되어
(1911), 성외에 거주하던 일본인들이 성내로 들어올 수 있도록 장벽이 제거됐
다.[백기영 1994] 천 년 고도 경주 시가지의 사분의 일을 차지하며 완벽하게 남아 있
던 고려시대 읍성도 현재 그 자리에는 도로만 있을 뿐, 아무런 흔적도 없어 역
사도시로서의 의미가 반감되었다. 언제 어떤 이유로 철거되었는지 그 기록마저
희미하지만, 흔적도 없이 거의 철저하게 파괴한 것을 보면, '도로개설'이라는
허울 아래 전통 도시경관의 문화 파괴 효과를 노린 식민정책의 의도가 작용했을
것이다. 이것은 마치 터키가 문화적으로 앞선 그리스를 정복했을 때 찬란한 그
리스 고대 문화유적을 철저하게 파괴한 야만 행위와 다를 바가 없다. 당시 총독
부는 '과거에는 축성(築城)이 필요했지만 현재는 이(利)는 없고 해(害)만 있으며
교통상 불편하므로 도로에 장애가 없도록 없애는 것이 금일의 임무'「매일신보」
1911. 10. 27 라
고 실용적인 이유를 들었지만, 일제의 파괴와 철거 후에도 과거부터 내려오던
한양성의 순성(巡城) 놀이가 '고대하던 순성장거'「매일신보」
1916. 5. 14 라고 신문의 톱기사를

장식할 정도로 시민의 사랑을 받는 전통행사로 지속된 것을 보면, 우리 민족의 전통문화 요소를 파괴하려는 의도가 보다 중요하게 작용했음을 알 수 있다.

일제 후기에 들어서 공포된 조선시가지계획령(朝鮮市街地計劃令, 1934)은 우리나라에 최초로 적용된 근대적 개념의 도시계획법으로서, 전국의 도시경관에 영향을 미친 또 하나의 중요한 법이었다. 물론 그 이전 개항기에 각종 거류지계획이나 시구개정, 서울의 일부 지역에 적용되었던 시가지건축취체규칙(市街地建築取締規則, 1913) 등이 있었으나, 본격적인 법적 체제는 이것이 최초였다. 이 법은 당시 일본에서 시행되고 있던 도시계획법과 시가지건축법의 내용을 한데 묶은 것이다. 총독부의 주장대로라면 이것은 시가지계획, 건축물계획, 토지구획 성리의 삼대 사항을 일괄한 것으로서, '이로써 도시의 발달을 촉진하고, 시민의 복리증진에 기여하며, 조선의 문화와 사업의 확산과 발달을 위한 것'「매일신보」 이 1934. 6. 21., 라는 대외적 명분을 표방했다.

그러나 이 법은 발상부터 일본의 것과는 의도와 목적이 달랐다. 이것은 무엇보다도 일본이 대동아전쟁을 수행하는 과정에서 한반도를 대륙병참기지로 만들기 위해 식민지정책 수행 목적의 일환으로 만든 것이었다.이명규 1994 도시가 점차로 무질서하게 시가지화함에 따라 1920년대초부터 도시계획법을 만들 필요성이 대두되기는 했지만,「매일신보」 계속 미루다가 만주사변 후 만주국을 세우면서 신흥 1925. 5. 25 도시인 북방의 나진 땅값이 치솟게 되자 총독부 당국자들은 땅을 사지 않고 계획적으로 조성하는 방법, 즉 토지구획정리사업을 실시하기 위해 이 조문이 들어간 조선시가지계획령을 서둘러 제정 공포한 것이다. 그래서 일본의 도시계획법이 기존 도시를 대상으로 한 데 비해 조선시가지계획령은 기성 시가지의 개량보다도 신시가지의 창설에 중점을 둔 것이다.

이 시가지계획령이 적용되어 도시 모습이 전반적으로 바뀐 도시에 대한 자료는 많지는 않으나, 구한말 이전에 개항장이 있던 곳, 도청소재지, 전통적인 시가지로서 지방민에 대한 회유책이 필요한 곳, 기타 특수정책이나 목적을 지닌 지역 등 마흔세 도시에 대한 자료가 남아 있다.손정목 1990 그러나 총독부는 나진과 같은 대륙 침략을 위한 신설도시, 부여와 같은 상징조작을 위한 정책도시 등 일부 도시 이외에는 경비를 들이지 않았고, 시가지 조성은 원칙적으로 토지구획정리방법을 써서 실시했으며, 기성 시가지 부분은 현상 그대로 유지하는 것을 원칙으로 했다. 그 결과 일제 전기의 시구개정 사업이 주로 기성 시가지의 개조에 목적을 두어 여러 도시의 중심 가로망과 경관의 변천에 큰 기여를 했다면, 시가지계획령은 주로 시가지의 외연 확대에 그 목적을 두어 공장부지와 주택지 증설에 치중해 시구개정 사업만큼 도심부의 경관에 영향을 준 것은 아니었다. 그렇지만 조선시가지계획령은, 오일륙 군사혁명 후 군사정부가 이 법령을 도시계획법과 건축법으로 분리해 제정하기까지 지속되어(1962), 해방 후에도 특히 신시가지나 주택지의 개발 등에 영향을 주었다.

이중적 상업가로경관의 형성

우리나라에 근대적 모습을 갖춘 상업가로경관이 형성되기 시작한 것은 개항기로, 부산·인천 등 개항장의 외국인 거류지에서 시작되었다. 예컨대 부산의 경우는 현재 중심 시가지인 광복동 일대에 일본인 거류지가 형성되어, 영사관 건물을 중심에 놓고 그 둘레에 경찰서·은행·병원·상업회의소·전신국 등이 자리하고 그로부터 상점가가 배치되는 거류지 시가가 형성되었으며,손정목 1982a 인천도 자유공원 일대에 세 개의 외국인 거류지가 형성되어 이를 중심으로 부산과 유사한 상업가로가 만들어졌다. 여러 내륙도시에서도 합방 이후 신설된 철도역을 중심으로 이에 직교하는 새로운 가로축이 형성되면서 자연스럽게 새로운 상업가로가 나타났고, 일제 후기 식민정책이 어느 정도 자리잡기 시작하고 상업이 발달하면서 새로운 근대적 건물들로 이루어진 근대적 가로경관이 등장했다.

근대적 상업가로 형성의 중요한 계기가 된 것은, 우선 시구개정 이후에 바로 반포된 시가지건물취체규칙과 조선시가지계획령 중 건축물 제한에 관한 법률이

서구식 건물이 들어서기 시작한 종로 거리(위)와 일제시기 일본인의 거리였던 혼마치(아래).

다. 취체규칙은 오늘날 건축법에서 말하는 건폐율·건축선·건축재료·미관·재해방지 등을 규정한 것이고, 시가지계획령은 신규사업에 중점을 둔 것이었지만 취체규칙을 더욱 보완해 용도지구나 도로폭에 의한 높이 제한 등 보다 상세한 내용을 담고 있어 이후 가로경관의 외관에 직접 영향을 주었다. 이러한 규제에 의해 합병 초기 '방뇨장이나 다름없던, 쓰레기로 가득 찬 도로'「매일신보」 1911.6.8 '들쭉날쭉한 모습을 보이던 도로변의 가옥들'「매일신보」 1913.2.28이 비록 강제성을 띠었지만 근대적 경관으로 탈바꿈한 것이다.

여러 도시에서 이러한 신흥 상업 지역은 대개 일본인이 중심이었고 조선인이 주로 활동하는 시가지는 이에 연접되거나 불완전한 형태로 독자적으로 형성되어, 황기원 1991 같은 도시에서 이중구조적 상업가로가 형성된다. 위압적인 건물을 일본인의 거리에 세워서 도시 전체를 제압하고, 일본인 거주 지역에 집중적인 투자와 개발을 하여 자연발생적인 조선인의 거리와는 차별을 두었다. 서울의 경우 그 현상은 더욱 뚜렷하여 혼마치(本町, 현 충무로 일대)는 일본인의 거리였고 종로는 조선인의 것이었다. 합방 초기 서울의 일본인 거주지였던 남대문 안팎, 회현동, 남산, 명동, 을지로의 중심지는 진고개(현 충무로)로서, 이 일대 혼마치는 일본 본토 못지 않은 일본식의 시가지가 형성되었고, 조선조 초기부터 조선인의 상업 중심지였던 종로는 이미 합방 전인 19세기말부터 이층 한옥상가가 나타나 독특한 한옥·양옥 절충식 가로경관이 형성되었다. 당시 두 거리의 모습이 한 일본인 기자의 눈에 어떻게 보였는지 그의 답사기에 잘 나타나 있다.

  "혼마치는 경성 시가지의 한 귀퉁이에 있지만 어찌 그리 활기가 충일하며 화기가 충만한가. 전후좌우의 집은 모두 이삼층으로 즐비하여 종로처럼 낮은 집이 없다. 폭주하는 물화, 형형색색의 사람이 있고 그 화려찬란함은 기자의 두 눈을 당황케 하더라. 반면 종로는 한복판에 위치하면서도 대체로 조선 구식의 가옥으로, 큰 사람이 서면 천장이 닿을 정도이며 그 모습도 진부하고 조락되어 있다. 건물이 그러하니 물건도 오죽하겠는가. 조선인이 만든 것은 모시·광목 등 이외에는 대부분 박래품(舶來品)이더라."『매일신보』
                                                                1921. 2. 24

  비록 이렇게 일본인의 눈에는 보잘것없는 종로 거리였지만, 가로경관의 주류를 이루던 이층 한옥상가는 주목할 필요가 있다. 이것은 본래 구한말 새로운 도시개조사업의 일환으로 종로에 난립한 가가가 철거되면서(1896) 부를 축적한 일부 상인들이 새로운 도로 폭에 맞춰 짓기 시작한 것이다. 경제적 변화에 따른 새로운 기능의 요구와 사회인습의 극복, 건축기술의 성숙과 아울러 수직적 이용의 당위성에 대한 인식이 대두되어 나타난 것이다.양상호 1985 처음에는 전통적인 누각을 모방한 발코니를 두고, 모서리에 두공(枓栱)을 붙이는 등 한국 전통의 분위기를 내기도 했지만, 1920년부터 1935년에 이르는 동안에는 전통양식의 보수적 경향을 탈피하여 용도와 기능성을 추구했고, 새로운 재료인 시멘트·페인트·유리가 도입되면서 외관에도 변화가 오고 후에는 벽돌도 사용되었다. 이것은 한국건축의 자생적 발전 과정의 결과로서이상현 1984 전통건축의 민중적 수용·계승·발전 현상으로 볼 수 있으나, 결국 일제에 종속된 시대적 상황과 근대화의 물결에 밀려 독자적인 발전을 보지 못했던 아쉬움이 있다.

이렇게 대비되는 차이를 보이던 두 거리는 1926년을 전후해 양상이 변한다. 그 이유 중 하나는 조선회사령철폐(1920)로 조선에 회사 설립시 총독부의 허가를 받아야 하는 제한이 없어지자 일본 자본의 한국 진출이 활발해지면서 필요하게 된 업무용 고층건물들이 속속 등장한 것과, 또 한 이유는 일본에 1920년을 전후로 출현한 미국식 빌딩 및 분리파 건축운동 등으로 싹트기 시작한 일본 내의 근대 건축 운동의 영향으로 이 땅에 다소나마 모더니즘 건축이 나타나게 된 것이다.윤일주 1972

미국식 건축양식으로 처음 나타난 경성전기주식회사 사옥(1929), 삼월백화점(1930, 현 신세계백화점) 등은 완전히 모더니즘의 그것은 아닌, 장식적이고 과도기적인 것이었지만, 1930년대 중반부터는 국제주의 혹은 합리주의적 건축이 약간씩 보이기 시작한다.윤일주 1972 우선은 일본인 상가와 외국인 거주지가 인접하는 요충지인 남대문로와 태평로·충무로를 비롯하여 광화문·종로에까지 수십 채의 상가건물이 다투어 들어서게 되며, 이런 움직임이 활발했던 1930년대를 서울의 중심가로 형성기라고 볼 수 있을 것이다. 화신상회(1937)·정자옥백화점(1939, 현 미도파)·조선빌딩(1938) 등이 당시 도시경관에 큰 변화를 주었던 건물들이었으며, 특히 종로 네거리의 화신상회 건물은, 지금은 도로확장과 함께 헐렸지만 그 위세가 대단해 중요한 랜드마크가 되었고, 이로써 충무로뿐 아니라 종로를 비롯한 서울의 중심부 가로경관은 서구적인 근대 도시경관으로 면모를 바꾸게 된다.

진고개의 충무로와 더불어 일인 상가들이 들어서 일본인들이 북적대던 명동은, 1930년대 이후 문화의 거리, 조선 문인과 예술가들의 명소로서 자리하게 되어 '명동 백작 이봉구'이경재 1993의 전설적인 이야기까지 등장했다. 명동에 1927년경부터 근대식 개념의 다방이 나타나기 시작하여 그 이후 종로 일대에도 생겼고, 당시 명동은 다방이 수없이 들어서 '다방의 거리'라고도 할 수 있었다. 인사동의 비너스, 소공동의 낙랑, 충무로의 모나리자 등이 당시 예술가들이 드

나들던 대표적인 다방들이었다.『조선일보』 영화가 들어오자 명동은 또한 영화의 거
리가 되었다. 춘사(春史) 나운규(羅雲奎)가 영화를 만든 곳도 명동의 '조선 키네
마' 사무실이었다. 종로 또한 크게 발전하여 한국인의 대형 가게가 문을 열기
시작했고, 한국인 건축가 박길용(朴吉龍)이 설계한 화신상회가 문을 열자 일본
인들도 어떻게 해서든지 종로로 뚫고 들어오려 했다.

요약하면, 식민지의 도시로서 성장하는 과정에서 충무로 일대는 일본인 중심
으로, 종로는 과거부터 조선인 중심이라는 근원적 이유로 해서 조선인 중심으로
이중구조적 가로경관이 형성되었다. 서울 도심의 경관은 이러한 골격을 유지한
채 조류처럼 밀려오는 근대화와 서구화의 물결 속에서 근대적 상업가로경관으
로 변모한 것이다.

이중적 주거경관의 형성

한옥 중심의 우리나라 전통적인 주거경관은 개항 이후 일본을 비롯한 외국의
거류지가 도시 내에 형성되면서 변화하기 시작한다. 인천에는 한국 최초로 벽돌
조 양옥인 세창양행 사택이 지어졌고(1884), 부산에는 천여 호의 일본식 가옥이
건설되었으며, 서울의 명동·정동·남산 등에 드물게나마 양옥이 나타났고, 합
병 이후 남산 기슭과 진고개 일대에는 왜식 건물들이 창궐했다. 대구나 전주와
같은 성곽도시에서도 일인들의 주거지가 집단적으로 생겨, 한인들은 도시 성곽
내에 위치하거나 혹은 기존 시가지를 점유한 데 반해, 일본인들은 땅값이 쌌던
성곽 외부에 새로운 주거지를 확보해 새로운 주거 지역을 형성했다. 중기 이후
일인의 거주 지역은 토지구획정리사업으로 성내 혹은 도시 중심부로 확대되기
도 했는데, 이들은 대개 계획에 의해 격자형 배치 패턴을 띠며 본래 불규칙하게
자연발생적으로 형성된 한인들의 주거지와 구분이 생겼고, 또 생활 수준 면에서
도 차이가 나타났다. 도시에 사는 일인들이 상류층을 구성하고 한인들은 하류층
을 형성하여, 주거경관은 단순하게 양극적인 모습을 띠게 된 것이다.

일제 말기에 그려진, 당시의 비참한 주거환경을 보여주는 토막들의
모습. 이진종(李軫鐘) 그림.

조선시대 초기부터 신분계급에 따라 거주 지역 구분이 있었던 서울의 경우는 이러한 경향이 더욱 뚜렷했다. 개항기 남산 밑에 일본공사관이 들어서자 일인들은 진고개 일대의 한옥을 임차 또는 매입했고, 그 이후 공지를 구입해 일본식 가옥을 지어 서서히 일본인 취락을 형성하기 시작했다. 진고개의 일본인 거주 지역은 당시 도성 내의 지저분한 가로와는 달리 다방·극장·점포 등의 편익 시설이 있는 깨끗한 가로였다. 합방 후 진고개의 일본인 거주 지역뿐 아니라 주요 도로변의 상업용 건물과 관사 등의 일본식 건물이 시내에 많이 건축되어, 일본 기와, 슬레이트 지붕, 함석 지붕, 대나무 벽 등의 일본식 주거경관이 일인들의 주거 지역과 주요 도로변에 나타나기 시작했고, 1920년대에 들어와서는 시내 전 지역에 일본식 건물이 격증했다.

한편 전통 한옥은, 체질적으로 절충이 용이하지 않은 일본식 주택보다는 서양식 주택의 기능을 수용해 절충식 한옥으로 변화한다. 도시에 들어서는 절충식 한옥은 서민주택의 구조에 양반 상류계층의 쪽대문과 외벽, 양식 건축의 거실과 유리창호를 절충한 것이다. 이것은 1930년대에는 마당을 중심으로 'ㄷ'자형으로 구성되는 도시형 한옥으로 정착되어 집단적으로 건설되는데,송인호 1990 현재에도 봉익동·가회동 일대에서 많이 볼 수 있는 한옥경관으로서 앞의 일본식 가옥과는 전혀 다른 것이다.

1920년대에 들어서 시구개정 사업으로 인해 없어진 가옥이나 각종 사업으로 빼앗긴 대지가 많아지고 또 농토를 잃은 지방의 유입자가 늘어나 서울의 주택난은 한층 심각해지기 시작한다.『매일신보』_{1921. 6. 21, 24} 일인들의 조선 진출이 가속화되고, 식민수탈정책으로 와해된 농촌으로부터 이농(離農) 인구가 도시로 유입됨에 따라, 서울을 비롯한 부산·평양 등 여러 대도시에 불량 주거지가 발생해 소위 '토막민촌 경관'이 형성된다. 농촌을 떠난 인구의 대부분이 일단 도시로 나왔지만 그들에게는 도시에서 집을 마련할 만한 재력이 없었고, 그렇다고 해서 식민지 지배당국이 그들을 수용할 만한 시설을 마련했던 것도 아니었다. 따라서 이농한 사람들은 어쩔 수 없이 도시 주변 공지에다 토막을 마련하여 살게 되었는데,_{강만길 1987} 이러한 토막민촌은 이후 우리나라에서 집단적으로 발생한 불량 주거지의 시초가 되었다.

토막은 땅을 파서 온돌을 만들고 짚이나 거적때기로 지붕과 출입구를 만든 집으로, 토막민들은 제방, 다리밑, 강바닥 또는 삼림을 무단으로 점거해 이러한 원시적인 움막을 짓고 살았다. 그 주거 형태와 생활은 참으로 참담한 모습이어서 단시 언론에서도 '더한층 형언할 수 없는 참상'『동아일보』_{1924. 11. 15} 혹은 '시민 다수가 반생을 노숙(露宿)으로 지내는 가공할 현상'『매일신보』_{1929. 7. 27}이라고 그 현상을 전한다. 이러한 토막민은, 그 특수한 명칭에도 불구하고 결코 조선 사회에서 고립된 특수한 하나의 사회를 형성한 것이 아니고,_{강만길 1987} 극도로 간소화하고 왜곡된 그들의 토막민촌 경관도 결코 어느 특수계층에 국한된 것이 아니라 전체 조선 사람들에게 공통적인 것이었다. 나라도 구제 못한다는 이러한 토막민촌은 갈수록 증가추세에 있어,『매일신보』_{1932. 5. 8} 기록된 것만 보아도 일제 중기인 1939년 서울에서만 사천삼백여 호에 이른다. 도시 내 일본인 거류지의 문명성과 조선인 집거지의 야만성은 한층 극단적으로 대비되어,_{전우용 1995} 역시 이중적인 경관을 형성하게 되었다.

이러한 인구의 도시 집중과 주택난은 주택건설 및 공급에 변화를 가져왔다. 1920년대 이후 들어서서 주택의 대량생산이 시작되고, 주택건설이 비로소 공급자와 수요자로 분리되어 소규모이지만 주택시장이 형성되었고, 소위 집장사가 등장한다. 총독부 당국도 주택난의 타개책으로 부영주택(府營住宅)을 증설하고 주

댁조합을 조직토록 촉진했으며,『매일신보』1941년 드디어 주택난 해소를 위한 정책
수단으로 조선주택영단(朝鮮住宅營團, 이하 주택영단)이 창설되어 처음으로 공
영(公營) 주택제도가 도입되기에 이른다.『대한주택공사 주택영단은 상도동·대방동·
돈암동 등 여덟 개 지역에 토지를 매입하고 일단계로 세 개 단지를 토지 구획
정리 수법에 의하여 개발해 영단주택(營團住宅)을 공급한 것이다. 이들은 모두
단독주택 단지였는데, 이 중 상도단지는 원형 로터리(현 숭실대 앞 삼거리)가 있
는 구릉지를 살린 개발이었으며, 도림단지(현 도림동)는 격자도로로서 녹지·병
원·이발관·상점 등 편익 시설이 설치되었고, 대방단지(현 대방동)에는 근대적
개념의 원형 로터리가 형성되었다. 이들 단지는 일본식 경관도 아니고 한옥경관
도 아닌, 근대적인 도시계획 개념에 의해 개발된 새로운 단지 개념의 주거경관
으로서 해방 이후까지 파급을 미친다. 예컨대 1960년대 화곡동 등의 단독주택
단지 건설의 모델이 되었다.

일제 잔재를 탈피하기 위하여

서울의 상징축을 손상시켜 경복궁 정궁 자리에 들어선 일제 식민통치의 본산
조선총독부는, 광복 후에는 중앙청으로 불리면서 한때 한국 정치의 중심 역할을
했고, 육이오 전쟁 때 대파된 뒤 유령의 집으로 방치되다가, 오일륙 군사혁명
후 수리하여 사용했고, 1986년 국립박물관으로 개조해 문화공간으로 탈바꿈했
다. 그러나 십여 년도 안 되어 철거 여부에 대한 오랜 논란을 거듭하다가 광복
오십 주년 기념행사 중 일제 잔재 청산을 위한 상징적 행사로서 "민족정기 질곡
의 덮개를 걷다"『한국일보』1995.8.16라는 명분으로 첨탑부터 헐렸다. 필자는 도시경관의 역
사성 보존 등의 차원에서 적극 반대하는 편에 섰지만, 반대론자의 주장은 소수
의견으로 전락하고 당시 집권층의 정치적 결정에 의해 폭넓은 여론수렴의 과정
을 거치지 않은 채 자취도 없이 사라졌다. 전국 도처에 산재해 있던 신사와 남

산 기슭의 조선신궁은 광복 직후 일차
적으로 헐렸고, 본질적으로 우리의 정
서나 생활양식과 맞지 않았던 일본식
주택과 주거 지역은 서서히 그 모습이
사라졌다. 일본의 동화주의 정책은 철
저했지만, 한국인은 그에 동화되지도
않았고 자발적으로 일본식 삶을 모방하
는 일도 없었던 것이다.

영국 최초의 전원도시인 웰윈(Welwyn)의 시가 평면도.

일제시에 형성된 도시가로망, 전국
도로망과 철도망은 그 형성 목적이 식
민지의 효율적 통치에 있었지만, 자주
국가가 된 후에도 우리나라 교통체계의
근간을 이루었다. 또한 이러한 와중에서 근대화 과정을 겪었던 각종 상업건축과
공공건축, 그리고 중심 가로경관은, 광복 후 미국을 비롯한 서구의 모더니즘의
영향을 받아 부분적으로 바뀌기는 했지만 한 시대의 건축 사조로서 우리 도시경
관 속에 자리하고 있다. 일본의 식민 지배가 남긴 왜곡된 찌꺼기, 식민성을 그
대로 지니고 있는 것이다.

19세기말 개화기부터 시작하여 일제 삼십육 년간의 약 반세기는 서구의 도시
에도 근대적 도시계획 개념이 적용되던 시기였다. 하워드(E. Howard)가 『내일
의 전원도시(*Garden Cities of Tomorrow*)』(1898)에서 제시한 전원도시는, 하나
의 이상도시의 실현에 대한 구상으로서 수많은 신도시 건설에 영향을 주었을 뿐
아니라 기존 도시의 도시계획 사조에도 영향을 주었다. 독일에서는 프랑크푸르
트에서 아디다스(Adidas) 법이 시행되어(1902) 독일의 도시계획 발전에 기여했
고, 영국에서는 주택 및 도시계획법이 제정되어(1909) 영국은 물론 일본을 비롯
한 여러 나라에 영향을 주었다. 20세기초 미국에서 도시미화운동(City Beautiful

Movement, 1900-1910)이 일어나 미학적 측면에서 도시를 개조하고 기념비적 도시경관을 구성하는 데 크게 기여했다. 건축 분야 또한 모더니즘의 태동기에서 전성기로 이어지는 시기로서, 르 코르뷔지에(Le Corbusier), 그로피우스(W. Gropius), 미스 반 데르 로에(Mies van der Rohe) 등 초기 모더니즘의 대가들과 그 후계자들의 기념비적 건축들이 도시경관 속에 나타나는 시기였다. 우리는 이러한 세계 사조와는 동떨어진 채, 일본의 강제적이고 왜곡된 식민정책하에 국가적 위상을 손상시키는 상징조작과 수탈과 통제의 수단으로서의 도시계획에 의해 도시가 변모되었고, 그 결과 왜곡된 상징공간과 이중구조적인 가로경관을 형성하게 되었다.

단순히 조선총독부 건물을 헌다고 해서 일제에 의해 변형된 도시경관과 골격이 바뀌고 일제 잔재가 청산되는 것이 아니고, 우리 정신 속에 아직도 남아 있는 일본적인 찌꺼기가 없어지는 것도 아니다. 과거에 선구적인 사람들이 시도했던 자주적이고 독자적인 제안들을 염두에 두면서, 일제 잔재, 식민성을 탈피해 우리 나름의 경관 모델을 발전시켜야 할 것이다. 조선시대 중 가장 융성기라 할 수 있는 영·정조 시기의 도시정책은 매우 적극적이었고, 합방 전 우리는 건축이나 도시계획 면에서 서양문물의 직접적인 이입과 수용의 기회가 있었다. 앞에서 밝혔듯이 혁신적인 자세를 지녔던 개화파 몇몇 사람들은 물론, 당시 통치자인 고종이 주체적이고 독자적으로 도시를 개조하려고 시도했고, 당시 한성부윤 이채연은 도시경관 개조사업을 실시했다. 다시 생각해도 안타까운 것은, 만약이 시기에 정치적 독립성과 문화적 주체성이 확립되고 독자적인 건축과 도시계획이 이루어졌다면, 현재 우리 도시는 어떠한 모습일까 하는 것이다.

4. 해방 후 반세기 서울의 경관

오늘날의 도시경관 들여다보기

우리나라 도시의 모습이 오늘날과 같은 현대도시로 바뀌기 시작한 계기는, 표면적으로는 19세기말 개항과 20세기 전반 일제가 식민통치를 목적으로 추진한 왜곡된 근대화라고 볼 수 있지만, 보다 근본적으로 사회문화적 측면에서 그 이전, 즉 조선 중기 정조 시대의 실학사상, 박지원이나 허균 등의 유토피아 사상 등에서 비롯되었다는 것을 앞에서 밝혔다.

여기서는 지금 우리가 보는 도시의 모습에 중요한 영향을 끼친 해방 후 반세기 동안의 도시경관 변화양상과 그 요인을 집중적으로 밝혀, 근대화의 시작 시점인 조선 후기 및 일제시대부터 지금까지 우리 도시의 모습의 변화를 들여다보고자 한다. 이 시기의 경관 변화에 대해서는 건축물들에 대한 자료, 도시 개발이나 도시계획 사업에 대한 계획 중심의 자료들이 개별적으로 산재해 있으나, 사실상 정리된 단행본 하나 없고 이들을 일관되게 꿰뚫어 보는 선행 연구도 미비한 것이 사실이다. 더구나 건축과 도시를 종합적으로 보는 '도시경관'의 관점에서 관찰된 자료는 더욱 찾아보기 힘들다. 실증적 자료나 선행 연구가 미미한 것은 사실이나, 단편적인 연구자료들을 토대로 해방 후 오십여 년의 경관 변화를 개괄적으로 고찰해 보고자 한다.

여기서 도시경관을 읽는 관점은, 도시를 체험의 장으로 보고 체험자의 측면에서 조명하는 장소론적 입장이다. 따라서 여러 체험 및 비평자의 서술을 기본적인 텍스트로 채택하여 기술하면서, 또한 현재 이 땅에서 살고 있는 필자의 개인적 견해도 자연히 서술하게 될 것이다. 도시를 보는 이론적인 틀에 관한 고찰은 다음 장에서 상술할 것이고, 여기서는 도시 전체의 이미지와 관련되는 도시골격 요소와 양식은 물론, 구체적인 가로의 장소성에 관련되는 건물 개개의 형태와 양식의 문제들을 경관 해석의 주요 문제로 다룰 것이다. 또한 도시를 이루는 경관은 다양하지만, 도시경관을 이루는 주요 경관유형으로서 상업경관과 주거경관을 주요 해석의 대상으로 삼았다.

자료수집의 한계성과 필자가 관심을 가졌던 방향 때문에 주로 서울을 중심으로 논의했고, 건축이나 도시와 관련된 정기 간행물에 소개된 작품들과 견해를 밝힌 글들을 주된 텍스트로 삼았다. 1967년 이 분야의 종합전문지로 창간되어 오늘날까지 꾸준히 발행되고 있는 『공간』을 주요 텍스트로 하여 1960-70년대의 자료로 활용했고, 그 이후로는 『꾸밈』(1976년 창간) 『건축과환경』(1984년 창간) 『플러스』(1986년 창간) 『이상건축』(1992년 창간) 『건축세계』(1994년 창간) 등의 건축 전문지 및 일간지 기타 관련문헌을 기초자료로 활용했다. 사진 등 사실적 자료들은 생략했지만, 도시의 이미지나 도상(圖像, icon)을 보여준다고 생각되는 몇 도면 자료를 예로써 사용했다.

해방 후 사회문화적 상황과 그에 따른 도시의 변화

한국 현대도시 형성에 가장 크게 영향을 미친 요인은 무엇보다도 자본주의를 바탕으로 이룩한 근대화이다. 일제의 강압에 의해 타율적으로 근대화 초기 과정을 겪었던 한국 사회는, 서양이 자본주의 발전 과정에서 기독교 정신 등을 기초로 하여 자본에 대해 윤리적 합리화 과정을 거쳤던 것과는 달리, 그러한 도덕적 여과 과정이 결핍된 근대화를 겪었다. 이러한 경향은 해방 후에도 계속되어 한국의 근대화는 여과 없이 외국의 모델을 그대로 수용하는 작업으로 일관했다고 해도 과언이 아니다. 한국의 도시 사회는 서구처럼 시민혁명이나 산업혁명을 역사적으로 체험한 것도 아니며, 그것을 담당할 정도의 시민계급의 육성도 없었다. 구질서의 논리라고 해서 조선시대를 지탱해 온 유교문화를 배척하면서 그것을 대체할 또 다른 윤리의 정립이 없었고, 가장 생동적인 본능의 발동과 이기적인 개인주의만이 팽배했고, 주도적으로 도시 사회를 이끌어 가는 계급이나 집단도 없었다._{최상철 외 1981} 한국의 자본주의는 우리가 전통적으로 갖고 있던 유교나 불교의 도덕률(道德律)이나 혹은 서구의 정신에 배어 있는 근대 민주정신에 의해 제어되지 않은, 악성 자본주의 혹은 물신주의의 성격을 내포하는 것이었으며, 이 결과 자본주의 경제활동의 최대 효과를 꾀하려는 부도덕한 수단·방법도 용인되는, 이른바 매판자본주의가 등장하기도 한다.

해방 후 반세기 도시 발전을 시기적으로 구분하면, 우선 해방 후부터 1960년 제삼공화국이 탄생하기까지를 한 단계로 볼 수 있는데, 이 시기는 남북 분단, 육이오 전쟁 등을 겪은 정치 경제적 혼란기로서, 피난민의 생성과 불량주택의 발생, 전쟁의 피해와 복구 등의 어려운 변화를 겪으며 도시계획적 측면에서는 이렇다 할 발전이나 변화양상을 보이지 않았다. 그 이후 1975년경까지가 다음 단계로, 이 단계는 양적 질적 면에서 급속한 경제발전을 이룩해 전에 없이 도시가 급속히 팽창하고, 이에 따라 상대적 안정기를 이룩한 시기라 할 수 있다. 1975년 이후 1980년대까지는, 전형적인 산업사회의 징후가 나타나기 시작해 도시가 농촌에 비해 월등히 지배적인 위치를 차지한 시기라고 볼 수 있다._{최상철 외 1981} 1990년대는 21세기를 바라보는 소위 세계화·정보화 시기로서 세기말적인 현상과 함께 21세기와 연결되는 후기 산업사회의 징조가 나타났던 시기라 볼 수 있다.

건축의 측면에서는, 제삼공화국 탄생 이후인 1960년대에 이르러 비로소 건축사조에 새로운 움직임이 나타난다. 당시 유럽과 미국에서 성행했던 국제주의 건축앙식의 영향을 받은 건축이 나타났고, 최초의 건축예술 종합전문지인 『공간』 도 창간되어 한국의 풍토에 맞는 새로운 조류의 건축을 모색하는 등, 이 시기는 한국에서 현대건축이 시작된 때라 볼 수 있다. 이 시기를 전기라고 본다면, 1980년대 이후 서구에서 포스트모더니즘이 들어오고 우리 건축의 지역성이나 풍토성이 거론되는 시기를 후기로 나눌 수 있겠다. 그러나 한국건축은 근대건축의 도입기에 일본을 통해 서구의 사조가 들어왔을 때 그 사조를 따랐고, 해방 후 갑작스럽게 미국 건축양식이 유입된 후 또 그 사조를 따르는 등 외국의 사조나 '이즘(-ism)'의 변화를 거의 무분별하게 추종해 변모를 거듭해 왔기 때문에, 서글프지만 건축 분야에서 우리 나름의 이러한 시기 구분은 무의미할 수도 있다.

이러한 사회적 시대적 맥락 속에서 성장한 우리의 도시계획이나 건축은 현실에 토대를 두고 주체적으로 성장한 것이 아니라, 일제시대에 타율적으로 근대화했듯이 외생적(外生的)인 제도와 문화를 그대로 수입하며 시작되었다. 모더니즘의 지엽적인 기술은 받아들이면서도 서구에서 모더니즘이 잉태시킨 왕성한 현실 비판 정신과 개혁 의지는 수용하지 못했다. 그 결과 한국의 도시계획은 기존 질서의 부수적인 관리자로 스스로 왜소해졌고, 실무 쪽에서는 능률성을 내세우고 연구 쪽에서는 가치중립성을 내세워 규범적 원칙적 도시계획 과제를 정립하지 못했다. 결과적으로 현실에 참여한 계획가는 행정 주체나 정부 당국의 심부름꾼 역할밖에 하지 못했다. 사실상 서구의 현대화는 경험주의를 토대로 한 합리성의 추구가 그 계획이론의 기초가 되어, 방법적인 면에서는 도구적 합리성, 혹은 실증주의적 방법론이 체계화되었으며, 가치중립성이 그 주된 가치관으로 통용되었다. 사회구조의 총체적 관련성에 관한 분석보다는 가시적 현상에 더 급급해 드러난 문제의 해결에 주력했으며, 현실의 복잡성을 논리적으로 단순화했다. 중앙집권적 성장을 거듭한 까닭에, 훌륭한 이론으로 다져진 많은 계획가가 있음에도 불구하고 제 역량이 발휘되지 못한 채 도시계획이 권력의 시녀가 되었던 것이다. 건축 또한 '무성격한 기능주의와 무비판한 외래 건축의 형식적 모방' 정인국 1967 에 지나지 않아 서구 현대건축의 본질에 대한 이해와 극복의 과정을 거치지 못했고, 그 여파는 오늘날까지 미치고 있다.

이러한 해방 후의 사회문화적 상황, 그에서 비롯된 도시계획이나 건축이론의 적용 과정이 오늘날의 도시경관 형성에 직접 영향을 준다. 다음 절에서 살펴보겠지만 우리의 도시들은 서구처럼 건전한 상업형 도시라기보다 대도시 중심의 소비형 도시로 중앙집중적인 발전을 했고, 도시가 너무 급속하게 커지면서 전통적인 것과 서구적인 것이 갈등 속에 혼재된 양상이 보인다. 다양한 갈래의 서구 모방적인 건축양식이 횡행하는 현상이 나타나는 것이다.

도시경관의 변천과 그 요인

도시골격의 변화―서구적 모더니즘의 한계

도시화가 급속히 진행되기 시작했던 1960년대에 들어와서는 일제시의 조선시가지계획령은 적합치 않아 새로운 도시계획법과 건축법이 제정 공포되었고 (1962), 다시 토지구획정리사업법이 도시계획법에서 분리하여 독립된다.(1966) 1960년대 후반기에는 도시의 평면적 입체적 확대가 활발히 이루어지는 등 농업국가에서 탈피해 도시화의 시대로 들어간다. 또한 이와 더불어 공포된 제일차 경제개발 오개년계획(1962)은 오늘날의 IMF 시대 직전까지 이어진 고도 경제성장의 시작으로서, 이로 인해 우리나라의 도시는 조선시대에 형성된 원형(原型)으로서의 전통도시가 개항 및 일제의 강압에 의해 초기 근대도시로 변화를 겪은이후 도시의 골격과 규모 면에서 가장 큰 변동을 겪는다. 울산 등의 대규모 공업단지의 조성, 고속도로의 건설, 개발제한구역의 설정(1971), 주택건설촉진법 (1972)에 의한 주택문제의 근본적인 해결을 위한 양산체제의 확립 등은 해방 오십 년의 건설사에 유례 없는 개발과 건설의 역사라 할 만했다.

서울을 비롯한 대도시는 기성 시가지의 재개발은 물론 광활한 미개발지를 개발해, 예컨대 1967년 서울시장 김현옥은 음지를 양지로 하자는 운동을 펴 모든 미개발지와 녹지를 개발하고자 했고, 심지어 시정 목표를 '건설, 돌격의 해'로 하는 등 상식 이하의 개발논리가 횡행했다. 지금까지도 서울의 골칫거리인 세운상가 건설의 비운은 당시에도 도시를 보는 예리한 눈이 없다는 비판을 받았으며, 청계천을 가로지르는 삼일 고가도로는 '수도의 격조를 떨어뜨리는 전시효과적 과오'[이정덕 1969]라고 지적 받기도 했다. 1970년 4월 와우아파트가 붕괴됨으로써 이러한 졸속 개발의 실패가 상징적으로 나타났다. 당시 외국인들은 '빠른 경제성장 속의 불균형으로 발생되는 가공할 만한 현실'[「와우아파트 붕괴」「공간」1970.5]이라고 혹평하기도 했다. 새로운 개발계획은 엄청난 토지 투기로 이어져, 신개발지는 이미 개발된 지역 수준으로 지가가 상승해 부동산 투자수익이 생산기업 투자수익보다 웃도는 등, 무자비한 자본의 논리와 상업주의가 우리 삶의 터전을 만드는 일에 주도적 논리로 정착했다.

　모든 기존 환경을 무시하거나 지워 버리고 백지에서 진행되는 개발의 물량주의와 거대주의는, 오랜 세월의 축적으로 만들어진 도시환경의 다양성, 시간성, 생태적 복합성을 깨뜨린다.[강홍빈 1985] 이러한 개발과 건설의 역사는 수천 년간 누적되어 온 역사적 환경을 철저히 훼손하는 파괴의 역사였다. 짧은 시간 내에 '빨리빨리' 만들어내야 하는 물량주의 건설 풍조는 한국의 건축인들을 '역사상 가장 조악한 디자인 능력을 가진 존재'[김봉렬 1995]로 전락시켰고, 그 결과 '도시사회 고유의 집단의식에 바탕을 둔 미적 공감대의 해체'[신기철 1990]에까지 이르게 한다.

　겉으로 보이는 우리 도시의 모습은 근대화했고 도시의 규모도 커졌다. 그러나 우리 나름의 토양을 바탕으로 한 자생적 이론의 구축 없이 외생적 계획이론에 의해 급속하게 만들어진 도시골격은, 도시환경 전체를 배타적이고 이질적인 것으로 만들어 버려, 도시는 우리의 정서와 동떨어진 삭막한 환경이 되어 버렸다.

효율성을 중시하는 모더니즘에서 비롯한 법칙에 의해 엄격하게 분리된 토지 이용은, 나와 내 이웃의 생활양식과 무관한 장소들을 양산해냈고, 실제의 생활과 격리된 역기능을 유발하며, 격리된 토지 이용 때문에 생기는 불필요한 교통 왕래와 이에 따른 혼잡을 가져왔다. 이로 인한 도시에 있어서의 인간소외와 장소성의 상실은 우리에게 많은 심리적 정신적 부담을 안겨 주었다.

건축양식의 문제―전통의 수용과 현대양식

도시경관은 도시의 평면적 패턴으로서, 골격과 더불어 입체적 형태와 공간에 의해 형성된다. 마치 하나하나 나무의 형상과 크기가 자연경관 구성의 핵이듯이, 도시경관은 개개 건축의 형태와 양식의 문제에 깊이 관여한다. 일제에 의해 간접적으로 서구문물을 접하면서 서구화·근대화의 길을 걸었던 우리 건축계는, 무엇보다도 과거의 잔재인 식민성을 극복하는 문제가 크게 대두되었다. 건축양식에 있어서 식민성이란 타율성·종속성 혹은 주변성을 말한다고 볼 수 있다. 이러한 식민성 극복의 문제는, 일제시대는 물론 일제의 지배를 벗어난 해방 후에도 곧바로 미국의 지배하에 들어가면서 계속 문제로 남아, 우리 건축계는 자생적 건축양식을 발전시키지 못하는 상황까지 이른다. 숭미주의적(崇美主義的) 의식과 일제가 깔아 놓은 근대적 제도는 묘한 결합 상태를 이루어 남한 사회 특유의 사회구조로 정착하게 되고,^{한국건축역사학회,1995} 이러한 풍토하에서 우리 건축은 외국 건축의 수용과 전통의 계승이라는 문제와 더불어 현대 한국건축의 정통성을 모색하기 위한 심각한 고민에 빠지게 된다. 식민통치가 물질적으로 국가발전에 어느 정도 기여했다는 긍정적인 평가를 한다고 해도, 근대화라는 것이 단순히 생산력의 증대만을 의미하는 것이 아닌, 봉건적인 모든 것을 타파하고 새로운 규범과 가치관을 형성하는 기회를 만드는 계기를 의미한다면, 역사발전 단계에서 이 후자의 기회를 가질 통로를 봉쇄했다는 면에서 식민통치는 부정적인 면을 갖고 있는 것이다.

우리 고건축을 모방한 국립민속박물관.

지금까지 한국 현대건축이 발전해 온 과정은, 어떻게 보면 한국의 전통건축과 외래건축의 이질적인 대립 관계를 어떠한 형태로 발전시켜 방향을 정립하지 못하고, 한국 전통양식을 외국의 건축에다 적용해 절충 표현하는 방법을 사용하거나 외국의 전통건축을 그대로 수용하는 것이었다. 근대건축의 이입 후 그것의 본질에 대한 적극적인 수용과 극복의 과정을 거치기보다는 피상적인 모방이나 유아적 시도에 그쳤기 때문이다.윤승중 1984 1960년대 후반에서 1970년대로 접어들면서, 그 동안 이룩한 경제적 발전을 바탕으로 근대건축의 단순한 수용의 단계를 뛰어넘는 일대전환의 시도가 이루어진다. 대형 프로젝트, 복합 프로젝트 등의 사회적 요구가 많아졌고, 새로운 세대의 건축가들이 대거 등장하면서 건축에 대한 인식이 달라졌다. 국제주의 양식을 지양하고 지역성과 풍토성이 무엇인지를 찾으려는 노력들이 들어갔다. 특히 1960년대 후반 건축계에 있었던 전통논의는 한국건축의 양식을 논하는 데 중요한 계기가 된다.

전통논의의 시작은 철저한 모방작업에 의해 건설된 경복궁 경내의 국립민속박물관(구국립중앙박물관 1968)에서 비롯됐다. 그것은 현상설계에 응모한 강봉진(姜奉辰)이 설계한 것인데, 법주사의 팔상전을 비롯해 아홉 개의 전통건축을 충실히 복사해서 콘크리트로 재현해 놓은 것이었다. 당시 이것은 '단순한 형태의 복고주의' '시대착오적 행위' '20세기 서울의 괴물 등장' '넥타이 신사가 갓을 썼다' 등의 악평을 받았다.「건축전통을 계승하는 길은」 「공간」, 1967. 1 보다 본격적인 건축양식 시비는, 김수근(金壽根) 설계의 부여박물관(1969)이 '일본 신사(神社) 같다'라는 의견이 일면서 이것이 사회 전반의 큰 문제로까지 확장하며 시작되었다. 건축가를 비롯해 많은 문화 관련 인사들의 논쟁이 있었고, 부분적으로 일본식의 냄새를 풍기기는 하나 일본 그것의 모방은 아니라고 결국 결론 났다. 그러나 이것은 아직도 극복하지 못한 식민성의 문제, 민족감정의 문제와 결부되어 감정적 결말이 난

전통양식을 현대화한 세종문화회관.

것이지, 진정한 건축비평과 형태 분석을 토대로 한 결론은 아니었다. 이들을 비롯한 몇몇 공공 성격의 건축물들은 전통문제가 논의될 때마다 거론되었다. 전통을 계승한 우수한 건축으로, 1960년대초 김중업(金重業)이 설계한 주한 프랑스 대사관이 설문조사에서 부각되기도 했지만,『공간』1967. 12 전통논의에 참여한 사람들은 정답을 찾기 위한 진지한 건축비평의 풍토는 외면한 채로 있어 그 계승의 문제는 계속 미완의 장으로 남아 있었다.

우리의 지식과 정력과 자원을 총동원해 세웠다는 국회의사당이 준공되었을 때에도(1975) 예외 없이 건축계의 전통논의가 부각됐다. 건축계의 엄청난 노력과 관아건축으로서의 기념성에도 불구하고, 조형적 특징이 뚜렷하지 못해 '이종교배(異種交配)의 기형, 국적 불명의 무대장치, 문화사의 하나의 시행착오',김원 1975 '저녁놀 속의 괴물' 박래경 1976 등의 혹평이 있었다. 이것은 국회의사당 건축의 디자인 발상이 한 건축가의 일관된 창의력에 의해 추진된 것이 아니고, 여러 건축가의 협동설계로 전혀 이질적인 정신의 소산인 몇 개의 양식이 연결과정 없이 결합 적용된 데서 비롯한 것으로 봐야 할 것이다. 전통성을 의식한 건축물들은 계속 등장해 서울의 중심 가로축인 광화문 세종문화회관이 들어섰고(1978), 천안에 독립기념관이 화제만발의 현상설계를 통해 건립되었으며(1986), 이어서 예술의전당이 위치상 문제가 있다는 논란을 무릅쓰고 남부순환

도로변에 세워졌는데(1993), 이들은 어떻게 보면 박정희 시대 이래 군사정권의 건축문화를 대변하는 '관제건축양식' _{건축미학연구회 1987} 의 일부로 볼 수 있을 것이다.

엄덕문(嚴德紋)이 설계한 세종문화회관은, 당시 평양의 대강당을 의식하고 통일주체국민회의를 수용하기 위해 사천이백사십 석의 무리하게 많은 좌석수를 두었는데, 한국적 문양을 도입하는 등 전통성을 의식했지만 디테일을 구현하는 데 그쳐, 시대를 상징하는 문화의 표상으로서 보편적 가치관을 표현하지 못하고 창조성을 구현하지 못한 전통건축이라고 평을 받았다. 그러나 이 회관은 우리나라의 상징가로축인 광화문의 한 파사드를 점하고 있어 외국인에게는 아직도 가장 인상에 남는 건물로 꼽힌다. 근년에 새롭게 치장하고 야간조명 실지로 야경 효과도 높이는 등, 밉든 곱든 간에 우리 전통양식이 현대화한 한 예로서 가치를 갖고 있다. 일제시의 피해를 의식하여 국민모금으로 건립한 독립기념관은, 대형 기와집을 상징물로 세우는 등 과감하게 전통건축을 직설화법적(直說話法的)으로 도입함으로써 현상설계 당시에 "십오 년도 넘게 끌어 온 전통논의가 독립기념관을 설계해야 하는 오늘의 건축가에게까지 시원스럽게 풀리지 않는 매듭으로 남아 있어야 하는가" _{김경수 1984} 라고 개탄하게 했고, 한마디로 '직설적 복고주의' '퇴행적 유토피아의 목마(木馬)' _{김웅석 1987} 라는 평을 듣기도 했다. 군사정권 최대작이라 할 수 있는 예술의전당은 지명현상으로 김석철이 당선되었지만 심사공개 약속을 이행하지 않았고, 당선작 발표를 지연시키면서 결국에 최종안은 당선작가의 응모안과는 상당 부분 달리 개작된 삿갓과 부채를 모방한 단순한 건물로 나타나, 한국 건축문화의 에포크는 저편으로 아득히 사라졌다는 아쉬움을 남겼다. _{승효상 1984} 이들은 모두 경직된 군사정권의 산물로서, 화석화한 전통을 그대로 답습해 단순한 복고주의로 퇴행해 버린 국수적 내셔널리즘 정신이 반영된 것으로 해석할 수 있다. 전통이 부도덕한 정권의 정당성을 확보하기 위한 발판으로 이용되거나, 근대화의 물질적 충족으로는 채울 수 없는 여백을 담당하는 지배이데올로기의 한 수단으로 선택된 것에 불과했다는 지적도 있었듯이, _{안창모 1999} 전통의 문제, 이의 현대적 수용의 문제는 더욱 어려워지고 있다.

이들 우리 시대의 상징물로서 세워진 건물들은 거의 전부 도시 속의 주요 지점을 점해, 서구 국제주의 양식의 산물인 범상한 상업건축물들 속에서 도시경관의 성격과 특징을 부여하는 중요한 역할을 수행한다. 상징가로의 한 측면을 장식하는 세종문화회관, 여의도의 터미널 비스타(terminal vista)인 국회의사당, 남부순환도로의 랜드마크인 예술의전당이 그 예이다. 대략 1980년대에 들어와 국제주의 양식의 획일성에서 탈피하고자 하는 노력의 결과가 나타나고, 개성과 다양성이 중시되며 지역주의 혹은 풍토주의에서 벗어난 건축들이 도시경관에 다소 출현했다. 그러나 기념성이 있는 건축, 공공적 성격을 지닌 건축에 대한 양식에 있어서 전통과 현대, 서구와 동양의 대립과 조화문제는 계속 미해결의 장으로 남아 있다.

상업경관의 변화─고층화와 정체성

해방 후 도시경관의 변화, 특히 스카이라인의 변화를 주도한 것은 고층건물의 등장일 것이다. 고층건축이 등장하고 고층화가 건축계의 문제가 되기 시작한 것은, 1960년대말 광화문에 이십이층 높이의 정부종합청사(1970)가 들어서면서부터이다. 당초 현상설계에 의해 나상진(羅相振)이 당선되었으나, 정부당국은 한국 건축가의 설계를 불신하고 외국의 설계용역회사 'PA&E'에 재용역해 결국 외국인의 디자인으로 세워지게 된다. 그 이후 바로 등장한 십팔층 높이의 조선호텔(1970)도 그 호텔의 차관을 제공한 회사가 한국인의 설계를 믿을 수 없다고 하여, 기본설계 마무리 단계에서 외국인 테블러(W. B. Tabler)에게 재설계를 맡겨 건립되었다. 이어서 종로에 김중업의 설계로 삼십일층 유리 마천루의 삼일빌딩(1970)이 세워져, 당시로서는 엄청나게 우뚝 솟은 모습과 고층건물을 상징하는 강북의 대표적인 랜드마크로서 조형적으로 매우 주목을 받았다. 그러나 이것은 비록 한국 건축가의 설계로 세워지기는 했으나 유리 마천루의 원조격인 로에

(M. Rohe)가 건축한 뉴욕의 시그램빌딩(1958)을 모방한 것으로서, 그 아류에 지나지 않았다. 이렇듯 한국의 고층건축은 시작부터 외국인의 손에 의하거나 외국 것을 모방하는 형태로 우리 도시경관에 나타나, 근대도시로의 변모는 적절한 단계를 거치지 못하고 과도기적 조급성을 보였다. 우리 나름

서울의 대표경관으로 관광엽서에까지 나타난 여의도 육삼빌딩.

의 정체성을 찾지 못해, 예컨대 한 시인은 '정서의 불모성이나 미학의 허탈' 박목월 1970이라는 이미지로 표현하고 있다.

1980년대초 건립 당시 동양 최고의 높이를 자랑했던 육십층 높이의 여의도 대한생명 육삼빌딩(1985)도, 번쩍이는 황금 유리탑의 위용을 자랑했지만 역시 외국의 설계회사와의 합작이었고(박춘명·SOM), '최고 콤플렉스'의 충족을 위한 상업주의적 발상에 치우쳐 주변 도시환경과의 만남에서 유발되는 도시적 기능과 역기능에 대한 합리적인 타당성 연구는 없었다. 유사한 시기에 도시경관 속에 등장한 여의도의 엘지 트윈타워(1987), 광화문의 교보빌딩(1983)도 선례와 똑같이 설계 건립되었다. 특히 서울의 상징축인 세종로와 종로의 교차점에 위치한 교보빌딩은 미국의 건축가 펠리(C. Pelli)에 의해 설계된 것이지만, 그가 일본의 조형적 특성을 살려서 설계한 도쿄의 미국대사관을 그대로 옮겨 놓은 것이어서 외제 모조품의 수준을 탈피하지 못했을뿐더러, 하필이면 왜 일본에 있는 것을 모방하느냐는 이념적인 문제까지 야기시켰다. 더구나 이 건물의 건축주는 이 건물의 외관을 교보의 상징으로 해 전국 어디에나 이 축소판을 그 장소적 맥락에 관계없이 세우고 있으니, 이것은 '모방의 모방'이라 할 만한 작태라 아니할 수 없다. 이렇듯 우리의 고층건물은 외제복고주의의 탈을 쓰고 있으며,「청년건축인협의회 선언문」 1987.11 우리

도시경관을 국적불명의 스카이라인으로 장식하게 한다.

강남의 테헤란로는 이십층 이상의 고층빌딩이 수십 채 집중적으로 들어서, 그 이국적인 가로의 명칭과 함께 새로운 이미지의 가로경관을 형성해 가는 거리이다. 흔히 '한국의 월가' '서울 최고의 오피스 스트리트'『조선일보』로 불리며 서울의 새로운 도심으로 급부상하고 있다. 조선시대의 종로 거리, 일제시대의 명동 거리가 각기 그 시대를 대표했다면, 이 거리는 해방 후 우리가 만든 가장 특징적인 거리라 볼 수 있다. 여기에 복합건물군인 무역센터(1987)가 예전의 예처럼 한·일 합작으로(니켄세케이·윤승중·김정철) 들어서서 테헤란로의 한쪽 끝에 자리하고 있다. 이 건물은 여러 면에서 1980년대를 대표하는 것으로, '지난 이십 년의 경제성장의 노력을 자축하는 기념비적 존재'『서울신문』라는 평을 받고 있고, 고층빌딩군의 상징으로서 도상(icon)으로 재현되어 나타나기도 한다.

그러나 이것 또한 어디까지나 외국인의 설계에 의한 외제 랜드마크임을 면치 못한다. 물론 최고 수준의 세계적 건물로서 자부심을 가질 정도라면 외국인의 손을 빌리는 것도 큰 상관은 없겠으나, 문제는 어떤 아류 혹은 이류 상업주의적 건물이라는 데 있는 것이다. 1990년대초 테헤란로에 등장한 포

서울시를 소개하는 팜플렛에 도상으로 나타난 무역센터 일대 건물군(위)과 무역센터를 중심으로 본 테헤란로의 모습(아래).

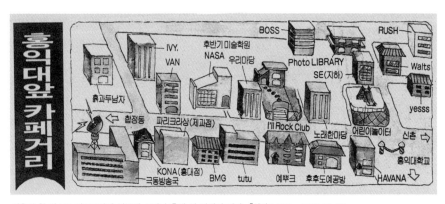

서울의 한 명소로 떠오르면서 신문에 소개된 홍대 앞 카페의 거리. 『일간스포츠』, 1992. 10. 29.

스코빌딩은 순수하게 우리 기술로 세운 새로운 조형감각과 참신한 도시적 기능으로 주목받았다. 이 테헤란로는 21세기에 들어와 정보통신산업이 집결한 최첨단 거리 '테헤란 밸리'로 거듭나고 있다. 근래에는 아셈(ASEM) 회의를 위한 컨벤션 센터가 건립되고, 그 지하공간은 '코엑스몰 패션프라자'라는 대형 쇼핑몰이 자리해 국제적인 명소가 되었다. 이렇게 도시기능으로 보면 미래지향적 가로로서 특성이 나타나는 건물들이 있지만, 전반적인 고층건물들은 스카이라인 혹은 가로경관 구성에 있어 아직은 고층건물 나름의 특징을 부각시키지 못하고 있다.

1980년대에 들어서면서, 수년에 걸친 경제성장과 그에 따른 도시 지역의 확산과 정비로, 우리의 도시 속에는 대규모 고층건물들이 양적으로 급속히 증가하며 소규모 상업건물들도 현저하게 점증하며 출현한다. 이 시기는 특히 포스트모던 건축들이 한국 사회에 본격적으로 등장한 시기로서, 새로운 문화 추구에 관한 문화 논리, 부동산 시장의 논리, 유통 소비산업의 논리 등과 결합해, 압구정동 일대, 청담동 일대, 홍대입구, 신촌 등에 소규모 상업건물들의 건설이 확대되며 새로운 도시경관이 형성되기 시작한다. 이들 건물들은 대중의 풍요로운 생활환경을 그대로 담고 있어 가로경관과 도시생활의 행위가 결합된 형태로 나타난다. 당시 외래 풍조인 포스트모더니즘의 온갖 유형이 그대로 직수입되어, 이들 건물은 감각적 유행성을 추구하거나 다양한 디자인 모티프와 설계방법에 의해 천태만상의 형태를 취하게 된다. 외생적이고 모방적인 동기에 의해 세워진 이들 건물들은, 인테리어 디자인적인 처리에 의한 파사드의 즐거움만을 표현하고 그 장소의 성격을 특정화시키지 못해, 도시경관의 큰 흐름을 형성치 못한 채 개개의 건물이 갖는 상업성과 그에 따른 유행성만을 추구는 경향이 있다. 더구나 갑자기 부상된 젊은이들의 거리에서 벌어지는 부정적인 행태는 이 시대 우리 사회의 삐뚤어진 사회상을 그대로 반영하고 있다.

소위 한국 자본주의의 욕망구조를 표상한다는 '패션의 메카' 압구정동은, 주거건물과 상점, 고급 패션점과 온갖 패스트푸드점, 점잖은 오피스 건물과 서양 고전건축의 모조품이 혼재한 '빼곡한 서구풍의 건물들'로 가득 차 마치 이국인 듯 착각하게 한다. 이 거리는 새로운 형태의 인간형인 압구정족·오렌지족을 탄생시켰으며, 이들은 한때 이 시대의 대중문화를 주도하기도 했다. 소위 한국의 샹젤리제라는 청담동 거리는 온통 미국과 유럽의 브랜드점, 명품 전시장을 방불케 하고, 미국 비버리힐즈의 최고급 패션 거리 로데오 애비뉴에서 그 이름을 따온 '로데오 거리'는 어느 평자의 말대로 '천박한 서구 콤플렉스에 기인하는 자본주의 첨단도시의 무차별한 혼성 모방'최태만 1995이라 할 만하다. 이들 졸부들을 맞기 위해 압구정동의 상점들은 어설픈 유럽 건축의 전시장이 된다. 그리스 신전 모양에서 바로크식, 르네상스식, 근래의 신고전 스타일까지 전 유럽의 건축사가 망라되어 혼재된 것이다.함인선 1999 압구정동 일대 거리의 정경을 묘사한 소설가 이순원의 『압구정동엔 비상구가 없다』(1997) 중에서 일부를 인용해 보겠다.

"이 땅의 '압구정동'이나 '로데오 거리' 또한 단순히 그런 지명을 가진 한 동네를 지칭하는 이름이거나 한 거리의 이름 이상의 상징적 의미를 갖고 있다. 좋게 말하면 이 땅 신흥 자본 상류층의 집단 대명사요 넘치는 부의 상징이지만,

체년 가릴 것 없이 기분대로 부르면 이 땅 졸부들의 끝없는 욕망과 타락의 전시장, 아니 똥통같이 왜곡된 한국 자본주의가 미덕(?)처럼 내세우는 환락의 별칭적 대명사이다. 그런 까닭에, 흔히 하듯 그 환락의 어떤 대명사로서 '압구정동'이라거나 '압구정동 사람들'이라고 했을 때, 그것은 단순히 압구정동 한 동네만 말하는 것이 아닌 강남 인근의 다른 여러 동네일 수 있고, 70년대의 도둑촌일 수도 있고 오공 이후에 형성된 양재동 빌라촌일 수도 있고, 부산 해운대 달맞이 고개일 수도 있다."

압구정동의 쇠퇴와 함께 1980년대말부터 형성되기 시작한 홍대 앞 '카페의 거리'는, 젊은이들이 즐겨 찾는 개성있는 거리로 부각되어, 이국적인 풍경이 물씬 묻어나는 건물들로 가득 차 있다. 젊은이들의 풍조를 반영한 이러한 거리는 지방도시에도 만연해 부산의 부산대학 앞, 전주의 관통로(일명 떡골목), 대구의 명동이라고 하는 동성로에도 형성되었다. 외국풍의 이러한 소규모 상업건물들에 의한 가로경관은, 저속한 상업주의·소비주의와 결합되어 전국 대도시의 중심부뿐 아니라 도시 전 지역의 소규모 상업 중심지에도 파급되어 다양한 모습으로 나타나, 일상적인 가로경관, 나아가 우리의 건축문화를 더욱 황폐화시키고 있다.

부(富)의 중심이었던 서울의 강남은 '문화의 중심'으로 거듭나려 하고 있다. 1990년대 들어와 압구정동은 각종 음악

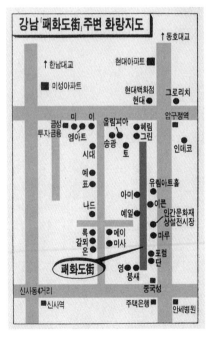

신문에 소개된 압구정동 일대의 패화도가.
「한국일보」, 1992. 4. 25.

및 연주 관련 시설이 늘어나면서 '음악의 거리'로 변신을 노리고 있으며, 압구정역 근처는 다양한 콘텐츠 회사 사백여 개가 모여 '실리콘 앨리'로 변모하고 있다. 청담동은 매년 청담미술제가 화랑가를 중심으로 열리고 있어 '문화의 거리'로 탈바꿈하고 있으며, 2000년대에 들어와서는 먹거리가 중심이 된 '푸드 밸리'로 부상하고 있다. 강남 현대백화점 앞은 소위 '패화도(패션·화랑·도예)의 거리'가 형성되어 강북의 인사동 전통문화의 거리와 쌍벽을 이뤄 가고 있다. 최근 서울시에서는 '걷고 싶은 거리' '문화탐방로' '조망거리' 등 시내 주요 가로를 걷기 편리하고 즐거운 거리로 만들려는 일련의 계획을 시행 중이다. 앞으로 이러한 시도가 어느 정도 성공을 거두면 가로경관의 질적인 변화가 가시적으로는 보이겠지만, 현실적인 문제, 근본적인 골격의 문제 등이 아직 산재해 있어 바람직한 '우리 정체성 찾기' '장소 만들기'가 완결되지는 않을 것이다. 부분적으로 성공한다고 해도 바람직한 가로경관이나 건축양식으로 정착되기는 이르다 하겠다.

주거경관의 변화―아파트 문화 시대

본래부터 단층 혹은 이층 정도의 한옥이나 양옥이 주도했던 우리나라의 주거경관에 있어, 해방 이후 가장 큰 변화는 아파트 건설이라 해도 과언이 아니다. 우리나라의 아파트 문화는, 일제시대 조선주택영단의 후신격인 대한주택공사(大韓住宅公社)가 창립되고(1962), 처음 마포에 아파트 단지가 준공되면서(1964) 시작되었다. 육층 규모 백사십이 세대의 마포아파트는 현재 삼성건설이 아파트를 재건축하면서 없어졌지만, 당시 아파트 문화를 선도하던 파이어니어 아파트로서, 가장 먼저 '아파트 단지'라는 개념을 일반인에게 심어 준 것이었다. 당시에 이 아파트를 소재와 배경으로 하는 영화가 많이 제작될 정도로 명물이었다. 이어서 1960년대 후반에 영세민을 위한 아파트가 서울시의 주관하에 세워졌고, 1970년대 상반기에는 중산층 이상을 위한 소위 '맨션아파트'가 가용지가 풍부

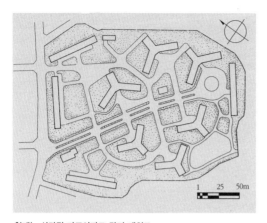

현재는 사라진 마포아파트 단지 배치도.

한 한강 연안에 건설되면서 아파트는 새롭게 집을 마련하려는 대다수 도시민 계층을 위한 주거유형이 되었다.

특히 1977년 잠실벌에 세워진 잠실 지구의 아파트 단지는, 당시 규모로서는 국내 최대로서 서울 동부의 부도심권을 형성할 정도로 방대했고, 서구의 계획기법인 근린주구(近隣住區) 개발 수법을 도입해 다양한 배치에 의한 근린주구 단위로 계획 형성되었다. 당시 처음으로 중심부에 일부 엘리베이터가 설치된 고층아파트가 도입되었는데, 이 이후 지가상승과 주거밀도에 대한 압력으로 거의 모든 아파트가 고층화해, 이제 우리나라에 건립되는 아파트는 그것이 어느 장소에 올라가든 고층 혹은 초고층아파트의 단일유형으로 되고 있다. 대규모 주택단지의 개발은, 서울시만 예로 보아도 반포 주공아파트 단지 개발(1974-1977), 둔촌·개포 주공아파트 단지 개발(1978-1980), 목동 신시가지 개발(1983-1988), 상계·중계·하계 주택단지 개발(1986-1989) 그리고 오대 신도시의 개발(1989-1993) 등으로 끊임없이 이어졌다. 더구나 1990년대 이후 '주택건설 이백만 호'라는 무리한 목표를 달성하기 위해 대폭적으로 건축법을 완화조치해〔대표적인 예로 용적률 400퍼센트 이하, 건물간 인동(隣棟) 간격 완화 등〕, 재건축과 재개발에 의한 고층아파트의 건립이 활성화했고, 도시 속에 개발 가능한 택지가 거의 바닥 나면서 아파트는 기존 주거지에도 거침없이 들어서게 되었다. 더구나 오락가락하는 준농림지(準農林地) 정책으로 수도권 주요 지역의 농지와 임야가 마구잡이로 개발되어, 도시 외곽의 시골 논 한복판에도 고층아파트가 들어서는 등 난개발의 원인이 되었고, 농촌경관을 해칠 뿐 아니라 수질과 환경을

114

오염시키고 있다.

서울시 등 대도시를 중심으로 크게 활성화했던 재개발·재건축은 주택공급의 확대와 사업성 확보에 주력함으로써 고층고밀 아파트 단지 개발로 집중하지 않을 수 없었고, 이로 인해 과밀과 혼잡, 공공시설의 부족 등 많은 문제를 야기했다. 단지 개발의 법적 기반이 되었던 주택건설촉진법은 양적 촉진을 목표로 했기 때문에 그 목표는 어느 정도 달성했지만, 주택의 품질과 생활의 질은 보장하지 못하는 개발 위주의 악법이었다. 주거환경의 질적 개선보다는 주택공급의 논리가 우선했고, 도시환경이나 지역 특성을 도외시하고 어디에나 고층고밀 아파트를 건립해 자연경관을 해치고 도시경관의 부조화를 가져왔으며, 개발이익만을 중시하는 재개발로 기존에 살고 있던 저소득층의 생활 근거지를 상실케 해 도시 빈민층을 재추방했다. 개발자 입장에서 개발이익의 극대화만을 추구해 단지 내의 거주성(居住性)을 악화시켰고, 주거공간의 극대화를 꾀해 단지 주변의 공공시설의 부하를 증대시켰다. 특히 재건축사업은 주택공급의 수단으로서만 사용되었지 주거환경의 질을 높인다거나 도시기능을 회복하거나 향상하는 데는 의미를 두지 않았다. 더구나 2000년대에는 용적률 1000퍼센트 가까이 되는 초고층 주상복합건물이 상업지구 내에 들어서는 추세에 있어 주거환경은 더욱 악화될 전망이다.

아파트라는 주거유형은 투자대상으로서는 매력적이지만 잦은 이사와 이동 선호의 경향으로 주거의 장소성에 문제를 야기하고, 편리한 생활양식으로 생활을 인스턴트화하며 편의주의적 사고를 유발시킨다. 또한 이러한 공간에 새롭게 길들여진 주민들을 새로운 인간 형태로 바뀌게 해 결국 소시민화한다. 획일적인 환경에서 오는 이웃 관계의 결여, 공

고층아파트 단지가 도상으로 광고에 등장하기 시작한 한 예. 『조선일보』, 1992. 7. 6.

주변을 무시한 채 우뚝 서 있는 재개발 아파트 단지 계획 시뮬레이션의 한 예.

동체의식의 결여, 자연으로부터의 고립에서 오는 심리적인 문제도 지적되고 있다. 아파트야말로 현대인의 소외와 획일화 현상을 압축하여 보여주는 하나의 상징으로 볼 수 있다.이동하 1993 아파트의 또 하나의 문제점은 그것이 물리적 성취를 평가하는 하나의 척도가 되고 있다는 점이다. 그 결과 '아파트를 가지고 있는가, 그렇지 않은가' 그리고 '아파트를 가지고 있다면 어디에 얼마만한 크기의 아파트를 가지고 있는가' 라는 기준에 의해 사람의 계층적 소속이 구분되고, 그렇게 구분된 여러 계층들 사이에 날카로운 불신과 차별의식의 강이 생겨나고 있다. 전통적인 농촌집합체보다 못한, 사회생활이 배제된 '인간의 이방지대' 김홍식 1979라고 볼 수 있는 것이다.

개발업자들이 만들어 놓은 공급자 위주의 이 척박한 아파트 문화는, 1990년대에 들어와 실수요자들이 외면함으로써 비록 소극적이지만 서서히 바뀌고 있다. "지으면 팔리던 때는 지났다"라는 인식과 함께 아파트 문화에도 차별화 바람이 불고 있다. 다소 과대포장된 감은 있지만 최근 '테마아파트' '밀레니엄아파트' '환경친화형 주거단지' 등의 명칭을 가진 단지 개발이 그 예이다. 기능성을 강조하는 테마아파트는 환경형·건강형·교육형·실버형·레저형 등의 테마를 부여해 분양을 촉진하고 입주자의 만족도를 높이자는 것으로서, 앞으로 이런 유형처럼 개량된 아파트 유형들이 더욱 많이 제시되겠지만 실질적으로 그러한 목적에 적합한 수준 높은 주거단지가 될지는 의심스럽다. 환경친화형 주거단지의 개발은 여러 개발회사에서 선전하고 있고 말도 그럴싸하지만, 단지 내에 자연 요소와 녹지를 많이 도입하지 않으면 사실상 불가능하므로, 주거밀도를 낮추고 건축제도와 법규를 고치지 않는 한 있을 수 없는 개발유형이다. 전문가들의 견해에 의하면 친환경적인 주거환경이 되려면 최대 용적률이 150퍼센트를 넘으면 안 된다. 21세기에는 미국·유럽 등에서 볼 수 있는 집단주택단지인 타운하우스, 테라스하우스를 지을 수 있게 하여 밀도를 낮추고 주거환경의 질을 높인다고 하니,「한국일보」 앞으로는 새로운 유형의 주거환경이 기대된다. 현재에도 기
1999. 10. 12
존 주택가를 잠식해 들어서고 있는 다세대주택 혹은 다가구주택은, 그 과밀성에도 불구하고 전체적인 밀도는 높이지 않고 본래 지니고 있는 주거경관의 분위기를 유지할 수 있도록 해, 좋은 설계안이 제시되고 보다 제도적으로 개선된다면 기존의 주거 분위기를 크게 파괴하지 않고 주거밀도를 어느 정도 올릴 수 있는 바람직한 주거환경 조성 방향의 하나로 발전되리라고 본다.

우리의 도시경관은 이 기형적인 단지 중심의 주거유형에 의해 기본적인 도시조직은 물론 도시 내의 사회적 기능마저 기형화하고 있다. 소위 '단지' 단위로 도시 속에서 분리된 아파트들은 주변 도시 지역에서 하나의 격리된 섬으로, 그 도시 지역의 경관적 조화와 사회적 기능을 교란시킨다. 고층아파트는 다양한 계층과 취향의 주민들에게 거주성의 측면에서 별 볼 일 없는 단일유형의 주거 방식을 강요할 뿐 아니라, 환경친화적 측면에서 이 시대의 가장 바람직하지 않은 주거경관을 전국 어디에나 일률적으로 강요하고 있다.

한국 도시경관의 한국성 찾기 — 정체성과 보편성

해방 후 지금까지 도시경관이 오늘날과 같은 모습으로 변모해 온 요인을 요약하면 다음과 같다. 첫째 요인으로서, 우리는 일제시대부터 해방을 거쳐 오늘까

지 사생석이고 자주적인 도시 형성의 기본 틀을 갖지 못하고 서구의 모더니즘적 기법을 그대로 적용해 왔다는 점을 들 수 있다. 둘째, 건축양식의 측면에서 우리의 전통건축과는 서로 이질적인 서구 건축양식이 도입되는 과정에서 전통과의 갈등을 소화해내지 못하고, 적절한 조화 내지는 전통의 계승을 이루지 못했다는 것이다. 셋째 요인은, 건축문화의 주변성을 탈피하지 못한 채 외국의 사조가 모더니즘이든 포스트모더니즘이든 피상적으로 차용되거나 도입되면서, 우리 나름의 정체성을 확립하지 못했다는 것이다. 마지막으로 본래부터 지니고 있던 유교 윤리를 대체할 만한 건전한 사회적 가치관이 정립되지 않은 채 천박한 경제 논리와 상업주의가 우리 도시경관, 특히 주거경관의 형성에 크게 영향을 끼쳤나는 것이다. 이제 우리의 도시경관은 새로운 계획개념, 새로운 패러다임을 전제로 우리의 정체성을 찾기 위한 새로운 계기를 맞아야 한다.

현재 우리 도시경관의 문제를 총체적으로 집약하면 도시경관의 '한국성(韓國性) 찾기'로 정리해 볼 수 있다. 이 시대 우리 건축의 한국성은 무엇이며 우리 도시의 한국성은 무엇인가라는 화두를 생각해 볼 필요가 있는 것이다. 여기서 말하는 한국성이란, 어떤 한국의 원형(原型) 혹은 정답이 있으니 그것을 발견하자는 태도가 아니다. 서구에 뿌리를 둔 서구적 모더니즘이나 일제 식민성을 배제하면서, 우리 전통양식과 다른 '우리 스스로 우리 것이라고 생각하는 어떤 것'이라는, 보다 조작적 정의에 입각한 개념을 설정하는 것이 현 단계에서 더 유용한 태도라고 본다. 그것은 우리의 풍토, 우리 고유의 삶과 우리의 체질에 맞는 정서를 기초로 우리 삶과 문화의 정체성과 세계화에 걸맞은 보편성에서 찾아야 할 것이다.

앞의 글에서 이미 밝혔듯이 우리 것을 찾는 노력의 시작은 조선 중기 이중환이 제시했던 길지사상이나, 박지원의 『허생전』에서 보았던 유토피아 사상으로 거슬러올라간다. 이들의 사회개혁적 사상들은 실학파 학자 박제가가 『북학의』에서 제시한 대로 현실적인 도시문제로 귀착되고, 이들의 주장은 구한말 김옥균 등의 치도론(治道論)으로, 이것은 다시 고종의 지원을 받은 한성부윤 이채연의 한성부개조사업으로 실현화의 단계까지 이어졌다. 이 일련의 맥락으로 연결된 노력들은 일제 강압에 의해 완전히 말살되었고, 우리의 도시들은 식민도시로 전락한다. 물론 일제하에서도 종로의 이층 한옥상가처럼 우리 고유의 가로경관이 어느 정도 형성되는 계기도 있었다. 그러나 해방 후 갑작스러운 외래 문화의 도입으로 서구화한 우리의 도시들은, 엄청난 양적인 성장에도 불구하고 그에 걸맞은 우리 고유의 정체성을 찾지 못하고 있다. 현대도시로의 정상적인 발전이 왜곡되면서 '싸구려 미국도시(cheap American cities)' '외래문명의 무국적도시' '졸부의 도시', 국적이 없는 '건달의 도시'로 되어 버린 것이다.

이의 극복을 위해서 우리는 무엇보다도 서구문화의 변방에 있다는 인식을 바꿀 필요가 있다. 우리는 우리도 모르게 유럽 이외의 모든 지역을 변방으로 간주하는, 유럽인 특유의 사고체계인 유럽 중심주의(Europo-centrism)에 젖어 있는 바, 이 사고체계는 오늘날 그 원류인 유럽으로부터 도전받고 있다. 철학자 슈펭글러(O. Spengler)가 『서구의 몰락』에서 말하듯이 중심은 몰락하고 변방이 따로 존재하지 않는 다원적 세계관이 정착하고 있는 것이다. 이 시점에서 우리는 시각의 분산화·비중심화, 나아가 우리가 가장 취하기 쉬운 대안으로서 동양적 접근태도의 가능성을 추구해야 할 것이고, 그런 과정에서 스스로 문화의 중심성을 확립해야 할 것이다. 기능적 합리성만을 추구해 온 근대건축의 보편성이 갖는 한계를 극복해야 할 뿐 아니라 탈근대주의 건축이나 이성주의 건축의 '형태적 표현 추구가 갖는 유희성'으로부터 빠져 나와야 하며,이상해 1987 우리 한국의 지역성·장소성과 도시적 맥락에서 나오는 도시와 건축을 추구해야 할 것이다. 그러기 위해서는 우리 도시의 역사성과 장소성에 대해 올바른 해석을 시도해야 하고, 우리의 건축을 찾는 행위는 '전통적 자아와 근대적 자아가 균형을 이루면서 상호작용'이정근 1997하는 속에서 자아실현을 통해 이루어져야 하며, 그러한 속에서 우리 중심의 회복, 진정한 한국성의 정의를 모색해야 할 것이다.

흔히 가장 한국적인 것이 가장 세계적이라고 하지만 글자 그대로만 받아들이면 이것은 너무 안이한 생각이고, 한국적인 것과 필연적으로 만나는 외래적인 것이 부딪치고 깨지는 과정을 거쳐 우리 나름의 정체성과 세계적 보편성을 추구함으로써 진정한 한국성은 달성될 것이다. 정체성을 확립하기 위해서는 단순히 옛날의 전통건축을 답습하는 것이 아니라, 문화 수용상 개방적이어야 하고 세계 건축의 문제를 공유할 수 있어야 한다.정태용 1999 정체성과 보편성을 겸비한 한국성의 추구, 그 결과로서의 도시와 건축, 도시경관의 미래상은, 세계 사조에 순응하면서 우리가 사는 장소와 삶의 양식에 기초해 우리 시대의 문화를 꿰뚫는 모습이어야 할 것이다.

제2장
한국 도시의 이미지와 장소성

1. 도시경관을 보는 틀

도시를 본다는 것

경관은 우리가 늘 보는, 우리 주변환경이 보여주는 풍경이나 도시의 모습이다. 경관은 실물, 객관적 실체로서의 환경이라기보다는 우리에게 '보이는' 환경이라고 볼 수 있으며, 따라서 보는 사람의 해석과 의지에 의해 달라질 수도 있는, 하나의 표상된 이미지로서의 환경이라고 볼 수 있다. 경관은 우리가 어디에 있든, 우리를 둘러싸고 있으면서 우리에게 다가온다. 경관으로서 눈에 들어오는 것은 물리적 형태이지만, 그 속에는 인간의 문화가 담겨 있다. 오만 년 전에 등장한 인간은 대략 팔천 년 전부터 빠른 속도로 경관에 영향을 끼쳐 왔으므로, 오늘날 우리가 보는 경관은 대부분 우리가 손을 댄 것이어서 자연경관과는 거리가 먼 것이 되어 버렸다. 아주 원시적인 상태의 전인미답(前人未踏)의 자연을 제외하고는 본래의 자연에 인간의 사회·경제·문화·기술적 가치가 영향을 주어 생긴 것이다. '경관은 그 경관의 형성에 영향을 준 인간의 가치를 반영한다'는 이 성질은 경관, 특히 도시경관을 이해하는 데 매우 중요하다.

도시경관은 우리가 늘 겪는 일상적인 경관유형으로서, 도시적인 시설과 활동이 주가 되는 경관이다. 도시를 직접적으로 구성하는 건축물과 옥외공간, 숲과 물 같은 자연물 등 시각적으로 보이는 도시의 풍경이 주체가 되는 것은 물론, 도시 내의 여러 활동이나 시민생활, 독특한 분위기, 이미지 등 시각적으로 감지되지 않는 영역도 여기에 포함된다. 단지 미적 측면에서만 보이는 도시환경뿐 아니라 생활이 담긴 도시 전체의 종합적이고 개성적인 표현이고, 이런 면에서 그 도시의 문화를 나타낸다. 우리는 도시경관을 통해 도시 사회와 문화를 이해할 수 있고, 도시경관을 분석함으로써 경관을 통해 노출되는 여러 가지 사회문화적 현상까지 파악할 수 있다.

어떤 도시를 보았다든가 체험했다든가 또 알고 있다는 말에는 여러 단계가 있을 수 있다. 하루 이틀 방문한 사람이 단편적으로 알고 있는 경우도 있고, 몇 달의 체류에 의해 보다 많은 지식을 가질 수도 있으며, 아예 거주자의 입장에서 그 도시의 구석구석을 기억하는 수도 있다. 또한 그 사람의 관심의 방향과 활동 영역에 따라 도시의 어느 특정한 한 단면만 알고 있는 예도 많다. 어느 경우에든 각자가 알고 있는 도시의 모습은 도시 그 자체의 객관적인 실체와 완전히 일치하지는 않는다. 필자는 이십여 년 이상 도시경관에 관심을 가지면서, 체험하는 양상에 따라 이렇게 달라질 수 있는 도시의 모습을 어떻게 관찰해야 그 참모습을 이해하는 데 도움이 될까 고심했다.

도시경관에 관심을 갖기 시작한 것은, 영국의 경관연구가 컬런의 도시경관 (townscape)에 관한 일련의 연구와 [Cullen 1961] 미국의 건축가 린치의 도시 이미지에 대한 연구를 [Lynch 1960] 국내에서 접했을 때였다. 필자가 처음으로 영국 유학의 연구 과제로 도시경관 연구를 택했을 때, 이들의 방법을 토대로 하면서도 무엇인가 이들과는 다른 접근방법을 모색하려고 했고, 그 돌파구로서 환경지각(環境知覺)과 장소성에 대한 어떤 논리를 정리해 도시경관을 해석하는 데 관심을 가지고 있었다. 영국에 가서 처음 본 옛 도시들이 매우 인상적이었고, 많은 영국인들의 말도 '영국의 옛 도시들은 참으로 아름답다'는 것이었다. 나는 이 도시들이 아름다운 이유에 대해 색다른 해석을 시도했고, 그때 내세운 접근방법이 장소론적(場所論的) 접근이었으며, '장소성(a sense of place)'의 개념으로 아름다운 이유를 밝히고자 했다. 구체적인 내용은 이후의 글에서 자세히 언급하겠지만, 이렇게 시작한 도시경관에 대한 관심은 나의 전공이 되어 버렸고, 그 이후 미국에서의 연구로 이어지면서 외국의 도시들에 대한 관심과 연구는 졸저 『도시와 상징』(1988)으로 어느 정도 정리가 된 셈이었다.

우리나라 도시들을 어떻게 보아야 하는가에 관심을 가지면서, 일단 이제껏 여러 학자들이 추구했던 도시를 보는 방법, 도시를 지각하는 방법을 내 나름대로 정리해 보기로 했다. 이 글은, 처음 영국의 도시경관을 보는 틀을 구상할 때 연구의 틀로 만들었던 것을 한국에 와서 다시 정리했고, 이를 그 동안의 자료와 연구결과를 토대로 우리의 도시들을 의식하면서 수정 보완한 것이다. 여기서는 실제로 유용한 경관 관리 기법을 논하기보다, 주로 환경지각적 측면에서 경관이론과 그 철학적 배경, 그리고 접근방법을 비교 고찰함으로써 우리나라 도시경관 연구에 유용한 틀을 찾으려 했다.

도시경관 이해의 기초

어떻게 하면 도시가 아름다워지는가, 그 형태와 공간의 속성에 대한 연구는 매우 고전적인 것으로, 균형·비례·리듬 등 소위 미적 형식원리에 근거한 것들이 이미 르네상스 시대부터 존재해 왔다. 이보다 더 체계화한 방법이 중세와 바로크 도시들에 대한 지테의 연구에서 발견되는데,[Sitte 1889] 이것이 본격적인 도시경관에 관한 최초의 연구라고 보여진다. 그는 미적 원리를 근거로 해서 유럽에 산재해 있는 아름다운 옛 도시들의 광장의 모양과 크기에 대해 체계적으로 분석하고 그 특징을 서술했는데, 특히 중세의 비정형적(非定型的) 광장의 아름다움을 극찬했다. 이후 광장에 관한 연구는 주커도 괄목할 만한데,[Zucker 1959] 그는 광장의 조형을 삼차원적 매스와 볼륨으로 생각하면서 건물이나 바닥은 물론 하늘까지도 광장 혹은 도로처럼 공간을 제한하는 요소로 생각해, 지테보다 더 실체적으로 도시공간 분석에 다가갔다. 이들의 고전적 연구는 아직도 유용한 도시환경의 물리적 요소들에 대한 분석 기법들로서, 예컨대 도시설계가 모턴은 지테와 같은 방법으로 잘 알려진 광장과 가로들을 분석했는데, 특히 이용자의 입장을 같이 고려했다.Moughtin 1992 최근의 연구로는 세계 여러 유명한 가로에 대한 제이콥스의 연구가 돋보인다.Jacobs 1996 그는 가로 패턴을 분석하면서, 주변 맥락과 관련해 평면·단면뿐 아니라 디테일까지 치밀하게 분석하고 있다. 그러나 이들 연구는 실제적이고 유용한 연구이긴 하지만 '경관'이란 것이 가진 본래의 속성, 즉 대상을 지각하고 체험하는 입장에서 도시의 모습을 보는 태도는 아니라 하겠다. 도시경관은 보이는 모습 그대로의 도시의 풍경 혹은 장면이다. 이때 보이는 대상으로서의 도시와 보는 자로서 사람 사이에는 몇 가지의 관계에 관한 모델을 설정할 수 있다. 소위 환경심리학에서 말하는 기초 이론에 의해 분석적으로 체계화하면, 도시 속의 각종 정보는 우선 우리의 외부 통로인 감각기관을 통해 지각되고, 지각된 정보는 내적 작용인 인지 과정을 통해 마음속의 이미지로 바뀌어, 이를 근거로 각자 자기의 가치관에 의한 판단과 평가 과정을 거친다. 그리하여 최종적인 자기의 견해와 이에 따른 행동으로 나타난다는 것이다. 다시 말하면 도시를 '본다'는 과정은 지각·인지·평가라는 과정으로 나누어 볼 수 있다는 것이다. 도시경관을 보는 틀을 보다 구체화하기 위해 분석적 실증적 태도와 총체적 현상학적 태도의 두 가지 철학적 관점에 초점을 맞추어 인간과 환경의 관계 모델을 비교 분류한다.

우선 실증적인 접근태도에서는 '본다'라는 과정을 지각과 인지로 나누어 분석적으로 접근한다. 따라서 어느 경우에는 인간과 환경의 관계에서 직접 지각을 통해 들어오는 객관적인 감각자료가 관심의 대상이 되고, 또 어느 경우에는 지각의 결과로 인지된 인지도(認知圖, image map) 혹은 선호도, 만족도 등에 관심이 집중된다. 이에 반해 총체적(holistic) 태도에서는 '본다'는 과정을 '체험한다'는 현상학적 개념으로 생각한다.

여기서는 지각이나 인지로 구분된 인간이 아니라, 체험의 주체로서 환경 속에 실존하는 인간과 이를 둘러싼 환경의 총체적이고 전일적인 관계를 중요시한다. 요약하면 실증주의적 입장에서는 지각과 인지에 대한 분석적 연구가 관심이 되겠고, 총체적 입장에서는 인간의 환경적 체험에 대한 서술적이고 해석적인 연구가 관심의 대상이 된다. 여기서는 전자의 범주에 '지각적 접근'과 '인지적 접근'을 포함시키고, 후자의 범주에는 '전달매체적 접근'과 '장소창조적 접근'을 포함시켜, 도시경관을 보는 네 가지의 기본적인 틀을 구분해 고찰하고자 한다. 물론 이 구분은 엄격한 접근방법상의 차이가 있거나 다른 결과를 낼 정도로 서로 모순되는 것이 아니고, 이해의 폭을 넓히기 위해 편의상 분류한 것이다.

도시경관을 보는 네 가지 틀

도시경관에 대한 지각적 접근(perceptual approach)

이 접근태도는 도시 속을 거닐거나 차로 달리면서 눈 높이 정도에서 직접 눈에 지각되는 경관의 장면들에 관심을 갖는다. 이것은 주로 우리의 시지각(視知覺)에 의존하는데, 우리의 시각과 대상 사이에 어떤 관계가 존재한다는 것은 이미 르네상스 시대부터 알려져 왔으며, 19세기의 건축가 메르텐스(Maertens)를 비롯한 여러 설계가, 일본의 건축가 아시하라(芦原義信) 등에 의해 활용되었다. 이들의 연구에 의하면, 우리의 시각은 특별한 성질과 한계를 가지고 있어 건물 높이와 떨어진 거리, 광장의 크기와 주변 건물의 높이 사이에는 일정한 법칙이 적용되므로, 이를 활용하면 우리 인간의 척도에 가장 적합한 광장과 도로의 크기를 정할 수 있다는 것이다.

이러한 접근태도를 보다 발전시켜 도시경관의 분석에 도입한 것이 컬런이었다. Cullen 1961 그는 아름다운 영국의 옛 도시들의 중심가를 걸으면서 눈에 들어오는 장면들을 연속적인 시퀀스(sequence)로 잡아 멋있는 삽화를 곁들여 당시 영국의 건축잡지 『건축평론(*Architectural Review*)』에 연재해 크게 주목을 받았다.

영국의 전형적인 가로경관을 그린 컬런의 스케치들.

그에 의하면 우리의 눈은 현재의 장면을 포착할 뿐 아니라, 이를 앞에 포착한 장면과 연관시키는 특징이 있다는 것이다. 따라서 이동하면서 체험하는 도시경관은 이렇게 '이곳과 저곳' '이것과 저것'이 이중성(二重性)을 가지고 우리에게 지각된다는 것이다. 당시에는 참신한 것으로 받아들여진 컬런의 이 접근방법은 이 방향의 연구로서는 획기적인 것의 하나였으며, 그는 실제로 도시경관 요소의 표현기법으로서 '노테이션(notation)' 기법을 개발해 이를 도시경관계획에 활용하기도 했다. 이 외에도 그를 따르는 영국 출신의 학자·건축가 들이 많이 나와 소위 '영국 도시경관파(English Townscapers)'를 이루었고, 필자가 영국 셰필드 대학 조경학과 유학시 지도교수였던 웨들(A. E. Weddle)도 그 유파의 한 사람으로서, 그의 지도로 영국의 도시경관을 연구한 필자도 간접적으로 그 유파의 영향을 받았다.

이 접근방법은 거리의 한복판에 서서 눈 높이에서 보는 가로경관의 물리적 대상과 공간을 분석하는 것이 주된 관심이었다. 관찰의 주체가 대개 훈련이 잘된 전문가이기 때문에 평범한 일반인의 눈에도 그렇게 예민하게 관찰될지는 의문이었다. 그러나 연속적으로 지각되는 장면들을 실증적으로 분석하는 방법으로서 매우 효과적이어서, 이것은 1970-80년대에 이론적인 발전을 거듭해, 도시경관보다도 인간의 활동이 들어가지 않은 자연경관의 시각적 분석에 더 많이 활용되었다.

도시경관에 대한 인지적 접근(cognitive approach)

우리는 도시 내의 거리를 다니면서 도시를 지각하기도 하지만, 도시를 직접 혹은 지도 등을 통해 위에서 내려다보면서 간접으로 도시를 이해하기도 한다. 앞의 접근방법이 눈에 들어오는 장면들의 지각 그 자체에 관심이 있다면, 이 인지적 접근방법은 지각에 의해 우리의 마음속에 그려지는 도시의 모습에 관심을 갖는다. 이렇게 마음속에 새겨진 인상을 '도시 이미지'라 하고, 지각된 이미지가 각자의 마음속에서 지도처럼 그려지는 것을 '인지도(cognitive map, image map)'라고 한다. 본래 인지도의 연구는 인문 지리학자들의 주된 관심 분야의 하나였으나, 이들은 인지도 자체의 형성 과정이나 구조적 특성을 밝히는 데 주력했고, 이를 이미지의 특성과 관련시켜 도시경관의 연구에 활용한 것은 MIT 대학의 건축과 교수였던 린치였다.Lynch 1960

그는 미국의 보스턴·뉴저지·로스앤젤레스, 세 개 도시를 대상으로 소위 '지도 그리기(draw-a-map)' 방법으로 개개의 시민들이 직접 포착한 인지도를 연구해, 우리가 잘 알고 있는 다섯 개의 도시 이미지 구성 요소(path · edge · district · node · landmark)를 찾아냈다. 이 다섯 개의 요소들은 도시 내에서 분리되어 있는 것이 아니라 서로 결합되어 도시 이미지를 형성하므로, 이것들이 짜임새 있고 뚜렷하게 부각되는 도시일수록 강한 이미지를 준다는 사실을 밝혔고, 그 이후 많은 후속 연구에서 이 사실은 세계 어느 도시에도 적용될 수 있는 유용한 접근 방법임이 밝혀졌다. 그의 연

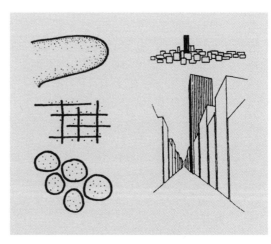

도시 이미지를 추상화해 표현한 린치의 스케치들.

구는 매우 창의적인 것으로 도시경관 연구에 새로운 가능성을 제시한 훌륭한 것으로 평가받았지만, 연구방법상 시각적으로 감지되는 물리적 대상의 인지도에 국한된 것이었다. 사실상 도시 이미지라는 것은 시각적 대상의 체험으로만 형성되는 것이 아니라는 사실, 따라서 어느 도시의 총체적인 이미지는 이 외에 다른 비물리적 요소, 사회문화적 요소가 가미되어야 한다는 것을 도외시한 것이다.

도시를 잠시 방문한 사람은 우선 시각적으로 두드러진 물리적 대상에 관심을 갖게 되고 따라서 이에 대한 이미지가 강하게 새겨지는 반면, 도시에 오래 머물거나 거주하는 사람에게는 그러한 물리적 요소 이외에 도시에서 일어나는 여러 활동들, 사람들, 과거의 흔적들, 나아가 도시 전체의 분위기에 대한 지식까지도 그들의 도시 이미지 구성에 중요한 요소가 된다. 사실상 우리에게 도시는, 서두에서 밝혔듯이 물리적 대상만의 집합이 아니고 하나의 문화적 현상으로서, 사회문화적 활동, 상징적 의미까지도 포함되어 체험된다. 자연경관의 감상과는 다른 실존적 체험의 측면이 있고, 하여 분석적인 접근에 국한되지 않은 총체적 접근으로 이해해야 할 필요가 있다.

그러므로 어느 한 도시를 방문해 이처럼 잡기 어려운 그 도시의 참다운 이미지를 얻는다는 것은 그렇게 쉬운 일이 아니다. 한 장소에 대한 자기 나름의 이미지는 그 장소가 지닌 어떤 미적 특징에 대한 감흥에서도 오지만, 그 장소가 갖는 어떤 분위기를 전부 알고 나서 오는 일종의 지실감(知悉感)—그 장소를 잘 알게 되었다, 좋은 추억을 갖게 되었다, 혹은 그 장소를 사랑하게 되었다 등—에서 오는 경우도 많다. 자연경관의 감상과는 다른 실존적 체험의 측면이 있고, 단순히 분석적인 접근보다는 체험 현상을 총체적으로 보는 접근방법이 유용할 수 있다.

필자는 1983년, 영국 요크(York)시에 관한 이미지 조사에서 인지도를 그리는 기법 이외에, '무엇이 보이는가(see question)' '무엇이 떠오르는가(remember question)' '무엇이 중요한가(important question)'의 세 가지 서술적 질문을 던짐으로써 시각적 요소 이외에 활동 요소나 상징적 의미 등의 도시 이미지적 요소를 찾아내려고 했다. 그 결과 요크 시민들은 물리적 대상(성벽·교회·공장 등)뿐 아니라 도시 속에 내재하는 역사적 의의, 사회적 기능, 상징적 성격 등에도 강한 반응을 보였으며, 시각적으로 두드러진 요소가 있어도 그것이 주민들에게 적절한 의미를 던져 줄 때 뚜렷한 도시 이미지로 부각됨을 알 수 있었다.

또한 필자가 1988년 미국 시카고의 상징성을 해석할 때에는 시카고가 갖고 있는 수십 개의 별명을 조사 분석함으로써,

시카고의 대표경관으로 관광엽서에 나타난 미시건 호반.

별명―예컨대 '호반의 도시' 혹은 '두 얼굴의 도시'―이 어떻게 도시의 총체적 이미지에 관계하는가를 알 수 있었다. 이 인지적 접근방법은 실증적인 자료의 수집과 분석을 토대로 하지만, 체험 해석 등 연구방법에 있어 총체적인 사고를 겸하도록 한다. 이 점에서 네번째 장소창조적 접근방법과 공통점이 있다. 다음 글에서 상세히 고찰하겠지만 필자는 이 세번째 방법을 주로 하되 네번째 방법을 일부 활용해, 한국의 경주와 전주의 이미지와 장소성을 연구해 한국 도시에 적용할 수 있는가의 가능성 여부를 타진한 바 있다.

도시경관에 대한 전달매체적 접근(communication media approach)

이 태도는 도시가 주는 정보 자료가 어떻게 지각되고 또 인지되는가를 구분하지 않고, 총체적으로 '체험'이라는 측면에서 접근하는 방법을 취한다. 전달매체적 접근방법은 정보, 즉 메시지가 '어떻게' 체험자에게 전달되는가라는 그 의미

차원에 중점을 둔 것이라면, 다음의 장소창조적 접근방법은 '무엇이' 전달되는 가라는 존재 차원에 관심이 있는 것이다. 전달매체론의 관점에서 볼 때, 도시경관은 도시생활에 필요한 각종 정보가 전달되는 중요한 수단으로서 매체적 특성이 있다고 말할 수 있다.유병림 1984 도시경관을 구성하는 어떤 요소가 어떤 메시지를 전달하고 있는지, 어떤 이유로 제약을 받고 있는지, 또 그 메시지가 어떤 방법으로 전달되어 의미를 창출하고 있는지 등이 이 접근방법의 관심사가 된다.

이 범주에 들어가는 사례로서 벤추리의 라스베가스를 근거로 한 연구Venturi 1977 등을 들 수 있다. 그는 예일 대학의 경관연구팀을 이끌고 사막에 선 도박과 환락의 도시, 온갖 사인과 간판이 범람하는 라스베가스를 건축 커뮤니케이션 현상으로 분석하면서, 이제껏 가로경관의 분석에 부차적인 요소로 취급되었던 상업간판과 각종 상호 등 사인과 심벌들이 메시지 전달에 매우 큰 역할을 한다는 사실을 발견했다. 이들의 분석대상은 이 도시에 특징적으로 부각된 간판이 주류를 이루는 상업대로변(commercial strip)으로서, 이 가로경관을 하나의 거대한 기호체계로 보고 그 구조와 전달 방식을 세밀하게 분석했다. 건물 자체가 매체 역할을 하는 것을 '오리(duck)' 라 하고, 건물은 평범하지만 그 앞의 사인이 매체가 되는 건물을 '장식된 창고(decorated shed)' 라 구분해, 오리보다는 장식된 창고의 전달매체로서의 역할을 강조한 그의 연구는 괄목할 만한 것이었다.

벤추리가 간략하게 스케치한 '오리'와 '장식된 창고'.

환경설계가 라포트의 경관의 복잡성(complexity)과 애매성(ambiguity)에 관한 연구도 커뮤니

케이션 방법과 관련있다.^{Rapoport}_{1977, 1982} 환경심리적 원리에 근거한 그의 이론에 의하면, 우리의 지각에는 외부에서 들어오는 자극이나 정보에 대한 적정 수준이 있어 그보다 단순하거나 복잡한 것은 선호하지 않는다는 것이다. 예컨대 광고나 사인 같은 것이 너무 복잡하거나

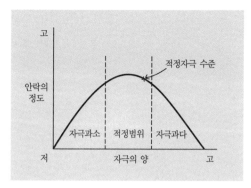

사람이 받는 자극의 양과 안락의 정도 간 상관관계를 나타낸 도표.

애매해도 자극과다 현상으로 스트레스를 받지만, 아파트 단지처럼 획일적인 것은 너무 단순하거나 무미건조한 감정을 전달해 우리에게 호감을 주지 못한다. 정보전달의 측면에서 보면 도시의 정보량이 각 개인에게 전달되는 적정 수준이 있을 수 있고, 이것을 측정 평가함으로써 이를 기준으로 적절한 복잡도(複雜度)를 가진 가로경관을 찾아낼 수 있다는 것이다.

벤추리와 라포포트의 접근방법이 유사한 관점을 가졌는데도 불구하고 서로 다른 해석 결과가 나오는 것처럼, 이 방법에 의한 도시경관의 해석은 앞으로 연구방법상 발전의 여지가 있다. 특히 구조주의적 방법, 기호학의 활용가능성 등 여러 유용한 연구방법이 나올 것으로 예상된다. 한때 언어학에서 기원한 기호학이 건축과 도시 분야에 효과적인 분석 기법으로 등장했다가 용두사미식으로 사라졌다. 기존의 기호학은 환경을 단순히 정보교환의 장으로 보아 왔으나, 이석환의 대학로에 대한 장소성 연구에서 보이듯,^{이석환 1997} 최근의 기호학은 환경을 하나의 텍스트로 보고 구체적인 생활 세계의 실존적 상황을 의미생성이라는 측면에서 이해하고 해석하려는 입장을 취해, 앞으로 이 방향의 접근방법의 발전 가능성을 열어 놓고 있다.

도시경관에 대한 장소창조적 접근(place-making approach)

경관의 '체험'이라는 총체적 입장을 취하는 이 접근방법은, 도시는 장소들의 집합이어야 하고, 도시경관은 장소창조적이어야 한다는 것을 전제로 한다. 앞의 전달매체적 접근방법이 전달의 과정과 방법에 관심을 두었다면, 이 접근방법은 인간에게 전달된, 즉 체험된 환경의 의미가 무엇인가라는 존재 차원의 문제에 관심을 두고, 그 존재의 본질로서 '장소'의 철학적 개념을 발전시켰다.

여기서 장소라는 것은 '물리적 속성' 뿐 아니라 거기 머무는 사람들의 '활동', 그들과 환경의 교류에서 발생되는 '의미와 상징' 같은 개념을 모두 포함하는 실존적인 개념으로 사용된 것이다.[Canter 1977][Relph 1976] 장소창조적 접근이란, 어느 장소에 어떻게 하면 그 장소 고유의 정체성(identity)을 부여하는가에 관심을 가진 태도를 말한다. 이러한 태도는 앞에서 여러 번 강조했듯이 도시경관이 도시의 외관뿐 아니라 그 내적인 작용, 과거의 역사적 요소까지도 표현된 것으로 보아야 한다는 관점을 내포한다.

'장소'라는 개념은 인간과 공간의 만남에 깊은 관심을 가진 현상학에 자주 등장하는 말이다. 인간과 환경의 '만남'은 장소를 창출한다. 만남의 장소는 체험에 의해 존재하며, 또한 체험을 통해 어떤 의미를 띠게 된다. 필자의 관심과 논문지도의 결과로 나온 물과 인간의 만남에 대한 체험 연구나,[조성원 1988] 길에 대한 인간의 삶의 체험적 연구는[양달섭 1989] 환경의 체험에 대한 본질적인 양상을 보여준다. 이 장소의 개념 속에서 인간과 환경의 관계는 지각 · 인지 · 평가 · 행동의 분리된 차원이 아니라 체험이라는 총체적인 차원으로 받아들여진다.

도시환경 속에는 가시적인 도시의 형태와 외관 그리고 그 속에 사는 사람들과 그

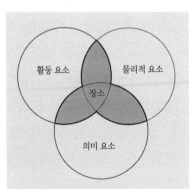

칸터가 말하는 장소의 삼대 요소.

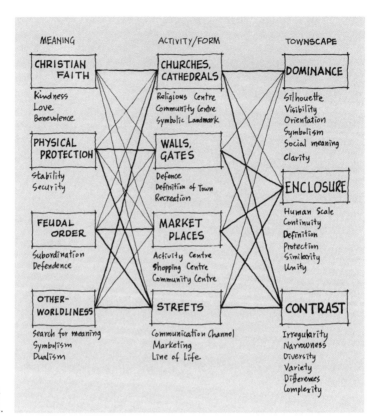

필자가 영국
중세도시를
해석한 결과를
요약하는 도표.

들의 활동이 있고, 그 상호작용 과정에서 형성되는 비가시적인 이미지와 관념의
세계가 존재한다. 이렇게 보이지 않는 요소들은 보이는 요소들에 의미와 중요성
을 부여하며, 보이는 요소들의 지각에 매우 중요한 작용을 한다. 필자는 이것을
'보이는 도시'와 '보이지 않는 도시'라고 명명한 바 있다.이규목 1988 보이는 도시
는 그 속의 보이지 않는 요소들과 결합해 장소를 형성하게 되고, 그 장소가 특
별한 상징과 의미를 부여받게 되어 장소 고유의 '장소성'이 형성되는 것이다.

이 방향의 연구로서 필자가 제일 주목한 것은, 영국 체재시 처음 접하게 된 캐
나다 지리학자 렐프의 장소와 비장소성(place and placelessness)에 관한 연구이
다. Relph 1976, 1982 그는 현상학적 측면에서 장소를 정의하고 현대경관이 지닌 비장

그림으로 재현된 영국 중세도시의 가로경관.

소적 특징, 현대인의 비장소적 지각태도에 대해 신랄하게 비판했다. 장소의 정체성에 대한 렐프의 해석방법인, '내부성'과 '외부성'에 대한 체험적 현상의 고찰은 매우 독특한 것으로서, 장소의 본질이 바로 외부와 구분되는 내부의 진솔한(authentic) 체험에 있다는 것을 보여준다.

지리학자 투안,[Tuan 1977] 조경가 허프,[Hough 1990] 건축가 노베르그-슐츠[Norberg-Schulz 1972] 등의 접근태도가 유사한 경향을 보인다. 특히 하이데거(M. Heidegger)의 실존철학적 태도에 뿌리를 둔, 노베르그-슐츠의 지령(地靈, 혹은 장소의 혼, genius loci)의 개념은 장소가 가진 어떤 '분위기'에 집착해 장소 속에 내재하는 정신적 요소를 더욱 강조한 것으로, 우리나라 풍수지리에서 말하는 지기(地氣)의 개념과 매우 비슷하다. 후에 다시 언급하겠지만 이 방향의 접근태도에는 우리와 일맥상통하는 철학적 사고의 연결고리가 있다고 생각한다.

필자가 영국 옛 도시들이 아름다운 이유를 찾고자 연구했을 때 활용한 접근방법이 바로 이 장소적 개념에 의한 해석이었다.[Lee, Kyu Mok 1979] 이십여 개의 옛 중세도시들을 답사하면서, 이들 도시의 형성에 영향을 끼친 사회 문화적 요인과 그 의미, 이들 도시 속의 시각적 대상들—교회, 성당, 시장광장, 성곽과 성문, 가로 등—의 특징과 여기서 일어나는 각종 활동의 세 가지 장소의 구성 요소, 즉 물리적 활동적 의미적 요소를 고찰해, 이를 토대로 도시경관의 특성을 고찰했다. 그것은 교회 등에 보이는 우세성(dominance), 시장광장과 성곽의 위요성(enclosure) 그리고 가로 패턴과 구성에 나타난 대비성(contrast), 이렇게 세 가지 특징으로 집약될 수 있었고, 종합적으로 볼 때 매우 '인간적인 도시경관

(humane townscape)'을 보이는 데 그 아름다움의 비결이 있음을 알 수 있었다. 이후 미국 시카고의 사례를 연구할 때 이와 유사한 방법을 활용했고,[이규목 1988] 이 이론을 더 발전시켜 '현상학적 장소론'의 개념으로 구체화하기도 했다.

이 현상학적 접근방법은 실증적인 연구와 달라 접근의 틀이 정해져 있지 않고, 체험이라는 느슨한 틀 속에서 연구자마다 자기가 편리한 서술방법을 취하는 것이 특징이다. 본래 현상학적 연구에서 체험의 주관적 서술이 주대상이 되므로, 이러한 방법상의 다양성은 당연한 것으로 보아야 할 것이다. 아직 컬런이나 린치의 연구와 같이 큰 성과는 없지만, 21세기의 세계 사조가 지역주의와 풍토성, 다원주의와 다양성에 관심을 갖는 흐름이라면 이러한 접근방법에 의해 의미 있는 결실이 나올 것이다.

우리 도시경관을 들여다보는 틀 찾기

세계 여러 나라의 도시들은 그 모습도 다양하고 생활 방식도 갖가지이지만 그 경관적 특징을 연구하는 시각도 다양하다. 필자가 여러 경관 연구사례를 검토하면서 얻은 결론은, 도시경관의 이론은 저마다 그 이론이 잘 적용되는 도시를 대상으로 연구함으로써 성립된 것이 아닌가 하는 것이다. 컬런은 아름답고 고풍스러운 영국의 옛 도시들이 아니면 그런 식의 분석이 어려웠을 것이며, 린치는 특징이 다른 미국의 전형적인 세 개의 도시를 대상으로 했으며, 벤추리는 간판과 사인으로 가득 찬 라스베가스가 아니면 사인과 심벌에 대한 그러한 통찰이 불가능했을 것이다.

필자는 이십여 년 이상 유럽·미국·일본·중국·동남아 등 여러 도시들을 연구 답사하면서, 과연 우리나라의 도시들에는 어떤 방법을 적용하는 것이 바람직한가에 대해 늘 고심했다. 유럽의 옛 가로처럼 아름다운 돌과 벽돌로 된 집들

로 가득 찬 것도 아니고, 미국의 도시들처럼 하늘을 찌르는 마천루(skyscraper)
도 없으며, 어떻게 보면 초라하고 지저분한, 말 그대로 반듯한 광장 하나 없고,
푸른 공원 하나 제대로 없는 것이 우리나라 도시의 현 모습이라고 생각되기 때
문이다. 그렇다면 우리 도시에는 정말 아무것도 없는 것일까? 건물 대신에 산이
있고, 광장은 없지만 길이 있으며, 비록 건물의 외관은 초라하게 보일지라도 그
속에는 오랫동안 쌓이고 쌓인 역사와 설화, 전통 요소와 고유의 생활양식이 있
다. 이러한 견해로써 우리의 도시경관 속에 숨어 있는, 그래서 잘 보이지 않는
도시의 요소들을 찾아내는 접근방법을 모색해야 한다고 생각한다.

앞에서 고찰했듯이 조선시대에 형성된 원형경관은 19세기말 개항기 이후 소
위 근대화 과정을 겪으면서 변모하기 시작했고, 불행하게도 이 중요한 시기에
일본의 침략과 강점으로 '일본을 통해' 근대적 경관의 모습으로 자리잡게 되었
다. 이것이 해방 후 소위 국제주의 양식에서 최근의 포스트모더니즘에 이르기까
지, 미국을 위시해 서구와 일본의 일방적인 영향을 받으면서 오늘날의 도시의
모습을 갖추게 된 것이다. 겉으로 보기에는 이렇게 외국의 문화가 깊이 자리해
우리 고유의 것이 없어진 듯 보이지만, 우리 고유의 것은 그것이 생활양식이든
전통공간이든 여전히 도시 깊숙한 곳에 면면히 자리하고 있다. 현재는 잘 읽히
지 않지만, 보이지 않는 도시 속 어디엔가 우리가 찾아내야 할 특징적인 도시경
관의 요소, 한국적 경관으로 내세워야 할 요소가 분명히 있다고 생각한다. 다음
에 고찰하는 경주와 전주의 이미지와 장소성 연구는 이 작업의 시작으로서 의미
가 있으며, 그 후속으로 제시하는 한국 도시경관의 이원성에 대한 고찰 또한 바
로 이러한 작업의 한 시도라 할 수 있다.

2. 두 도시 이야기―경주와 전주

두 도시 들여다보기

경주와 전주는 각기 영남지방과 호남지방의 대표적인 역사도시이면서 문화관광도시이다. 누구나 수학여행, 신혼여행 혹은 관광여행 등으로 한 번쯤 안 가본 사람이 없을 정도로 두 도시는 온 국민의 사랑을 받는 도시이다. 여기서는 도시경관적 측면에서 두 도시의 이미지와 장소성을 밝혀 그 특징을 찾아내고, 또 앞으로의 경관 관리 방향을 모색하고자 한다. 대체로 두 도시에 대한 관심은 도시 주변에 산재해 있는 역사적 유물, 사적지, 명승지 등에 대한 고고학적 의미나 관광적 가치에 집중되어 있으나, 이 연구에서는 현재 시민생활이 직접 영위되고 있는 도시 자체를 주대상으로 보고자 한다. 두 도시는 그 발전 과정은 다르지만 규모나 입지 조건 그리고 현재의 문화적 특성 등에서 비슷한 점이 많으므로, 두 도시의 유사점과 차이점을 비교해 고찰하고자 한다. 본래 경주와 전주에 대한 연구는 각각 1993년과 1997년, 사 년의 시간차를 두고 같은 방법으로 수행한 바 있는데, 여기서는 두 연구결과를 종합해 비교 분석하면서 고찰해 보겠다.

필자는 1983년, 영국의 대표적인 역사도시 요크시의 경관을 조사한 바 있는데, 요크시와 이들 두 도시는 여러 측면에서 유사한 점이 많으므로 가능한 한 요크시와 비교하면서 분석해 서구 도시와 우리 도시의 공통점과 차이점을 고찰했다. 앞에 상술한 '도시를 보는 틀'의 분류방법으로 보면 인지적 접근을 주로 하되 부분적으로 장소창조적 접근을 병행한 것이라고 볼 수 있다.

접근방법은 우선 린치가 개발한 인지도 그리기(image mapping) 방법으로[Lynch 1960] 시작했는데, 이 방법은 도시의 물리적 요소에 대한 이미지는 잘 파악되었으나 도시의 총체적인 이미지, 사회문화적 요소나 역사적 의미 등을 포착하기는 어렵다는 결함이 있었다. 여기서는 장소의 개념을 염두에 두고 이러한 비물리적인 의미 요소까지 잡아내기 위해 인지도 그리기 이외에 몇 가지 서술식의 구어적(口語的, verbal) 설문을 설정했다. 이 설문은 도시에 대한 즉각적인 지각에서부터 인지 과정을 거쳐, 가치판단을 한 다음 태도를 표명하기까지, 도시체험의 단계를 모두 체크할 수 있도록 구성했다. 여덟 개로 구성된 구어적 설문의 내용은 다음과 같다.

1. 눈을 감고 이 도시에 대해 생각하십시오. 무엇이 보입니까.
2. 귀하가 이 도시에서 멀리 떨어져 있다고 생각하십시오. 무엇이 떠오릅니까.
3. 귀하는 이 도시에서 무엇이 중요하다고 생각하십니까.
4. 귀하의 친지가 이곳을 방문했거나, 혹은 친지와 같이 방문했다고 생각하십시오. 볼 만한 곳으로 어느 장소를 추천하시겠습니까.
5. 또 저녁에 즐길 만한 곳으로 어느 곳을 추천하시겠습니까.
6. 이 도시에 별명을 붙인다면 한마디로 무엇이라고 하시겠습니까.
7. 이 도시의 인상을 해치는 요소는 무엇이라고 생각하십니까.
8. 귀하의 머릿속에 있는 그대로 이 도시의 약도를 그려 주십시오.

설문의 구성 중에 우선 '무엇이 보이느냐'라는 질문은 도시에 대한 직접적인 지각내용을 파악하고자 한 것이며, '무엇이 기억에 떠오르느냐'라는 질문은 인지내용을 묻고자 했던 것이며, '무엇이 중요하다고 생각하느냐'라는 질문은 가치판단에 대한 것이었다. 다음 볼 만한 곳과 즐길 만한 곳에 대한 질문은 밤과 낮의 장소 선호도(preference)를 알기 위한 것이었고, 별명에 대한 질문은 도시 전체의 상징적 의미를 보다 요약해서 파악하고자 한 것이었다. 질문이 주관적으로 답변하도록 구성되어 있기 때문에 결과는 여러 가지 서술적인 문장으로 나타났으며, 따라서 분석과 해석 과정에서 연구자의 주관적 견해가 들어가는 것은 피할 수 없었다.

연구의 주요 내용은 우선 두 도시의 역사적 변천 과정을 요약해 그 변천 요인을 파악한 후에, 구어적 설문을 통해 선호하는 장소와 특징적 경관 요소를 추출하고, 시민이 그린 인지도를 통해 물리적으로 부각되는 장소를 파악한 다음, 결론에서 이들을 비교 종합하고 두 도시의 총체적 이미지를 요약해 이를 토대로 두 도시의 도시경관의 특성을 규명하는 것이다. 설문 과정에서 언급되는 경관 요소들은 장소의 정체성(正體性)을 알 수 있는 세 가지 요소인, 물리적 요소, 활동적 요소 및 의미적 요소로 구분해 고찰했고, 이를 종합해 도시의 이미지와 장소성을 파악했다.

두 도시경관의 역사적 변천

왕경으로서의 경주와 읍락으로서의 전주

경주 일대가 씨족집단 중심인 촌에서 읍락의 규모를 갖추기 시작한 것은, 박혁거세가 신라의 왕권 세력으로서 국가를 건설한 기원전 57년이었다. 기원 후 1세기 후반부터는 금성(金城)·월성(月城)·계림(鷄林) 지역을 포함한 일정 지역은 점차 읍락의 단계를 벗어나 도시의 모습을 갖추어 갔다. 중심 지역인 왕도(王都)는 직경 사 킬로미터 정도의 지역에 걸쳐 있었는데, 왕궁을 비롯한 각종 관부가 모여 있었고 이것은 왕경(王京) 전체 면적의 수십분의 일에 지나지 않았다. 금성의 위치는 아직 밝혀지지 않았는데, 월성 인근의 북방 어디엔가 있었다고 추측된다. 시내 평지에 산재한 옛 무덤들[古墳群]은 3세기경부터 형성되기 시작했고 5세기초에는 대형 고분들이 들어섰다. 이들 고분군들은 월성 서북쪽의 노동리 · 노서리 · 황남리 · 황오리에 몰려 있어, 후에 고찰하겠지만 도시 속의 중요한 경관 요소로 자리한다. 고분들과 중요 시설들은 당시 종교적인 영향을 받아 첨성대를 중심으로 원형 방사선 모양으로 배치되었던 것으로 추측된다. 이 도시 내의 고분군은 6세기초까지 이어지고 그 이후에는 교외로 나가기 시작하는데, 이때는 이미 시내 인구의 증가로 도시가 포화상태였고, 또한 도시가 동쪽으로 확장되면서 중국의 영향을 받아 중국도시의 기본형인 방리구조(坊里構造)를 가진 방형으로 도시가 형성되기 시작한다. 월성 북쪽에 남북 방향으로 주작내로가 놓이고, 이를 중심으로 동서남북으로 격자형 길이 이어지고 네모난 방리(坊里)들이 북천 · 서천 · 남천으로 둘러싸인 분지 안에 들어섰다. 이 격자형 패턴을 깬 것이 이미 형성된 남쪽의 월성과 동남쪽의 고분군이었다. 이러한 도시 형태는 신라의 최성기(最盛期)인 8세기에 안압지와 임해전 · 황룡사로써 그 절정을 맞이하고, 8세기말에는 가구의 수가 십칠만 호에 이르고 천삼백육십 개의 방리가 있었으며 시내는 온통 기와집으로 덮이는 등 장관을 이루었다.김한배 1994 이때 경주는 당의 장안(長安), 발해의 상경 용천부(龍泉府), 일본의 평성경(平城京)과 비유되는 동양 굴지의 국제도시였다.

한편, 전주는 낮은 산줄기에 둘러싸인 분지 안에 자리해 동남쪽으로는 산, 서북쪽은 평야를 거느리고 있었다. 소위 비산비야(非山非野)의 지리적 조건을 갖춘 지역에 촌락으로 입지해 기원전 192년경 현 전주 동쪽의 구릉에 부족이 모여 살면서부터 촌락이 형성되기 시작한다. 현재의 전주시는 백제 때 주(州) 제도가 실시되면서 완산주가 전주에 자리잡고, 완산 또는 비사벌이라고 불리며 군사도시로서 전북지방의 중심 취락으로 발달해 형성되었다. 지금의 전주라는 지명은, 통일신라 경덕왕 때(757) 통치체제를 강화하고 전국의 거의 모든 지명을 중국식으로 고치면서 갖게 되었다. 잠시 후백제의 수도로서 역할을 하지만(900–

936) 한 지방의 읍락 수준의 도시로 조선시대를 맞이한다.

읍성으로서의 경주와 전주

신라가 망하자(935) 왕도로서의 경주는 대폭 파괴되어 고려시대에는 왕도 서북쪽의 극히 한 부분만을 남겨 읍성(邑城)을 쌓고, 동쪽은 완전히 도시의 기능을 상실한다. 이 지역에 경주사(慶州司)라는 관청을 설치해 그로부터 '경주'라는 명칭이 등장했고, 이후에도 고려 삼경 중의 하나인 동경(東京)으로 남아 있었다. 조선시대에는 과거의 영화는 다 사라지고 인구 육칠만 정도의 평범한 지방도시로 남아 있었다. 현재 아주 약간의 흔적밖에 없는 고려읍성은 조선 중기에 (1746) 개축한 것인데, 총길이 2.3킬로미터의 방형으로 현 경주시가의 사분의 일을 차지했다.

이에 비해 전주는 조선시대 들어와 최성기를 맞는다. 그때까지는 평범한 지방행정 중심지로서 읍락의 수준에 불과했지만, 이성계의 등장으로 이씨 왕가 선조의 발상지 내지 거주지로 부각되어 왕가의 기념비적인 축조물이 건립되고 전주는 새로운 의미를 갖게 되었다. 태조의 영정을 봉안했다는 경기전(慶基殿, 1410)이 조선 초기에 건립되어 이

조선조말경 그려진, 경주의 모습을 그린 경주읍성도.

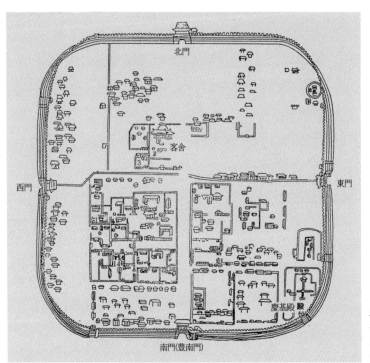

北門

客舍

西門

東門

南門(豊南門)

慶基殿

조선시대 그려진,
객사 등 가옥의
배치를 보여주는
전주읍성도.

를 중심으로 신시가지가 형성되었고, 중기 이후에는 전주 이씨의 시조인 이한공의 위판을 봉안한 조경묘(肇慶廟)가 경기전 북편에 건립되었고(1771), 국가적으로 혼란한 시기인 근세에 들어 왕가의 권위를 유지하기 위해 만든 조경단(肇慶壇)이 덕진 건지산에 설치되었다(1896). 마치 박정희 정권시에 그 출생지인 구미·선산을 성역화한 경위와 유사한 형성 과정으로, 전주는 호남의 대표적인 도시로 부상한 것이라 볼 수 있다. 읍성으로서의 도시 형태를 갖춘 것도 이 시기였지만, 본래 전주읍성은 고려 말기 우왕 때(1338) 안찰사 최유경이 처음 쌓았고 조선 초기 전라도 관찰사가 주둔하는 전라 감영을 전주에 설치하면서 다시 성곽이 구축되어(1413), 성 안에 관아가 자리잡고 각종 공공건물이 들어섰다. 일제시 헐리기 전까지 상당한 위용을 자랑했을 것이라고 상상되는 전주읍성은 임진왜란 후 오랫동안 퇴락해 있던 것을 영조 때(1734) 다시 쌓은 것이다. 오늘날 이 읍성은 '호남제일성(湖南第一城)'이라는 현판이 달린 풍남문(豊南門)만이 남아 읍성의 옛 자취를 보이고 있지만, 읍성의 자리는 현재 전주 중앙동 우체국을 중심으로 반경 약 오백 미터의 원에 가까운 형태로 존재했을 것으로 추정된다.

식민도시로서의 전주와 경주

일제 통치 직전 일본통감부의 설치로(1905) 토지의 전면 수탈과 역사말살정책이 펼쳐지며 경주보다는 전주가 더 무참하게 파괴된다. 전주의 성곽은 남쪽 자리에 현존하는 풍남문만 제외하고는 동·서·북 대문을 포함해 모두 파괴되고(1908), 대부분의 조선조 관아 건물이 철거되어 해방시까지 감영·부청 및 그 부속 건물까지 공공건물 백여 동이 파괴된다. 관아 건물은 조선조의 발원지라는 뜻에서 '풍패지관(豊沛之館)'이라고도 불렸던 전주의 명물 객사(客舍)만 남게 된다. 성벽을 따라 가로를 개설해 조선시대 도시의 모습을 완전히 없앤 것이다.

물자 수탈을 위한 도로 개설의 필요성에 의해, 전주 군산 간 도로가 최초의 우리나라 근대적 도로로 개통되고(1908), 전주 이리 간(1914), 서울 전주 간(1929) 철도가 개통됨과 함께 구전주역(현 전주시청)이 서면서 도시는 새로운 골격으로 형성되기 시작한다. 객사 앞의 직선도로 이외에는 자연발생적으로 생긴 좁고 구부러진 형태가 전부였던 도시 내의 가로망은, 하나 둘씩 직선화해 성벽 자리에 환상도로(環狀道路)가 신설되고 동서남북으로 십자형 도로가 생기는 등 새로운 도시계획이 수립되기 전까지(1938) 고도로서의 모습은 사라지고 일본인들의 편의에 따라 제멋대로 성장했다.

이는 일제가 역사의식 말살을 위해 실시한 고건축물의 의도적 파괴와, 일인 거류민의 주거지 확보를 위한 토지의 강제적 박탈, 그리고 경제 수탈을 위해 펼친 식민정책의 결과였다. 서문에서 남쪽 지금의 다가동에 이르는 길은 가로와 건물이 면모를 바꾸어 당시 일인 위주의 혼마치(本町)로서 전주 제일의 거리가 뇌었고, 전주역 부근과 도심 부근의 중앙동 상가는 일본인들이 상권을 장악했다.

1938년 일제에 의한 최초의 도시계획법인 조선시가지계획령이 공포되면서 전주에 처음으로 도시계획이 수립되었는데, 당시 인구 사만여 명이었던 도시를 삼십 년 후 약 십만 명으로 증가할 것으로 책정하여 십구 제곱 킬로미터의 계획구역을 정했고, 교통의 편리, 지형, 나아가 건물의 채광, 방화나 통풍과 관련된 풍향도 고려해 대략 동서남북 방향의 격자형 가로망을 만들었다. 기존 성곽의 네 문을 연결하며 형성되었던 남문로와 중앙로를 중심으로 한 가로체계는, 기존의 중앙로를 동서축으로 하고 신설된 팔달로를 남북축으로 하는 가로체계로 진이하게 되며, 이후 팔달로는 도시를 관통하는 중심도로로서 부각하게 된다. 이것은 새로운 형태의 가로망이지만 고도의 옛 모습을 더 파괴시킨, 식민도시의 전형적인 패턴이었다. 경위야 어쨌든 일인들에 의해 수립된 이 계획에 의해 형성된 도시 형태가 오늘날 전주시 중심부의 골격을 이루고 있다.

이미 지방의 소도시로 전락해 있던 경주도 예외는 아니어서, 고려시대 읍성은 관청을 짓는다는 등의 이유로 철저하게 파괴당했다. 북문이 파괴되고(1917) 관아가 철거되어(1928) 일제 중기 이후에는 성곽과 조선조의 행정용 건물이 모두 없어졌다. 전주의 경우처럼 문이나 관아 건물을 조금이라도 남겨 놓았더라면 경주의 도시경관은 달라졌을 것이다. 철도를 부설하면서 경주의 도시 골격은 크게 바뀌는데, 그것은 예컨대 철도가 안압지와 사천왕사지 사이를 통과하도록 노선을 설정해 전통문화를 파괴하는 등의 식으로 자행되었다. 하여튼 일제 중기에 경주역이 신설되면서(1936) 경주도 이를 중심으로 혼마치가 형성되는 등 전주와 유사하게 역과 철도 중심의 근대경관으로 변모한다. 해방 이후 이 철도는 두 번 북측으로 이전되었으나(1950, 1980), 일제시대 개설된 가로망은 아직도 경주시의 주가로망으로 이용되고 있다.

문화관광도시로서의 경주와 전주

고분을 비롯한 경주의 유적 발굴은 본래 일본인에 의한 금관총의 발굴과 함께 시작했고(1921), 이때부터 관광객이 몰리기 시작했는데, 특히 해방 후 경주가 시로 승격하면서(1955) 비로소 경주는 서서히 관광도시로서의 면모를 갖추기 시작한다. 이어서 경주 일대는 국립공원으로 지정되고(1968) 경주관광종합계획이 수립되어(1972) 유적 보존 및 정화사업이 시행되고 보문단지가 국제관광단지로 개발되면서, 경주는 국제적인 관광도시로 변모한다.

더구나 유네스코가 세계 십대 유적지의 하나로 일본의 교토나 북한의 평양을 제쳐놓고 경주를 선정함으로써 경주는 더욱 알려지게 되었다. 그 이후 수차에 걸쳐 종합개발계획이 수립 시행되지만, 이러한 모든 관심과 사업은 경주시 자체에 있는 것이 아니라 점적(點的)으로 산재해 있는 주변의 문화재에 대한 것이었다.

현재의 경주는 역사문화도시와 관광도시라는 두 얼굴을 가진 도시이다. 관광을 위해 개발을 하자니 천 년 숨결을 잃어 가게 되고, 밀려오는 관광객, 변모하는 관광 패턴에 적절하게 대처하기 쉽지 않다. 더구나 관광 개발이 지나치게 중요 유적에 매달려 와 유적 자체의 고풍스러운 맛이 없어졌을 뿐 아니라 경주라는 도시 자체의 상징적 이미지, 이 일대의 중심도시로서 생활의 터전이라는 도시적 기능은 부각되어 있지 않다. 현재 경주는 제이의 관광단지로서 감포단지를 개발하는 등 국제적인 종합관광휴양지로 발돋움하고 있다. 이 시점에서 경주는 '중심 도시로서 어떤 역할을 해야 할까' 라는 과제를 안고 있다.

이에 비해 해방 후 오늘날까지 이어진 전주의 발전은 매우 소극적이어서 말 그대로 '아름다운 자연조건 속에서 조용하게 발전해 온 도시'였다.^{박병주 1996} 인구의 팽창, 전주지방공단의 건설, 호남고속도로의 신설, 철도의 이설 등의 이유로 수차에 걸친 도시계획과 21세기를 대비한 장기 종합개발계획이 있었다(1979). 그러나 이러한 시도는 경제 발달과 도시구조의 물리적 발전을 위한 발상이어서

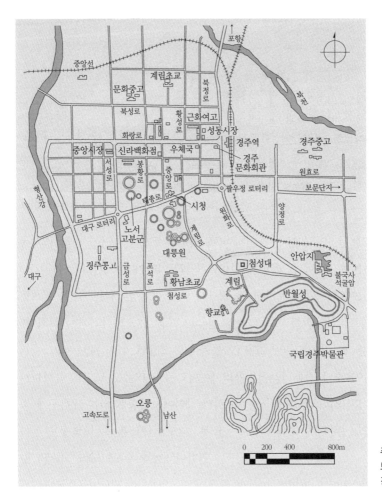

주요 경관 요소를
보여주는 현재의
경주시 지도.

도심부의 발전보다는 시 외곽의 개발에 치우쳤고, 가로망도 시내와 주변 신개발지 혹은 시외 지역을 연결하는 간선도로망 위주로 발달되었다. 도시의 새로운 미래상을 제시하거나 역사나 문화적 특성을 살리기 위한 시도는 아니었고, 팽창하는 수요에 대응해 도시구조를 개편함으로써 양적인 문제 해결에 급급한 계획이었다. 도시의 질적인 측면에서는 도심부 등의 퇴락과 무질서를 조장하는, 오히려 도시의 특성을 없애는 쪽의 계획이었다고 볼 수 있다. 오늘날의 전주는 인구 규모 육십만에 가까운 도시로서 행정·문화·교육의 지방 중심도시이며, 앞

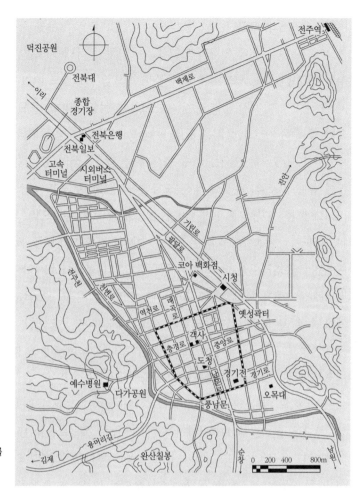

주요 경관 요소를
보여주는 현재의
전주시 지도.

으로 대도시로서 중추 관리 기능도시, 전통문화예술 기능도시, 교육문화 기능도시, 관광휴양 기능도시를 표방하고 있다.^{전주시 1986, 1994} 전주는 지방도시 생활권의 중심지로서 일반도시의 성격을 지니면서, 경주보다는 못하지만 후백제의 왕도, 전주 이씨의 발상지 그리고 전라 감영의 소재지로서 역사도시적 성격이 뚜렷하고, 나아가 주변의 아름다운 기린봉 · 남고산성 · 고덕산 · 완산칠봉 등의 고적 명승지를 자연 관광자원으로 하는 관광도시로서의 이미지가 강하다고 볼 수 있다.

영국 요크시와의 비교

요크(York)시는 영국 잉글랜드 중부에 있는, '유럽에서 제일 매력있는 도시'라는 평판을 지닌 역사도시이다. 경주보다 일 세기 정도 후인 기원 후 71년, 당시 유럽 일대를 점령한 로마인들에 의해 식민도시(planted town)의 하나로 세워진 것이다. 경주와 마찬가지로 두 강이 교차하는 지점에 위치한 이 도시는 2세기경 앵글로색슨인들에 의해 성벽이 건설되어 성곽도시가 되었고, 9세기경 노르웨이 바이킹의 침입에 의해 도시 형태가 바뀌었고, 이어서 노르만족의 정복(1069) 이후 오늘에 이르기까지 외형적으로 큰 변화 없이 순탄하게 성장해 왔다. 허물어진 성곽과 네 개의 성문은 경주나 전주와 달리 완전히 복원되이 중요한 경관 요소가 되었고, 현재 산책·휴식 등 레크레이션용으로 이용되고 있다.

경주는 8세기경 최성기를 맞았지만, 요크는 14세기 중반에 들어와 최성기를 맞았고 전주는 그보다 뒤인 15세기에 들어와 도시의 모습을 갖췄다. 중세에 요크는 이백오십여 년에 걸쳐 요크 민스터(York Minster)라는 대성당을 짓고, 그 전후 오십여 개의 교구교회(parish church)를 세웠다. 요크시의 도시인구는 십일만 명 정도로서 경주 이십만 명의 반 정도이며, 전주는 행정구역 전체로 보면 육십만 명이 넘는다. 그러나 도심부의 규모는 세 도시 모두 비슷하다.

요크시를 대표하는 가로경관으로 관광엽서에 나타난 요크 민스터와 주변 가로경관의 전경.

요크의 가로경관은 대부분의 건물이 최근에 세워진 경주나 전주와 달리, 대체로 로마 시대에 계획된 가로 패턴을 그대로 유지한 채 중세부터 세워진 석조건물이 대부분을 차지하고 목조건물도 요소요소에 있어 고풍스러운 맛을 풍기고 있다. 많은 관광객이 항상 도시 중심부에서 북적대는데, 이들은 하나하나의 유적에 관심을 갖기보다 이들의 집합체로서 도시 전체의 분위기를 더 즐기는 것 같았으며, 유적의 보존도 점(點) 단위가 아니라 면(面) 단위로 이뤄져 일정한 면적을 가진 장소의 보존에 중점을 두고 있다.

설문 분석으로 본 두 도시의 이미지와 장소성

조사 경위

자유기술식으로 된 여덟 개의 질문과 인지도 그리기 설문조사를 경주와 전주에서 실시하고, 주요 장소에 대한 경관 분석을 했다. 경주에서는 총 쉰여덟 매, 전주에서는 총 일흔두 매의 응답지를 수집했는데, 이 중 경주는 여덟 명, 전주는 아홉 명이 인지도 그리기를 거절해 인지도는 각기 쉰 매와 예순세 매가 수집되었다. 이 중 남자가 두 도시 모두 과반수를 넘었으며 대부분 이십대에서 사십대 사이의 청장년층이었고, 또 십 년 이상 거주한 사람들이었다. 경주나 전주 모두 응답자들은 대부분 주민이었는데, 이것은 관광객이 드물기도 했거니와 관광객은 낯설어 설문에 응답하기가 어렵다는 등의 이유로 응답을 거절했거나 사양했기 때문이다. 설문결과를 물리적 요소, 활동적 요소, 그리고 의미적 요소의 '장소의 세 요소'에 따라 나누어 그 빈도수를 분석했다. 또한 인지도의 분석은 린치가 미국의 도시에 분석한 예를 따라, 응답자가 그린 인지도에 나타난 건물·도로 기타 경관 요소를 그 빈도수에 따라 50퍼센트 이상, 25-50퍼센트, 25퍼센트 이하 등 세 단계로 나누어 다섯 개의 도시 이미지 요소별로 도면화해 분석했다.

지각 · 인지 · 가치평가의 측면에서 본 경관 특성

경주시에 대한 즉각적인 지각의 측면을 보기 위한 '무엇이 보이느냐'라는 질

고분군과 도시경관이 어울려 있는 경주시가.

문에 답한 쉰여덟 명의 응답자들은 비교적 물리적 요소들을 주로 언급했는데, 이들 요소들에 대해 '깨끗한 도로'(6명) 등 간단한 의미를 붙였으며, 때로는 '사람'(2명)이 보인다는 반응도 있어 환경지각은 반드시 물리적 대상만이 아닌 성질이나 의미 그리고 활동적 요소도 포함된다는 것을 알수 있었다. 빈도수가 제일 높게 나타난 것은 '고분군'(17명)이었고, 다음 '문화유적'(14명) 전반에 대한 것이었다. 시내에 위치하지 않은 불국사나 보문단지도 나타났지만, 이를 예외로 한다면 첨성대·안압지·반월성 등은 상대적으로 낮은 빈도를 나타냈다. 이 고분군은 경주가 처음 형성되기 시작한 이래 천육백 년간 도시 내의 경관 요소로 자리한 것으로, 시각적 가시성 면에서 가장 두드러진다. 요크시에서는 요크 민스터라는 대성당이 제일 빈도수가 높았는데(64명 중 32명), 이 대성당은 시각적 우세성이나 역사적 중요성에서 경주의 고분군보다 더 두드러졌다.

한편 일흔두 명이 응답한 전주에서는 '풍남문'과 '객사' 같은 문화 요소, '완산칠봉'과 주변 산 등의 자연 요소 그리고 시가지 및 건물과 팔달로 등 일반 요소가 각각 고르게 나타나(7~9명), 경주시의 경우 고분군이 가장 높은 빈도수인 것과 비교해 전주시는 문화 요소가 큰 비중을 차지하지 못하고 있는 것으로 이해된다. 이 지각적 측면의 의미에 대해서는, 깨끗한 도시로서 응답이 많이 나온 경주와 달리 '차량 및 교통체증'(8명)이 많이 언급되었는데, 이것은 복잡한 도시, 혼잡한 차량 등 현재 지방도시 어디서나 겪고 있는 상황을 반영한 것이라볼 수 있다. 비록 빈도는 적지만 '전주부채'(2명)라는, 도시적 요소가 아닌 것이 전주의 도시적 이미지로 떠오른 것은 도시의 이미지가 반드시 물리적 요소로만 구성되지 않는다는 것을 다시 확인시켜 준다.

인지의 측면을 고려한 '무엇을 기억하느냐' 라는 질문에서는 경주의 경우 세 가지 요소가 모두 나타났다. 물리적 요소로서는 '경주의 문화재와 문화유적'(12 명)이 으뜸이었고, '고분군'(6명)은 이보다 빈도수가 적어 순위가 위의 경우와는 바뀌었다. 활동적 요소(사람 포함)와 관련해서는 '가족·친지·가정'(6명) 등 응답자와 친밀한 사람들이 등장했고, '깨끗한 도시·도로'(7명), '관광도시'(5명), '편안함·조용함'(2명) 등 경관의 의미에 관한 요소가 확실한 인지적 요소로 나타났다. 전주의 경우는 같은 물리적 요소들 중에서도 위의 경우와 달리 '풍남문'(8명)과 '경기전'(7명) 등 문화 요소들이 더 많이 언급되었고, '자연 요소(덕진공원)'(6명)와 '시가지(중앙동)'(6명) 등 일반 요소가 다음으로 빈도를 나타냈다. 풍남문은 옛 성곽의 유일한 흔적이자 호남 제일성으로서 도시의 중요한 위치에 자리해, 경주의 고분군만큼 강하지는 않지만 전주 제일의 랜드마크라 할 수 있다. 활동적 요소로서 '향토음식(비빔밥 등)'(6명)이 크게 부각된 것은 예로부터 알려진 대로 '맛과 멋의 고장' 전주의 이미지와 일치한다. 의미적 요소들로는 역시 고질적인 '과밀한 교통'(4명)이 문제로 남아 있지만, 총체적인 분

성벽은 파괴되고 유일하게 남은 전주의 풍남문(위)과 가로경관 속에 묻힌 전주 객사문(아래).

가로경관 속에서 랜드마크 역할을 하는 풍남문.

위기로서 '포근함·조용함·정겨움'(3명) '옛 모습·추억·고향'(3명) 등이 독특한 역사도시적 특징으로 나타나, 이 점에서는 역시 깨끗한 도시라고 응답한 경주의 경우와 유사하다. 보통 인지도 그리기에 주경관 요소로 나타나는 도로는 경주·전주 어느 경우에도 구어적 설문에는 거의 언급되지 않는다.

한편 요크시에서는 물리적 요소와 함께 가족이나 친지가 나타난 것은 유사했으나, 기억의 대상으로 '상점'(12명)이 많이 부각되어 우리나라의 경우와 차이를 보인다. 요크시의 상점들은 거의 전부가 치장이 잘된 거리에 있는 아담한 옛 건물들이었고, 거기서의 쇼핑, 먹고 마시는 것이 중요한 관광 거리여서 이런 행위를 통해 상점이 부각되는 것 같다.

가치평가와 관련된 '무엇이 중요한가'라는 질문에서는, 경주의 경우 어느 특정한 물리적 요소보다는 '문화재·유적'(31명)의 전반적인 중요성이 두드러졌고, 활동 요소는 물리적 요소와 유사했으며, 의미 요소들은 '옛 분위기·전통'(5명)의 중요성이 강조되면서 전통·보존·정비 등의 항목이 뒤따랐다. 전주의 경우는 물리적 요소에 대한 언급은 거의 없어 경주에 비해 상대적으로 역사도시적 이미지가 약한 것으로 판단된다. '인심·인정'(7명), '예의범절'(4명) 등 사람의 심성에 관한 사항이 많이 등장해 비록 도시에 관한 이미지이지만 그 속에 살고 있는 사람들의 정신적 측면의 중요성이 부각되었고, 의미 요소로서는 역시 '교통 및 주차문제 해소'(21명)라는 고질적 문제가 크게 부각되었으며, '전통문화의 중요성'(9명) 및 그 계승과 보존, 그리고 일반적인 도시 정비문제가 주로 해결해야 할 중심 과제로 부각되고 있어, 지방도시 거의 어디에나 있는 교통문제만 제외하면 경주의 경우와 유사했다. 요크시의 경우도 문화유산의 중요성이 강조된 것은 우리의 경우와 유사했지만, 앞서 언급했던 것과 같은 이유로 쇼핑의 중요성이 강조되는 점이 우리와 다르다.

조망경관 속에 보이는 경주의 고분군.

　이 세 가지 설문을 종합해 보면, 경주의 경우 고분·고적·유적 등 물리적 요소가 경주시의 이미지 구성에 중요한 역할을 하지만, 이들은 규모나 기능적 측면보다는 이들이 주는 역사적 문화적 의미가 강해서 그렇게 되었다고 보아야 할 것이다. 예컨대 십층 이상의 높은 오피스 빌딩이나 경주역·터미널 등 가시성이 높은 요소들은 그 의미가 약해 도시 이미지로 부각되지 못했다. 전주의 경우도 풍남문·경기전·완산칠봉·객사·덕진공원 등이 구어적 설문으로 파악된 도시의 주요 물리적 경관 요소이다. 현대 건물은 시가 구성이나 스카이라인으로 볼 때 매우 두드러짐에도 불구하고 전북일보사와 전주백화점이 두세 번, 시청·전동성당·도청·전주역이 한 번 언급되었을 뿐 전혀 이미지로 등장하지 않았다. 이는 역시 경주와 마찬가지로 이들 경관 요소가 가진 역사적 문화적 정신적 의미가 물리적 형태와 함께 도시 이미지 구성에 큰 역할을 한다는 사실을 증명하고 있다. 또한 경주와 전주에 공통으로, 설문내용이 지각에서 인지, 가치평가 쪽으로 갈수록 물리적 요소보다는 비물리적 활동 요소나 상징성 등의 의미적 요소가 도시 이미지로 강하게 부각되는 점도 주목할 필요가 있다. 이러한 특징은 부분적인 차이는 있지만 요크시에서도 유사한 결과로 나와 도시 이미지의 일반적인 성질이라고 보인다.

볼 만한 곳, 즐길 만한 곳 등에 대한 선호

주로 낮에 '볼 만한 곳'으로 꼽힌 순위는 '불국사'(30명), '보문단지'(23명), '박물관'(15명), '석굴암·왕릉·고분'(15명), 남산, 안압지, 반월성 등의 순으로서, 이 중에 시내에 위치한 것은 고분과 안압지·박물관 정도이고 대부분 경주시 외곽에 위치하는 것들이었다. 예상했던 결과이기는 하나 경주시 자체의 매력도는 거의 나타나지 않아, 요크시의 시내가 아름다운 가로경관 자체로 관광대상이 되는 것과 차이를 보인다. 전주시의 경우는 '덕진공원'(48명), '경기전'(12명), '박물관'(7명), 완산칠봉, 오목대의 순으로 나타났고, 이 중에서 시내에 위치한 것은 경기전과 오목대 정도이고 경주와 마찬가지로 대부분 전주시 외곽에 위치한 것들이 꼽혔다. 하지만 이들은 대개 문화 시설로서 전주시를 에워싸듯 가까운 주변에 위치해 있기 때문에 전주시 권역에 포함된다. 특히 덕진공원은 넓은 녹지와 호수, 다양한 공원 시설로 인해 매력도가 상당히 높은 것으로 나타났다.

다음 경주시에 주로 야간에 '즐길 만한 곳'에 대한 응답은 단일 장소로서 '보

요크시의 관광 코스 중 하나인 푸줏간 골목.

문단지'(25명)가 가장 두드러졌고, 그 다음 시내의 술집·다방·극장 등 여러 장소(총 21명)가 산발적으로 나왔다. 보문단지는 정책적으로 조성한 국제관광단지로서, 숙박 시설과 골프장 등 레크레이션 시설 중심으로 되어 있어 역사적 특성이나 전통적 분위기가 없는, '즐김'만을 위한 장소이다. 시내에 대한 반응은 다양한데, 술집, 다방, 극장, 호텔, 중앙통 네거리, 천마총 부근 등 특정의 장소를 지칭하지 않은 경우도 있고, 국빈관, 기린 가라오케, 성건동 카페,

궁전 나이트, 도투락 다방 등 특정장소를 언급하기도 했으며 단순히 도심 야경을 들기도 했다. 전주의 경우는 단일 장소로서 '덕진공원' (17명)이 '시내의 유흥업소' (15명)를 앞질러 여전히 우세했고, '향토음식점' (11명)이 다음으로

낙후된 경주시의 쪽샘 골목.

나타나 전주만이 갖는 독특한 맛의 문화가 있음을 느끼게 했다.

경주시의 '경관을 해치는 요소'에 대한 응답을 살펴보면 두 가지 요소가 두드러지는데, 그것은 '질이 낮은 건물들' (18명)과 '향락퇴폐업소' (13명)이다. 그 다음으로 교통문제, 공단 및 공장, 폭력배, 부랑인 등이 언급되었다. 가로경관을 구성하는 건물의 저질성에 대한 불만은 부조화, 정비 미비, 간판 난립, 저급한 숙박업소, 요사스런 분위기 등 다양한 표현으로 나타났다. 사실상 이 문제는 경주의 도시경관의 질적 문제 중 가장 심각한 것으로, 요크시가 바로 시내의 아름다운 건물들로 인해 명성을 날리는 것과 대조를 이룬다. 향락퇴폐업소의 문제는 사회적 풍조에 관련되는 문제이나, 이것이 도시경관의 저해 요인으로 인식된 것은 도시경관의 문제가 사회적 인자의 영향을 받는다는 사실을 입증한다. 전주시에서도 '낙후된 시내, 무질서' (29명), '소비성 유흥업' (9명)가 저해 요소로 나타나 건물의 질적 수준의 저하가 경주보다도 심각하다는 것을 알 수 있다. 이것은 또한 전주의 발전계획이 주로 시 외곽의 확장에만 관심이 있다는 것을 나타낸다. 다음으로 '소음과 공해' (6명), '불친절' (5명) 등이 언급되었다. 특히 아파트 같은 '고층건물' (4명)이 부정적 요소로 등장한 것은, 최근 대도시 근교나 소도시에까지 난립되어 주변의 자연경관을 해치고 있는 고층아파트에 대한 불만으로 이해된다. 또한 낙후된 시내와 무질서에 대한 불만은, 서울의 지점격인 은

행들, 교보빌딩이나 전주코아빌딩과 같은 분점 형태의 건물이 전주 도심의 주요 스카이라인을 점령함과 동시에 거주민의 초라한 건물이 도심 속에 혼재해, 중앙 도시 지향적이고 개성 없는 도시경관을 연출하게 된 것에 대한 것인 듯하다. 사실상 이러한 문제는 전주시의 도시경관의 질적 문제 중 가장 심각한 것으로, 재료, 구조, 형태, 관리 상태, 인접건물과의 조화 등 여러 면에서 지적된다. 또한 소비성 유흥업소에 대한 문제는 사회적 풍조에 관련되는 것으로서, 사회적 인자도 주요 요소임을 말하는 것으로 경주시에서도 똑같이 지적되었던 요소이다.

결론적으로 볼 만한 곳과 즐길 만한 곳에 대한 반응은, 그 도시가 삶의 장소로서 얼마나 매력이 있고 사랑받고 있는가, 즉 장소성이 있는가를 알려 준다. 이런 의미에서 경주 시가지나 전주 시가지 모두 시각적 질이 낮고 문제점은 많지만, 전통적인 문화유산이 전반적인 도시생활과 맥락을 같이하고 있으며, 문화유적과 주변의 자연경관에 대한 시민의 애착심을 고려할 때 삶의 장소로서 그 가치가 아직까지는 상당하다고 할 수 있다.

인지도를 통해 본 두 도시의 이미지

응답자가 그린 경주 쉰 개, 전주 예순세 개의 인지도에 나타난 여러 경관 요소를, 린치가 분류한 다섯 개의 경관 요소로[Lynch 1960] 나누어 그 빈도수에 따라 50퍼센트 이상, 25-50퍼센트, 25퍼센트 이하의 세 등급으로 나누어 표를 작성했다. 두 도시 어디에나 다섯 개의 구성 요소가 빈도는 다르지만 골고루 나타났는데, 이것은 어느 세계 어느 도시를 조사해 봐도 거의 유사한 결과이다. 두 도시 모두 공통으로 제일 빈번히 나타난 것이 표적물(landmark)과 통로(path)였고, 결절점(node)과 지구(district)는 상대적으로 약하게 나타났으며, 단(edge)은 거의 표현되지 않아 두 도시 모두 경계가 뚜렷하지 않은 모습을 보였다.

경주시의 경우 눈에 잘 띄는 요소인 표적물로 나타난 각종 건물은 빈도로 보아 '경주역'(46명), '대능원'(27명), '시청'(21명)이고 그 외의 유적들과 일반 건물이 비슷하게 빈도 25퍼센트 이하로 나타나 서술적 설문에서와 다른 양상을 보였다. 특히 경주역은 표적물로서만이 아니라 결절점으로서의 성격이 뚜렷이 부각되는 경관 요소로서, 일제시 철도와 함께 등장해 우리 생활과 떼려야 뗄 수 없는 기능을 가진 것으로 나타났다. 이와 같은 특징은 어느 지방도시나 공통적일 것이다. 대능원 등의 고분군 역시 인지도에 강하게 나타났고, 그 외에 노동리·노서리 고분군들은 지구로서 표현되어 그 역사적 중요성이 입증된다.

전주의 경우에는 '도청'(20명), '시청'(19명), '풍남문'(17명)이 25-50퍼센트의 빈도로 나타났고, 다음 객사·전주역·예수병원·전주백화점이 그 이하의 순으로 나타나, 설문에서 조사한 것과 달리 현대적 건물로서 그 기능이 공공적인 것도 중요하게 인지됨을 알 수 있었다. 경주시의 경우에는 경주역의 빈도가 매우 많아 역이 가장 중요한 역할을 했음을 알 수 있었는데, 전주는 기존의 역을 철거해 중심부 밖으로 이전했기 때문에 경주보다는 상대적으로 덜 인지된 것으로 보인다. 1986년 전주시가 사백십육 명의 대학생을 상대로 한 조사에 의하면 풍남문이 표적물로서는 가장 빈도가 많이 나타났는데(340명), 1997년의 조사에서 그 빈도수가 떨어진 것은 새로운 건물이 도심부에 여기저기 들어서면서 표적물로서의 풍남문의 중요도가 상대적으로 낮아졌기 때문인 것으로 판단된다. 그러나 풍남문은 교통의 요지에 있을 뿐 아니라 주변에 역사가 오래 된 남문시장이 있어 결절점이나 지구로서의 역할도 크기 때문에 사실상 매우 중요한 경관 요소로 봐야 할 것이다.

경주의 경우, 통행이 빈번한 선적(線的)인 경관 요소인 통로로서의 가로들은 인지도의 골격을 이루어 여러 중심부의 가로가 유사한 빈도로 나타났는데, 그 중에서 '화랑로'(43명)와 '원화로'(39명)가 제일 빈도가 높지만 태종로·계림로·금성로·포석로 등도 빈도가 25-50퍼센트 정도로 높다. 경주의 격자형 가로는 모두 신라 초기의 조방제(條坊制)에 의해 형성된 것으로, 긴 역사를 가지고 있고 그 식별성도 높다. 이 중심부의 가로 패턴은 전체로 지구적인 성격도 있어

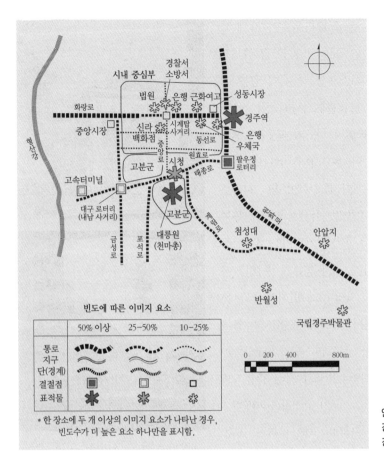

경찰서
소방서
시내 중심부
법원 은행 근화여고 성동시장
화랑로
경주역
중앙시장 신라 시계탐 사거리 은행
백화점 동선로 우체국
원효로 팔우정
로 시청 로터리
고분군 태종로
고속터미널
대구 로터리
(내남 사거리) 고분군
금성로 포석로 첨성대 안압지
대릉원
(천마총)

반월성
국립경주박물관

빈도에 따른 이미지 요소

	50% 이상	25-50%	10-25%
통로			
지구			
단(경계)			
결절점			
표적물			

* 한 장소에 두 개 이상의 이미지 요소가 나타난 경우,
빈도수가 더 높은 요소 하나만을 표시함.

0 200 400 800m

인지도에 나타난
경주시의
경관 요소 분포.

그 안에는 많은 표적물이 모여 있기도 하다.

경주의 경우, 주로 통로의 교차점에 형성되는 결절점은 전반적으로 빈약해, 겨우 '팔우정 로터리'(32명), '터미널'(17명), '내남 사거리'(13명)가 빈도가 높고, 빈도가 많을 것 같았던 '중앙시장'(10명), '성동시장'(10명)이 25퍼센트 이하로 표현되었다. 요크시의 경우 시내 여러 시장 광장(market place)들이 빈번히 꼽혀 시민의 사랑받는 장소의 역할을 했음을 나타낸 것과 비교가 되어, '서구에는 광장이 있는데 동양의 도시에는 이에 해당되는 것이 없다'는 것을 알려준다. 물론 경주역 앞 광장이 결절점의 역할로 나타나긴 했지만, 서구의 도시에

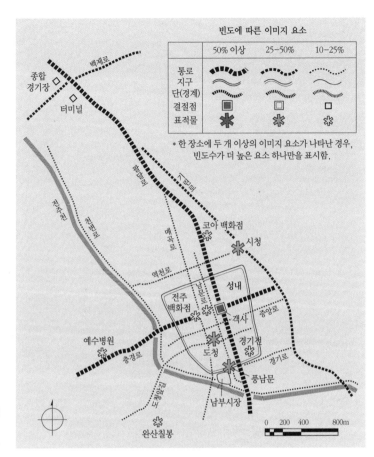

빈도에 따른 이미지 요소

	50% 이상	25–50%	10–25%
통로			
지구단(경계)			
결절점	■	◻	▫
표적물	✳	✳	✳

* 한 장소에 두 개 이상의 이미지 요소가 나타난 경우, 빈도수가 더 높은 요소 하나만을 표시함.

종합경기장
터미널
백제로
기린로
전주천
천변로
매곡로
역천로
코아 백화점
시청
남문로
성내
전주백화점
객사
중앙로
예수병원
도청
경기전
충경로
경기로
풍남문
도청앞길
남부시장
완산칠봉

인지도에 나타난
전주시의
경관 요소 분포.

0 200 400 800m

는 광장이 있고 동양의 도시에는 거리가 있다는 말이 이 인지도에 나타난다.

전주시의 통로로서의 가로들은, 도시 주변의 외곽부와 연결된 격자형 가로인 '팔달로'(56명)와 '충경로(혹은 관통로, 동서로라고도 표기함, 47명)'가 가장 우세하게 나타나 명료도가 제일 높다. 이 도로는 앞서 언급한 대학생 대상의 인지도에서도 똑같이 나타났다. 이 두 가로가 만나는 지점은 옛 성곽 중심부로서, 지구로서의 식별성도 포함해 전주의 골격을 이루는 중요 가로임을 알 수 있다. 다음 '백제로'(17명)와 '기린로'(19명)는 전주역 혹은 남원 등을 잇는 관통도로로서, 그 도로 기능상 높게 인지되는 것 같다. 과거 사대문 안의 중심가로였던

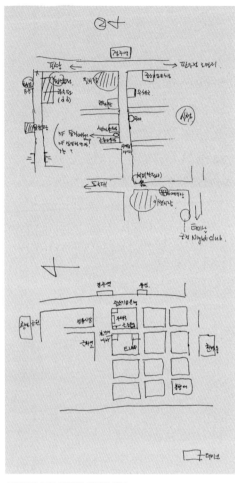

중앙로(동서 방향, 6명)와 남문로 (남북 방향, 11명)에 대한 인지는 후기에 개설된 충경로와 팔달로에 비해 역사가 오래 되었음에도 상당히 미약함을 알 수 있는데, 그 이유는 오래 된 도로 쪽의 활동은 점점 미약해져 가는 반면 팔달로와 충경로가 외부와 연결되면서 도로 폭이 넓어지고, 사람의 출입이 빈번해지고, 또 새로운 건물이 많이 들어섰기 때문이다. 그러나 역사성이 있는 중앙로와 남문로는 비록 도로는 좁고 조락해 보이기는 하지만, 문화와 예술을 느낄 수 있는 화랑·표구사 등이 있고 옛 건물이 많아 특징적 가로경관의 분위기를 느낄 수 있으며, 앞의 팔달로와 충경로의 십자로와 더불어 도심의 이중구조로서 서로

거주자가 그린 경주의 인지도 예들.

기능을 분담하면서 대조적인 가로경관을 연출하는 것같이 보인다.

전주의 결절점은 역시 팔달로와 충경로의 교차점인 '객사 주변' (47명)이 제일 빈도가 높고, 상대적으로 다른 도로의 교차점은 빈도가 적었다. 다음 '종합경기장' (13명)과 '터미널' (12명) 등 사람이 많이 모이는 곳이 결절점으로 인지되었는데 이것은 당연한 결과이고, 또한 '풍남문' (17명)과 '전주역' (14명)은 표적물이기도 하면서 결절점으로 인지된다고 볼 수 있었다. 비교적 단순하고 안정된 경주에서 경주역만이 크게 부각된 것과 대조를 이룬다.

도시의 가장자리 경계를 나타내는 단의 경우는, 경주의 경우 낮은 빈도로 '형산강'(4명)이 나타난 것 이외에 보이지 않고, 마찬가지로 전주의 경우에도 단으로서 유일한 하천인 '전주천'(9명)이 빈도가 낮게 나타났으며 그 밖에 거의 나타나지 않는다. 이렇게 경계 요소가 취약한 것은 두 도시의 이미지를 약화시키는 것이라고 판단된다. 모든 도시나 읍에 하나의 경계로서 자리하던 성곽들이 일제 강점기를 거치면서 거의 파괴된 것은, 우리나라 도시의 경계가 불명확하게 된 한 원인으로서 아쉬운 일이라 하겠다. 요크시의 경우 강한 성벽이 외곽을 둘러싸고 있

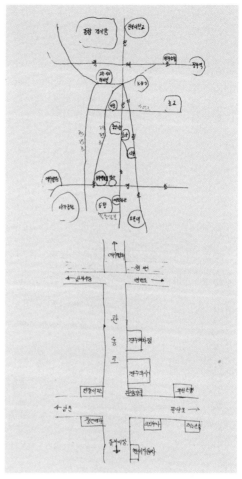

거주자가 그린 전주의 인지도 예들.

어 단의 성격이 뚜렷하고 성 안팎의 구분이 확실해 도시의 경계가 분명한 것과 비교된다.

앞에서도 언급했듯이 하나의 특징적인 동네나 구역을 나타내는 경관 요소인 지구는, 경주에는 역 앞 격자형의 중심가로가 나타났고, 전주시에서는 시내 중심부, 즉 '옛 성내'(26명)가 많은 빈도를 보여 두 도시 모두 중심부의 성격이 뚜렷했다. 특히 전주는 현재 성곽은 없어졌지만, 이 성내는 전주의 핵을 이루는

지구로서의 성격이 뚜렷하다고 볼 수 있다. 그 외에 '덕진공원'(11명), '전북대'(10명), '남부시장'(7명) 등이 나타났으며, 종합경기장도 지구적 성격이 있다고 보겠다. 흥미로운 것은, 대학생들의 인지도에서는 '교동·풍납동 한옥 지구'(102명)가 지구로서 가장 빈도수가 많았는데 여기서는 거의 나타나지 않았다는 사실로서, 이것은 세대간 인식의 차이일 수도 있지만 한옥 지구가 갈수록 조락해져서 십수년 사이에 문화적 가치가 감소한 데에도 그 원인이 있다고 보인다.

종합해 볼 때 두 도시 공통으로 구어적 설문과 달리 인지도에 여러 건물과 도로가 빈번히 나타난바, 이것은 설문 조사에서는 역사 문화 사회적 의미가 도시 경관의 이미지로 인식되는 반면, 인지도에서는 도시의 골격과 패턴을 구성하는 물리적 요소가 더 강하게 인식되는 차이에서 온 것이다. 이러한 특징은 요크시에서도 나타나, 이것은 도시에 대한 인간의 환경지각의 특징임과 동시에 도시 이미지의 일반적 성질이라고 생각된다.

별명으로 본 두 도시의 이미지

이름있는 도시들은 저마다 별명을 갖고 있어, 그 별명들은 각 도시의 이미지를 총체적으로 대변하는 역할을 한다. 그것은 도시 거주자나 방문자가 오랫동안 체험적 관계를 유지하는 가운데 자연스럽게 형성되기도 하고, 때로는 문학가나 언론인들이 그 도시의 명성을 높이기 위해 의도적으로 만드는 경우도 있다. 예컨대 '범죄의 도시, 시카고'처럼 본의 아니게 붙여진 것도 있다. 서울에 대한 한 여론 조사에 의하면 '서울' 하면 떠오르는 색깔이 '회색'이라고 답한 사람이 반을 넘었다.[시정개발연구원,1993] 서울에 대한 별명은 '회색도시'가 첫째를 차지했고, 둘째는 '교통지옥'으로서,[시정개발연구원,1994] 서울에 대한 이미지는 별명으로 볼 때 대체적으로 매우 부정적이라고 볼 수 있다.

쉰여덟 명 중 마흔여덟 명이 응답한 경주의 별명은 다양해 십여 개 정도가 나왔는데, 물리적 요소로서는 '무덤(고분)의 도시'(7명), '고적(문화재)의 도시'(6

명)가 두드러졌고, 기능과 관련해 '관광도시'(5명), 의미적 요소로서는 경주의 옛 이름인 '서라벌'(7명)이 등장했다. 그 외에 노천(천연) 박물관, 고도, 아담한 도시, 혼(魂)의 도시 등이 열거되어 주로 경주시의 긍정적인 측면을 대변했다. 반면에 응답자가 한 명뿐이지만 유령의 도시, 소비도시, 껍질뿐인 도시 등 부정적인 측면을 강조한 것도 있다.

경주에 대한 이러한 별명들은, 바로 이 도시가 지닌 총체적 이미지를 나타낸다. 관광도시, 고적의 도시, 서라벌 등은 대체로 예측했던 바이지만, 무덤의 도시가 부각된 것은 지금까지 구어적 설문과 인지도에도 나타난 것과 관련해 관심을 모은다. 종합적으로 볼 때 '무덤'은 경주시의 경관적 이미지와 깊은 관련이 있다고 보인다.

흔히 전주는 관광안내도나 홍보물 등에 '맛과 멋의 고장'이라고 선전된 것을 볼 수 있는데, 총 일흔두 명 중 별명을 거명한 마흔다섯 명의 응답자 가운데 이러한 별명을 지칭한 사람은 하나도 없었다. 물리적 요소와 관련해서는 '전통(문화재)의 도시'(8명), 활동과 관련해서는 '휴양도시'(4명)와 같은 평범한 응답이 나왔으며, 의미와 관련해서는 '무능한 도시'(6명), '조용한 도시'(5명) 등 의미가 상반되는 반응이 같이 나왔다. 그 외에 문화도시, 작은 도시, 양반도시, 교육도시 등 대체로 긍정적인 별명이 있었고, 한 개씩 산발적으로 나와 다소 즉흥적으로 간주되는 것으로는 회색도시, 녹도(綠都), 난장판, 밤의 여왕, 늙은이, 잠자는 호랑이 등 다양한 응답이 있다. 이들을 종합해 보건대 전주시의 별명으로서 하나로 집약되는 것은 보이지 않고, 다양한 표현으로 긍정적인 면과 부정적인 면이 모두 포괄된 것으로 이해된다.

전주에 관한 이러한 별명들을 경주와 비교해 볼 때, 경주의 경우 '무덤의 도시'라는 별명이 두드러져 도시의 물리적 요소가 별명을 만드는 한 요소가 된 것에 비해, 전주는 이러한 요소는 없고 여러 역사적 유물들이 종합되어 총체적 의미를 만드는 것 같다. 결국 이 도시는 어떤 특이한 요소가 지배하는 도시라기보다, 그저 평범한 지방도시로서 오랜 역사를 통해 뿌리 내린 장소적 특성이 삶 속에 내재되어 있어 은근하게 표출되는 것이 아닌가 한다.

두 도시의 경관 특성

경주는 긴 역사를 통해 형성되어 그 역사성과 문화유적의 측면이 크게 부각되는 도시로서, 시민들의 응답 과정에서 특히 시내의 무덤들이 큰 경관 요소로 부각되었다. 이 무덤들은, 경주시의 문화재를 개별적으로 지칭할 때 대표적인 것으로 지각·인지·선호도에 모두 나타났고, 인지도에서 표적물이나 지구로 표현되었으며, 별명에도 언급되었다. 무덤은 국내뿐 아니라 세계 어느 나라에도 없는, 경주만이 보여주는 경관 요소가 아닌가 한다. 볼 만한 곳에 관한 선호에서는 대부분 시내보다 경주 외곽의 고적들을 들어 시내 중심부 자체는 별로 매력이 없는 것으로 나타났다. 그러나 즐길 만한 곳은 즐기는 것을 목적으로 조성된 보문단지와 함께 시내의 여러 다양한 장소가 열거되어 시내의 역할도 비중이 큰 것으로 나타났다. 그러나 시내 가로경관에 대한 불만도 커서, 시내에서의 관광활동에 대한 욕구는 큰 데 비해 도시 시설은 이를 만족시켜 주지 못하고 오히려 저해하는 요인으로 지적됐다.

전주는 경주처럼 긴 역사를 통해 형성되었지만, 경주에 비해 그 역사성과 문화유적이 시민의 의식 속에 크게 부각된 것은 없었다. 그렇지만 풍남문·객사·경기전 등 몇 개의 크지 않은 문화유적들이 강하지는 않지만 시민의 의식 속에 역사적 의미로 자리해, 또한 이들은 모두 도심부 소위 사대문 안에 존재해 도심부의 경관 구성에 중요한 역할을 하고 있다. 또한 도심부 가까이에 오목대·완산칠봉·다가공원·덕진공원·기린봉 등 자연 요소가 인접해 도심부를 둘러싼 도시경관 요소로 자주 등장할 뿐 아니라, 시민들이 즐겨 찾는 장소가 되고 있다. 이런 면에서는 오히려 경주에 비해 도심부를 중심으로 볼 만한 곳과 즐길 만한 곳이 모여 있다. 다수의 문화재를 포함하면서 주변의 산이나 공원에 둘러싸인 현재의 중심부(사대문 안 성내)가 시민의 인지적 측면에서 가장 두드러진 장소로 부각되어, 역사문화도시로서의 전주의 총체적 이미지를 축약적으로 나타내고 있다.

그런데 바로 이 장소가 시민들의 설문 과정에서 드러났듯이 무질서와 교통혼잡에 시달리고, 주변 신개발 지역이 확대됨에 따라 조락해 가고 있다. 최근 서울시와 제주도를 비롯한 우리나라의 주요 지역에서 경관에 대한 관심이 높아지고, 도시기본계획의 수립시 부문계획의 한 요소로서 경관계획 수립을 기본 여건으로 하는 도시기본계획수립지침이 정부 차원에서 마련되면서, 전주시는 도시기본 계획을 수립하고 이에 두 개의 세부계획을 더해 경관계획을 수립한 바 있다.전주시 1995 하나는 난립되는 고층아파트군에 의해 주변의 산과 공원이 시각적으로 차폐되는 것을 방지하기 위한 고도제한에 관한 것이고, 다른 하나는 가로경관의 정비에 관한 것으로,전주시 1995a 그 대상은 신설 도로인 백제로와 화산로 및 그 주변 지역이다. 이 두 시도는, 만약에 이대로 실현된다면 전주시의 경관개선에 많은 도움을 줄 것이다. 그러나 전주시 도시계획이나 이들 경관계획은, 주로 새롭게 팽창되는 지역이나 도로에 관심을 둔 것이지 현재의 전주 도심부를 개선하는 것은 아니다. 이 연구에서 밝혔듯이 전주시의 핵심을 이루는 것은 도심부 옛 성곽의 사대문 안이고, 만약 전주시가 그 이미지를 높이고 역사성을 살린 관광도시로 탈바꿈을 하려면 바로 이 지역이 활성화해야 한다고 판단된다.

경주와 전주는 그 역사적 문화적 특성과 주변의 관광자원으로 해서 우리 모두의 사랑을 받는 도시이다. 이들 도시는 방문객에게는 매력과 즐거움을 주는 도시이지만 거주자에게는 삶의 터전이다. 이들 도시가 역사관광도시로서 면모를 갖추려면, 무엇보다도 도시 자체를 활성화하고 도심부의 가로경관을 크게 향상시켜 장소성을 높여야 한다. 도심부를 살리는 일은 이를 관광자원으로 활용하는 표면적인 효과도 있지만, 그보다 근본적으로 거주자의 생활 수준을 향상시키고 도시 전체의 삶의 질을 높이는 데 중요한 효과가 있는 것이다. 예컨대 경주의 경우, 시내 주요 가로를 보행공간화하고 전통 감각과 어울리는 현대 건물을 도입하며 간판과 사인을 세련시키는 한편 경주 특유의 문화활동을 활성화하는 방안도 있고, 전주의 경우는 읍성의 중심 십자로인 남문로와 중앙로를 역사가 읽히는 문화거리화해 건물과 가로의 질을 향상시키고 각종 문화 이벤트를 창출한다든지, 고유의 향토음식을 개발해 바로 이 장소에 입지시킨다든지 하는 방법도 있다. 그러나 두 도시 모두 근본적으로 중요한 것은, 현재 살고 있는 시민의 생활의 질을 향상시키고 이들로 하여금 적극적으로 도시문화와 이미지 창출에 참여토록 하는 방안을 강구하는 것이다.

3. 이미지 창출과 장소 만들기로 본
우리 도시경관 가꾸기

도시경관 가꾸기

우리나라도 서구나 일본과 마찬가지로 살기 좋고 아름답게 도시를 가꾸는 문제가 관련 분야를 중심으로 구체화하고 있다. 경제 사정이 나아지고 소득 수준이 높아짐에 따라 정신적 문화적 풍요로움을 기대하게 되고, 빈번해진 국제 교류와 통신 수단의 발달로 도시는 국제화·세계화해 가고 있으며, 좋은 도시환경에서 산다는 자부심을 가지려는 욕구 등으로 인해 도시경관을 가꿔야 한다는 공감대가 형성되고 있는 것이다. 더구나 '지속 가능한 도시 개발'의 개념 속에는 자연환경과 생태의 보존뿐 아니라 바람직한 마을 만들기, 도시경관 가꾸기도 포함되어 있다. 우리나라에서 도시경관에 대한 관심은 서울시에 처음으로 도시경관을 관장하는 부서가 생기고(1991), 그로 인해 경관심의제도가 시행되어(1992) 일정규모 이상의 아파트 단지는 심의를 받도록 했고, 도시설계심의제도, 광고물 심의제도 등이 운영된 것으로 시작되었다고 볼 수 있다. 근래 건축·도시 계획 관련 부서에서 도시경관 관리에 대한 정책 개발을 서두르며, 각종 시민단체에서 직간접으로 도시경관에 대한 정책 결정에 관여하는 추세에 있는 것을 보면, 도시를 경관적으로 보아야 한다는 인식이 팽배해 있음을 느낀다. 제주도는 경관영향평가에 관한 규정을 우리나라 최초로 만들었고, 서울은 물론 부산·전주·진주·대전·군산 등 여러 지방도시에서 도시경관 관리계획을 수립했다. 21세기를 맞이해 새롭게 개정된 도시계획법은(2000) 지역 지구제에 '경관 지구'를 신설해, 각 지자체마다 실정에 맞게 경관 지구를 조례로 정할 수 있게 했다. 이는 처음 도시계획을 세울 때부터 도시경관을 고려할 수 있는, 획기적인 발전이라 하겠다.

도시를 경관적으로 본다는 것은 각기 다른 전문 분야별로 고려해 온 입장과는 전혀 다르다. 현재까지의 도시계획이 부문별·과제별 계획이었던 데 반해 경관계획은 공간 단위의 종합계획이다. 도시경관은 총체적으로 보이거나 느껴지는 도시의 모습으로서, 그 구성 요소가 건물이든 도로이든 나무든 간판이든 간에 함께 결합해 하나의 장면을 구성하는 것이다. 경관과 관련되는 일을 관장하는 서울시의 행정부서를 보자면 건축·토목·도시계획·재개발·주택·문화재·도로·교통·공원·녹지·위생·소방 등 아니 걸리는 데가 없다. 도시경관 관리는 말 그대로 '관계의 예술'이라고 할 수 있다. 도시를 구성하는 여러 요소들 사이의 상호 관계가 중요하고, 이들이 모여서 만드는 전체적 특성을 체험할 때 우리에게 느껴지는 '장소로서의 분위기'가 관심의 대상이 된다. 도시경관 계획이란 이러한 제반 요소들을 상호 조화롭게 관련시켜, 도시가 바람직한 이미지로 체험되도록 유도하는 계획이라 볼 수 있다. 경관계획은 지금까지 건축법이나 도시계획법이 지향하고자 했던 최저 수준의 환경 목표 달성이 아니라, 21세기를 향한 새로운 도시문화 창출을 위한 미래지향적인 계획이다. 여기서는 필자가 관심을 가지고 고찰한 이미지와 장소성의 개념을 가지고

선샤인 빌딩에서 내려다본 도쿄.

우리의 도시경관을 어떻게 가꾸는 것이 바람직한가를 논하고자 한다.

도시가 우리에게 주는 이미지 혹은 고유의 분위기는 그 도시가 갖는 시각적 요소의 물리적 특성에서 오는가 아니면 사회적 특성에서 비롯하는가 하는 것은 도시에 따라 다르다. 밀그램은 뉴욕·런던 그리고 파리의 세 개 도시를 이런 면에서 비교한 바 있다.^{Milgram 1970} 즉 뉴욕은 높이 솟은 건물, 빠르게 흐르는 자동차 등 물리적 속성이 두드러져 런던이나 파리와 다르게 느껴진다고 했고, 런던의 인상은 런던 사람들을 비롯해 런던이 지닌 사회적 특성이 물리적인 요소보다 이미지에 영향을 준다고 했으며, 파리는 물리적 요소와 사회적 요소가 같은 정도의 영향으로 작용해 파리의 특징을 나타낸다고 했다. 이 견해를 일반화해서 보면 물리적 요소는 도시의 시각적 이미지에 보다 영향을 주고, 사회적 요소는 그 도시 혹은 그 도시 어느 부분의 장소성과 관계가 깊다고 말할 수 있지 않을까 생각한다. 어쨌든 유명하다고 알려진 세계의 많은 도시들이 물리적이든 사회적이든 그 도시만이 가진 특색이 있어, 거기 사는 사람들이 자부심을 느낄 뿐 아니라 방문객들로 하여금 찬사를 보내게 하는 것이다.

앞에서도 언급했듯이 필자는 여러 외국의 도시들을 체험하면서, 우리나라의 도시들은 왜 이처럼 초라하고 빈약하면서 어떻게 보면 서구나 미국 도시의 아류 비슷한 인상을 주는지 의문을 품은 적이 한두 번이 아니었고, 이에 대한 스스로의 반성으로 혹여 내가 그들이 도시를 보는 시각, 다시 말하면 서구적인 편견을 가지고 보는 것은 아닌가 자책도 했다. 요즈음 같은 세계화의 시대에 외국의 여러 도시들을 넘나드는 사람들의 눈에는 우리의 도시들이 초라하게 보이지만, 그 도시에 사는 사람들의 입장에서는 삶의 터전이요, 그 나름의 공간 질서가 존재하며 애착을 가지고 도시생활을 영위함에 틀림이 없을 것이다.

일본의 건축가 아시하라는, 아름다운 돌과 벽돌 건물이 가득 찬 유럽의 도시와 여러 면에서 서울과 닮은 도쿄 사이의 격차에 주목해 연구결과를 발표한 바 있다.^{Ashihara 1992} 그 결과 서구의 도시는 '눈에 띄는 질서(explicit order)'가 있는 반면 도쿄에는 '보이지 않는 질서(hidden order)'가 있어 그 모습을 달리하며, 서구의 건축은 형태 위주의 '벽'의 건축으로 구성된 데 반해 도쿄의 건축은 '바닥'의 건축이어서 용도에 따라 수시로 변환이 가능한 아메바 같은 도시라고 해석했다. 파리처럼 아름다운 가로경관은 보이지 않지만, 숨어 있는 질서를 찾아 이를 특성화하면 도쿄 고유의 개성있는 경관이 나타난다는 것이다. 보는 방법이야 어떻든 모든 생명체는 '적절한 시간에(at the right time), 적절한 장소에(in the right place)'Gallagher 1993 살기 마련이다. 우리의 도시도 바로 우리들의 삶이 만든 도시일 것이며, 따라서 도시 나름의 방법과 시각으로 고유의 정체성을 찾아내는 일이 중요하다고 생각한다.

이미지 창출과 장소 만들기

도시의 경관은 관찰자와 대상의 관계에 따라 멀리 보는 원경(遠景)과 가까이 있는 근경(近景) 두 가지로 나눌 수 있다. 이 두 유형은 경관 관리를 위한 유형 분류의 편의상 조망형 경관과 환경형 경관으로 나누기도 하는바,시정개발연구원 1993 전자는 넓은 면적을 조망하는 광역적 경관이며 후자는 도시 내부에서 보는 작은 면적의 지구적 경관을 말한다. 원경은 보는 사람과 떨어져 있어 쉽게 도달할 수 없는 거리에 있는 경관으로서, 멀리 있는 산, 산에서 내려다 본 도시, 강변에서 보는 높은 건물군의 스카이라인이나 실루엣 등을 말

관광엽서에 나타난, 산이 스카이라인을 이루는 서울 전경.

하며, 근경은 바로 관찰자가 서 있는 곳과 물리적 기능적으로 연결되어 있는 경관으로서, 가로경관·파사드로 느껴지는 건물 혹은 광장이나 공원 등이 이에 해당된다. 근경과 원경 사이의 중간 정도에 해당되는 중경(中景)을 가정할 수 있으나, 대체로 근경의 연장선상에 있는 경우가 많으므로 중경은 근경에 포함시켜 생각한다. 예컨대 가로경관 축선상에 조망할 수 있는 산이 있는 경우에는 근경·중경·원경이 연속된 경관유형으로 볼 수 있다. 도시경관을 체험하는 측면에서 이

시카고 최고의 높이를 자랑하는 시어스 타워.

를 본다면, 원경에 해당하는 경관은 주로 물리적 요소의 시지각(視知覺)에 의한 도시의 이미지에 깊이 관계하고, 근경의 범주에 들어가는 경관은 시지각과 아울러 실제로 몸을 움직이면서 체험하는 사회적 기능도 있어 장소성의 측면이 강조된다고 생각한다.

시각적 측면에서 도시의 이미지에 영향을 주는 것은 전망 좋은 시점에서 '원경'으로 보는 도시 전체나 부분의 모습, 혹은 스카이라인이다. 유럽의 오랜 도시에서는 성당과 교회의 뾰족한 탑들이 스카이라인을 지배하는 시각적 요소라면, 미국의 큰 도시나 세계 여러 나라의 현대도시들은 업무 상업적 용도의 고층 건물군이 마천루를 형성해서 도시의 이미지를 상징적으로 대변한다. 예컨대 런던의 세인트 폴 성당, 로마의 피에트로 성당, 피렌체의 두오모(Duomo) 그리고 미국 뉴욕의 엠파이어 스테이트 빌딩이나 무역센터, 시카고의 시어스 타워를 비롯한 중심부, 소위 '루프(loop)' 내의 건물군 등 몇 가지 예만 들더라도 도시 중심 지역에 이렇게 시각적으로 두드러진 경관 요소가 도시의 상징으로서 도시의

이미지에 관여하고 있음을 알 수 있다. 스카이라인으로 보아도 이 건물들이 있는 도심부가 높고 주변은 낮은 '볼록형'을 이룬다.

서울을 비롯한 우리나라 도시들의 스카이라인은 어떠한가. 언뜻 보아 매우 혼란스럽게 보일지 모르지만 우리 도시들의 스카이라인을 점하고 있는 것은 산이다. 산이 많은 것은 이미 도읍(都邑) 풍수나 국도(國都) 풍수에 따라 도시의 입지를 정할 때 도시를 수호하는 진산(鎭山)을 정하고 도시가 들어앉은 이유도 있

외인아파트 폭파 전의 남산(위)과 폭파 후의 남산(아래).

지만, 지형상 산이 많은 지리적 조건도 그 이유가 될 것이다. 도시의 이미지로서 산의 중요성은 시민의 의식 조사에서도 나타났다. 시정개발연구원이 조사한 서울의 경관 이미지 조사에서 서울을 대표하는 경관으로서는, '남산'(39.1%), '한강'(26.1%), '육삼빌딩'(22.3%)의 순으로 나타났으며, 서울을 연상하는 이미지에 대한 외국인들의 의식 조사에서는 남산·남대문·한강·올림픽·교통정체·고궁의 순으로 나타났다.『조선일보』 서울의 각 자치구를 대표하는 경관에 대한 시민의
　　　　　　　　　　　　1994. 5. 4
의식 조사에서도 전반적으로 산·공원·공공건물·대학교·궁궐의 순으로 나타나윤인규 1993 여러 조사결과가 유사함을 알 수 있다. 2000년까지 수년에 걸쳐서 시 주도하에 백여만 평 규모의 남산에다 남산 제모습가꾸기 운동을 하고, 정도 육백 년을 기념하여 남산 외인아파트를 폭파해 우리나라 도시경관의 역사상 획기

적인 이정표를 만든 것
도 이 산을 산답게 바라
볼 수 있도록 하여 도시
의 이미지를 높이자는
시도의 하나이다.

전주시 주변 산과 위압적인 아파트 건물.

그러나 이러한 산들이
무모한 주택단지 개발에
의해 무참히 잘려 나가
고 있다. 서울의 내사산
과 외사산은 어느 정도 보존되었다고 해도 그 외에 소규모 산들은 고층아파트에
의해 거의 전부 시각적 전망을 잃었으며, 지방도시에서는 도시 주변 산자락에
이십층도 더 되는 고밀도의 아파트군들이 들어서 도심부보다 더 높은 스카이라
인을 형성하고 있다. 예컨대 아름다운 산들로 둘러싸인 전주는 이들 산의 전망
을 살리기 위해 시뮬레이션을 통한 연구로 전망 여건에 따라 오층에서 십층 정
도로 아파트 층수를 규제하고자 하는 제안도 내놓고 있지만,^{전주시 1995} 개발업자
들의 수지 타산, 입주자들의 이해 타산 등의 압력으로 효과적인 규제 수단이 되
지 못한 실정이다. 이러한 '오목형' 스카이라인, 주변부가 도심부보다 더 높고
위압적인 도시경관은, 이미지 창출이란 면에서 인상적이지도 않고 자연스럽지
도 않고 오히려 꼴불견이다. 이제 우리 도시 고유의 스카이라인을 살리기 위해
서는 산을 어떻게 다룰 것인가를 심각하게 생각해 보아야 할 것이다.

근경으로서의 도시경관은 눈 높이에서 보는 경관으로 가깝게 지각될 뿐 아니
라, 우리가 활동하는 공간 자체를 포함하고 있어 우리 일상적인 생활과 직접 관련
되어 있다. 세계 어느 나라의 도시를 가 보아도 명물로서 소문난 거리가 있어 '이
러이러한 거리는 이 도시에 온 이상 반드시 보아야 한다'는 안내가 있을뿐더러,
그 거리는 방문객은 물론 시민에게도 사랑을 받는다. 그러한 명성에 맞게 건물도

은평구가 계획한 '걷고 싶은 거리 만들기' 조감도.

멋있게 치장하고 가로등과 가로수도 잘 들어서 거리 전체의 미관이 뛰어나면 그 거리는 더욱 빛이 난다. 실제로 이름난 거리들—파리의 샹젤리제, 뉴욕의 타임스 스퀘어, 싱가폴의 리처드가(Richard Street) 등 수많은 예를 들 수 있다—은 그렇게 꾸며 놓았고, 쇼핑을 위해서건 야경과 밤의 환락을 즐기기 위해서건 사람들은 꼬이게 마련이다. 이러한 장소들은 체험적 측면에서 장소성이 뚜렷한 명소라고 할 수 있다.

이렇게 장소성을 살리면서 시각적 효과를 높이는 방법으로 서울시는 강북의 경복궁에서 강남의 예술의전당에 이르는 도시 상징 경관축을 계획한 경우도 있고, 이태원과 같이 외국인의 출입이 빈번한 상가 지역을 특정한 쇼핑 거리로 만들려는 시도도 있었다. 그러나 관심이 가는 것은 도심부의 활성화에 대한 것이다. 도심부 내 문화 및 예술활동을 촉진시키고 이를 뒷받침하기 위해 문화 시설물을 건축함으로써 도시에 활기와 활동성을 증가시킨 사실은 외국에도 좋은 사례들이 이미 많이 있다.

1990년대에 들어와 일기 시작한 '문화의 거리' 조성사업에 대한 열기는, 지자체가 실시되면서 자치구마다 경쟁적으로 문화의 거리 만들기 붐이 불 정도로 확산되고 있다.『중앙일보』1995.9.17 서울의 청담동 화랑가를 중심으로 청담동 미술제를 열어 화랑의 거리로 한다든지, 아리랑의 전설이 담긴 성북구 아리랑 길을 영화의 거리로 특화한다든지,『환경과조경』1999.6 암사 유적지와 천호 사거리를 선사문화의 거리로 조성한다든지, 인사동을 비롯한 일대 문화재를 엮어 전통문화의 거리와 역사탐

방로로 한다든지 하는 각종 프로젝트들이 정부 주도로 계획되고 시행되어 온, 거리의 장소성을 높이자는 사례들이다. 이 거리들은 서울의 외세 문화 거점으로 부상하고 있다.「한국일보」영화와 애니메이션에 집중적인 투자를 하고 있는 부천은
1999. 7. 7
국제 판타스틱 영화제를 매년 열고 있고, 과천은 마당극 축제를 통해 공연 축제의 도시로 떠오르고 있다. 부산도 남포동 자갈치시장을 중심으로 열렸던 자갈치 축제를 문화 축제로 영역을 확장해 개최했고,「중앙일보」전통적인 도예문화가 발달
1995. 10. 17
했던 경기도 이천·여주·광주를 묶어 도예문화의 트라이앵글로 만들겠다는 계획이 세워지는 등 이러한 분위기는 지방까지 확산되고 있다. 가야의 고도 김해 는 가야의 정신과 문화를 담은 문화의 거리를 조성했다.「환경과조경」이와 같은 지
1999. 5
방의 의욕적인 사업 추진을 보면, 지방도시가 더 여건이 좋을 뿐 아니라 여러 가지 어려운 사정이 많은 대도시를 앞질러 가는 경향이 있음을 알 수 있다.

서울시는 기존 가로를 특화함으로써 '걷고 싶은 도시 만들기' 사업을 의욕적으로 추진하고 있다. 이미 추진해 오고 있었던 문화의 거리, 역사문화탐방로, 조망가로, 상징가로 및 시범가로, 낙엽의 거리 등 특색있는 거리를 조성하여 보행의 삼불(三不, 不安·不便·不利)을 보행의 삼편(三便, 便安·便利·便益)으로 전환한다는 것이다. 시범가로 세 개소, 자치구 이십오 개소를 선정해 21세기를 맞이하면서 실천에 옮겼다. 예를 들면 이미 조성되어 반응이 좋은 덕수궁 돌담길을 연장해 소공동 지선길을 걷고 싶은 녹화거리로 만든다든지, 동대문구의 경우 기존 공원과 중랑천 제방을 연계시켜 7.2킬로미터에 이르는 녹지순환길을 만드는 계획이 추진되고 있는 등 서울시의 모든 구가 경쟁적으로 특색있는 가로환경을 만들었다. 21세기를 열어 가는 시점에서, 지속 가능한 도시환경의 창조의 일환으로 모두 바람직한 시도라 하겠다.

그러나 이러한 시도들이 정부의 행사나 상인들의 사업성 위주로 계획되고 실천된다면, 진정한 의미에서의 도시 이미지 창출과는 멀어질 수밖에 없다. 또한 이것이 방문객이나 관광객을 위한 단순한 구경거리의 제공을 목표로 한다면 그것은

일과성으로 끝나 버릴 우려가 있다. 어느 장소에 대한 우리의 감정은 상당기간 지속적이고 일상적인 접촉에 의해 형성되고, 그러한 복합적인 장소의 체험을 통해 장소성이 부각되므로, '진솔한 장소 만들기(authentic place making)' Relph 1976 는 이러한 체험을 바탕으로 추구되어야 할 것이다. 눈에 띄는 외형적 아름다움만을 찾기보다는 내재하는 독특한 분위기에 귀를 기울이고, 방문객의 일시적인 호기심을 만족시키기보다는 그 속에 오래오래 살아갈 사람의 생활과 의식구조에 걸맞은 장소를 만들고, 단순한 기능의 추구보다는 정신적 심리적 만족을 줄 수 있는 도시 환경의 창조를 목표로 해야 할 것이다.

우리 도시경관 가꾸기를 위한 몇 가지 제언

지방도시인 정주가 경관과 특산품을 중심으로 우리나라에서 처음으로 시상(市象, city image) 정립에 나섰고, 충주와 경북 고령군은 정체성 회복을 위한 뿌리찾기 논쟁에서 각기 가야금의 명수 우륵의 본고장이라고 주장하고 있으며, 서울의 변두리 도시 구리시는 역사의 숨결이 생동하는 '소년도시' 「조선일보」 1993. 3. 27 로 탈바꿈을 시도하고 있다. 또 서울은 역사와 문화를 국제적인 도시로 바꾸기 위해 '서울팔경'을 조성하기로 했고, 「조선일보」 1995. 2. 14 한강 연안을 대대적으로 정비하면서 상암동 축구경기장 일대를 21세기에 어울리는 밀레니엄 파크로 만들고, 그 한복판에 평화공원을 조성한다. 이러한 것들은 도시의 이미지를 높이기 위한 여러 가지 시도의 몇 가지 예에 지나지 않지만, 이제 자치시대를 맞아 서울은 서울 나름대로 국제도시로서의 정체성을 추구하고, 지방도시는 그 나름으로 서울과 차별화한 이미지를 찾아야 하는 시점에 왔다. 필자는 두 가지 측면에서 이러한 도시경관 가꾸기의 방향을 제시하고자 한다. 하나는 보다 적극적인 방법으로서, 몇 개의 큰 구경거리를 만들어 미래지향적인 시각적 상징물을 창출하는 것이고, 또 다른 하나는 지역의 전통과 특성을 부각시켜 그 독자적인 고유의 장소성을 발굴하는 것이다.

첫째로 도시의 이미지 혹은 장소성은, 시각적인 상징의 설정과 대형 프로젝트 기획에 의해 본격적인 효과를 높일 수 있다. 이 방법은 정부나 기업 등의 적극적인 관여와 투자에 의해 의도적으로 도시의 상징물을 만드는 것이다. 졸속한 기획이라고 비난받은 하남 환경박람회나 속초 관광 엑스포가 이러한 예가 될 수 있다. 일과성 행사 위주로 이미지를 높이는 이러한 방법은 일시적인 효과밖에 없고 도시경관 향상과는 거리가 멀다. 현재 시카고·뉴욕·상하이 혹은 콸라룸푸르에서 벌어지고

팜플렛에 나타난, '대형 기획물 사업'에 의해 세워진 라 데팡스의 대형 아치.

있는 세계 최고 높이 건물 건설에 대한 경쟁이나, 2002 월드컵을 대비해 서울 상암동에 축구경기장을 짓는 것같이, 특정 지역을 집중적으로 개발하는 것도 좋은 효과를 가져올 것이다. 아름답다고 알려진 파리에서 미테랑 대통령은, '대형 기획물(Grand Projets) 사업'을 추진해 세계적인 건축가들에 의한 최첨단의 기발한 건축물을 파리 요소요소에 세움으로써 파리의 도시경관을 일신시켰다. 루브르 박물관과 라 데팡스를 잇는 경관축만 보아도, 루브르 박물관 중정에는 수정 같은 유리 피라미드를 설치해 우중충한 고건물에 신선미를 주었고, 지하에는 역피라미드를 도입한 지하 문화공간을 설치했으며, 샹젤리제 거리에는 지하에 주차장을 마련하면서 보행 및 휴식공간을 확장했고, 라 데팡스 경관축의 끝부분에는 백십 미터나 되는, 속이 빈 정육면체의 대형 아치를 설치해 '세계를 향한 창'으로서 파리의 새로운 상징이 되게 했다.

오늘날의 경관은 과거의 도시나 건축이 지녔던 단순한 의미와 상징에 견줄 만한 뚜렷한 상징이 없으므로, 이런 대형 프로젝트에 의해 새로운 의미와 상징을

창조해야 할지도 모른다. 예컨대 육삼빌딩, 예술의전당, 전쟁기념관, 또 앞으로 용산 가족공원 내에 들어서게 될 중앙박물관 등의 문화 시설물들의 등장이 서울에 변화와 자극을 주는 경관 요소가 될 것이다. 그러나 바람직한 미래의 도시 상징물은 경제 일변도의 상업주의의 상징이어도 안 되고, 강요된 권력의 시녀가 되어서도 안 되며, 바로 인간 자신과 인간문화, 조화롭고 지속 가능한 환경을 솔직하게 나타내는 것이어야 할 것이다.

위의 방법이 시각적 상징물을 창조해 도시의 이미지를 높이는 방안이라면, 두 번째는 장소 만들기에 의해 특정 지역을 명소로 만드는 방안이다. 진솔한 장소 만들기는 지역적 특성을 찾아내어 이를 반영하는 것이다. 이를 위해서는 지역주민·기업·단체 등 지역사회 구성원의 역할이 매우 중요하다. 정부 주도의 하향식 장소 만들기는 지역사회의 활력을 말살하기 쉬우므로, 그 지역의 생활양식·전통·역사·산업활동 등 모든 지역문화를 총체적으로 파악하고 이를 토대로 구성원들의 합의와 참여를 통해 상향식으로 시작해야 성공할 수 있다. 일본에서 과거 수십 년간 여러 도시에서 실천해 온 마을 만들기, 즉 '마치 즈쿠리(まちづくり)' 운동이 좋은 예이다. 우리나라에도 근래 신촌 문화의 거리 조성사업이 이와 유사한 체제로 시행되었다. '이대 전철역–신촌 로터리–이화여대 입구' 일대 십만여 평을 대학가 문화환경으로 조성해 문화공간을 확충하고 신촌 문화축제 등 지역 문화행사를 활성화하자는 것인데, 인근의 연세대와 이화여대 등 다섯 개 대학, 인근 상인, 지역 주민이 발기하고 자치구가 적절하게 뒷받침하는 양상으로 시작되어 우리나라 문화의 거리 조성사업의 색다른 선례를 남기고 있다. 고리타분한 것같이 보이는 전통과 역사, 지저분하고 초라하게 보이는 현재의 생활 패턴을 있는 그대로 받아들이고, 살려내고, 정성껏 가꾼다면 이것이 바로 우리 도시에 맞는 장소 만들기가 아닌가 한다.

시각적 이미지와 장소성을 동시에 추구한 프로젝트의 하나로는, 필자의 경관 연구팀이 수행한 서울의 조망가로조성계획을 들 수 있다.^{서울시 1998} 앞의 글에서

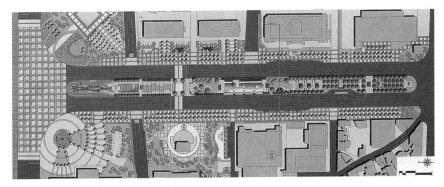

세종로 경복궁 앞 조망가로조성계획도, 1999.

여러 번 밝혔듯이 서울의 스카이라인은 중요한 산들이 차지하고 있다. 산을 조
망자원으로 시각적 관리를 하여, 산으로 둘러싸인 원형경관의 모습을 찾고, 나
아가 서울의 정체성을 회복하고, 아울러 가로를 활성화해 볼거리를 제공하는 경
관특성가로로 명소화하자는 것이다. 연구 과정은 자원 현황을 파악해 조망대상
산을 선정하고, 그 조망 특성을 분석해 조망 지점을 설정하고, 산이 잘 보이는
조망가로를 선정해 이를 조망 조건에 따라 유형화하고, 끝으로 경관제어 및 가
로정비 등 조성방안을 수립하는 것이었다.

　특히 경복궁과 북악산·북한산을 바라보는 세종로 조망가로는 우리나라의 국
가 상징가로로서, 필자의 연구팀은 기존에 있던 가로 중앙의 좁은 녹지대의 수
목을 제거하고 녹지 폭을 넓혀 전망은 물론 상징광장으로서의 성격을 갖도록 하
는 안을 제안했다. 이 경관연구팀은 후속 연구로서 서울의 주요 산에 대한 경관
풍치보전계획을 수립해 고도제한을 통한 조망경관 확보를 기본으로 하는 경관
관리의 틀을 마련했다. 이미 실천하고 있는 남산에 대한 '점'으로서의 경관 관
리로부터, 조망가로 조성에 의해 '선'으로서의 경관 관리를 수행하고, 나아가
전반적인 산에 대한 '면'적인 관리에 의해 '점-선-면'으로 연결되는 종합적인
관점에서 서울의 이미지를 제고하려는 것이다. 이러한 일련의 프로젝트는 파리
같이 대형 프로젝트를 과감하게 실천하는 단계까지는 이르지 못하지만, 우리 나

름의 득색을 찾아내어 도시경관을 살릴 수 있는 방안의 하나라고 보인다.

우리의 도시경관을 향상시키고 이미지를 높이는 방안은, 우리 도시에 대한 적절한 평가를 기초로 우리의 철학과 정서를 가미한 방법을 전제로 해야 할 것이다. 우리 전통에서 나온 것만으로도 안 되고, 과거의 것을 답습해도 안 되고, 그렇다고 서구의 도시를 모델로 해서도 안 될 것이다. 그것은 바로 우리의 우리다운 맛, 과거로부터 현재를 거쳐 미래로 향한 도시경관의 한국성, 그 정체성과 보편성을 추구하는 것이어야 할 터이다.

제3장
한국 도시경관을 보는 패러다임 찾기

1. 우리 건축과 배치에 보이는 상보적 이원성

우리 건축 들여다보기

한국에서 건축하는 사람이라면 한국건축과 서양건축의 차이, 한국건축이 서양의 그것과 다른 점, 소위 '한국성은 무엇인가'에 관심을 갖지 않은 사람이 드물 것이다. 비록 내가 쇼비니스트는 아닐지라도, '내가 지금까지 해 온 설계 행위가 서양 학문으로서의 건축이 아닌가', 그렇다면 '우리가 지금까지 삶의 터전으로 삼아 온 우리 고유의 건축과는 어떤 관계가 있는가' 등에 대한 생각, 나아가 우리 것의 정체성에 대한 의문이 강박관념처럼 머릿속에서 떠나지 않는다. 수천 년 전부터 과거와의 단절이나 외생적(外生的) 사조의 도입이 거의 없이 자생적(自生的) 건축환경에서 스스로의 요인에 의해 발전해 온 서양과 달리, 여러 번의 문화적 단절 속에서 서양의 것을 마치 우리 것처럼 받아들여 온 우리에게 있어 '우리의 것은 무엇인가'에 대한 의문은 심각하게 부딪쳐 온다.

제목이 암시하듯이 이 글에서는 한국의 건축과 배치 패턴에 보이는 이원성(二元性, dualism)을 상보적(相補的) 관계로 엮어 보려고 하지만, 논리적 체계가 완벽한 것도 아니고 객관적 타당성이 검증될 성질도 아니어서, 어디까지나 주관적 해석의 범주를 벗어나지 않는다. 이 글에 이어 이원성의 개념을 도시경관에서도 적용해 보고 기철학의 관점에서도 해석하려 했지만, 이제껏 해 온 실증적인 방법을 벗어나 먼저 단편적으로 떠오른 직관적 사고에 의해 아이디어를 얻고 이를 토대로 몇 가지 문헌적 뒷받침을 하면서 이들을 연결하고 보태어 자유스럽게 기술하는 형식을 취하려 한다.

서양건축의 본질은 매스이고 한국건축의 본질은 공간인가

우리는 건축을 포함한 한국 전통 조형예술의 특징을 구수한 큰 맛, 무계획의 계획, 순천주의, 우아한 곡선미 등등 이른바 '고유섭류'의 미학으로 해석한 적이 있고, 이것은 특히 공예·의장 등의 분야에서 아직도 타당한 견해로 받아들여지고 있다. 그러나 건축 혹은 건축군의 배치와 관련시켜 볼 때 더 그럴싸하게 보였던 것은, 서양건축은 매스를 중히 여기는 반면 동양건축은 공간을 더 우선적으로 고려한다는 공간론적 해석이었다. 미국의 조경가 사이몬즈가 "동서양의 계획체계를 비교해 보면 서양인은 전통적으로 공간 속의 건축물이나 구조체를 중요하게 생각하는 반면, 동양인들은 구조체를 공간 혹은 공간의 복합체로 구획하거나 한정하는 요소로 고려한다"[Simonds 1983]고 지적했을 때 매우 적절한 견해라고 생각했다. 필자 자신도 이러한 방향의 해석에 관심을 가져, 한국건축의 중심요소로서 '마당'에 대해 사회문화적 특징과 관련시키면서 그 공간적 구성·크기·형태·연결체계 등을 논해 우리 마당이야말로 '한국인의 얼이 담긴 장소'라고 규정한 바 있다.[이규목 1982] 김성우도 서양의 건축개념이 '육면체인 물건을 만드는 것'인 데 비해 동양의 것은 '물건이 아닌 빈 마당을 구획하는 것'을 기본 골격으로 하며, '우리 건축개념은 독립된 오브젝트가 되는 것을 거부하고, 균형을 이루기 위해서 다른 상대물이 나타나기를 기다리는 상태'라고 해 유사한 방향의 견해를 밝히고 있다.[김성우 1987] 나아가 빈 공간으로서의 마당이란 존재를 천지의 축을 갖는 태극(太極), 주거의 중심이며 소우주의 중심으로 보아 우리 건축에서 마당의 중심성을 더욱 강조하는 견해도 있다.[이응희·이중우 1995]

그러나 여기서 간과해서는 안 되는 것이, 서양건축만큼 비중이 크지는 않지만 동양건축에도 분명히 매스 (mass)가 보인다는 것이다. 궁궐건축의 축선상에 자리한 정전(正殿), 사찰건축의 화려한 대웅전, 정대칭은 아닐지라도 양반주택의 사랑채나 사당 등 마당을 앞에 두고 정좌해 있는 아름다운 건물들은 어떻게 해석할 것인

마당을 통해 본 전남 해남의 대흥사(大興寺) 대웅전.

가. 오히려 마당 중심적 해석보다는, 서양건축이 매스만 생각한 데 반해 우리 건축은 매스와 외부공간을 동시에 고려한 것이라고 해석하는 것이 더 타당하지 않을까. 마당과 그 둘레의 가장 중요한 자리에 위치한 집, 즉 채(棟)로서 한 쌍을 이루는 이원적인 통일체로 해석하는 것이 더 선명하게 우리 건축의 특징을 설명하는 것이 아닐까. 물론 이러한, 너무나 우리에게 친숙한 대상에 대한 견해는 새로운 아이디어는 아니지만, 필자의 견해는 우리가 가진 '이원성'은 우리 고유의 생각의 틀이라고 할 수 있는 음양적(陰陽的) 사고체계와 부합되는 이원성이라는 것이고, 따라서 우리 건축공간을 이러한 방향으로 해석할 수가 있다는 것이다. 물론 이런 방향의 연구는 필자 혼자만의 독창적 생각은 아니고 한국의 학자라면 시도해 볼 수 있는 주제이며, 이미 발표된 다른 연구사례도 있다.이강훈 1988

서양과 동양의 이원론의 차이

같은 이원론이라고 해도 서양의 것과 동양의 것은 다르다. 서구문명의 바탕을 이루는 기독교는 선의 신과 악의 신, 선이 되는 빛의 신과 악이 되는 물질적인 세계, 혹은 신과 피조물의 이원적인 대립이 전제이다.구로가와 기쇼 1986 철학적 측면에

서 보더라도 정신과 물질을 우주의 근본으로 하는 이원론은 이미 고대 그리스에서 탄생했으며, 근세에 와서 신에 의존하는 유한적 실체로서의 정신과 물체의 이원론이 데카르트에 의해 세워졌다. 물질 자체와 현상, 자유와 필연을 구별한 칸트도 전형적인 이원론자였고, 유럽 근대화의 중추 역할을 한 합리주의 정신 또한 이원론적 사고가 바탕에 깔려 있다.

예술 분야에서는 이것이 예술의 두 가지 유형인 아폴론적인 것과 디오니소스적인 것으로 나타난다. 인간의 본성으로 볼 때 아폴론적인 것은 '로고스' 즉 지성의 영역이며, 디오니소스적인 것은 '파토스' 즉 감성·직관에 관련되어, 서구의 건축사를 보면 이 이원적 요소가 그대로 사조로 나타난다. 이러한 틀로 서양 건축의 역사를 간단히 스케치해 보면, 그리스의 고전주의와 중세 낭만주의가 쌍을 이루고, 이를 극복한 르네상스 건축과 뒤를 이은 바로크 건축이 쌍을 이루며, 근대 여명기의 구성주의와 표현주의가 서로 대비되고, 모더니즘의 기능주의 건축과 유기적 건축이 쌍을 이루며, 최근 레이트모더니즘과 포스트모더니즘이 또한 대비되며, 이제 21세기를 맞아 이 시대에 걸맞은 새로운 사조가 잉태될 순간에 있다.

너무 개략적으로 본 감은 있지만, 여기서 강조하고 싶은 것은 서양건축의 전개 과정을 보면 하나의 '이즘'이나 사조가 터를 잡으면 이것이 전개되면서 사회문화적 여건의 변화에 따라 이에 대립되는 또 다른 사조가 나타나고, 이 양자가 다음 단계에 극복되어 하나의 이즘이 생기고, 다시 이에 대립되는 이즘이 나타나는 식의, 소위 변증법식 발전을 한다는 것이다. 두 가지 사조의 진자 운동(pendular swing) 혹은 나선적(螺線的) 변화야말로 서양건축사의 한 특징이라 할 수 있다. 다시 말해서 서양의 건축은 아폴론적인 것과 디오니소스적인 것, 이 두 개의 대립되는 사조가 시계열적(時系列的)으로 서로를 자극하면서 이룩해 놓은 것이라고 볼 수 있고, 이러한 변화양상을 직선적인 시간개념과 관련해 역사발전론적 전개라 할 수 있다.

이렇듯 서양건축에 보이는 이원성은, 어느 시대 어느 지역을 잘라 보면 하나의 이즘 혹은 대상만이 주된 관심이다. 그리스 건축과 고딕 건축이 한 건물에 공존하지 않았고, 유기적 건축이 기능적 건축과 한 매스로 처리될 수 없었다. 관심의 대상은 항상 매스로서의 건물이었으며, 외부공간을 다룰 때에도 '어떻게 하면 건물이 더 멋있게 보이겠는가'에 관심을 두고 외부공간을 처리했다. 물론 서양건축에 공간이 없었던 것은 아니다. 고딕 건축은 현란하고 웅장한 내부공간이 있었으며, 많은 건축가들이 내부공간을 어떻게 하면 메이저 스페이스(major space)로 만드느냐에 관심을 가졌다. 이탈리아의 건축학자 제비(B. Zevi)는 공간으로서 서양건축을 해석하는 것이 더 올바른 방법임을 주장하기도 했다. 그러나 공간이 건축의 주요 요소로 자리할 때에도, 그것은 건물에 종속된 건물 내의 공간이었고, 기본적인 관심은 언제나 매스와 형태의 조형에 있었다.

이에 반해 동양의 이원구조는 거의 몇 천 년 역사를 통해 음양(陰陽)이라는 매우 지배적인 두 요소가 여러 가지 변형 형태로 나타났다고 볼 수 있다. 중국철학을 깊이 연구한 니담(J. Needham)도 지적했듯이, 서구의 근대적인 과학이 들어오기 전까지는 이 음양적 사고방식이 세계관·우주관·자연관·사회규범·전통과학 등 모든 영역을 지배했다. 음양의 두 요소는 서로 날카롭게 대립되거나 반발하는 일이 거의 없다. 동양의 이원론은, 투쟁과 대립이 아니라 타협과 조화를 기저에 깔고 있는 이원적 무한순환론(無限循環論)이다. 음만으로서 존재할 수 없고 양만이 홀로 있지 못한다. 또한 부정(否定)을 포함하지 않기 때문에 발전의 개념도 희박하고 따라서 앞의 것과 뒤의 것은 대체로 닮은꼴 모양을 취한다. 과거의 것을 하나의 전범으로 삼아 그것을 닮으려는 태도를 보이는 것이다.

서양의 방식처럼 모순과 대립을 매개 삼아 이 모순을 들추어냄으로써 부정적 결론을 내리는 것이 아니고, 오히려 이 모순을 조화시키는 논리를 전개한다. '모순을 지적함으로써 합리성을 배척하고 비합리의 체험 쪽으로 기울어지는 것이 아니라, 합리적 사고의 테두리 안에서 모순을 매개로 해 긍정에 도달하는 논

음양의 씨를 품고 있는 태극 만다라.

리'[김용운·김용국 1985]인 것이다. 음양의 쌍의 예는 수 없이 많지만, 우리의 주된 관심인 건축에 있어서의 앙상블은 바로 '채와 마당'의 쌍이다. 채는 양이요 마당은 음이며, 채는 혈(穴)이요 마당은 명당(明堂)이다. 전통건축과 배치에 있어서 채 없는 마당, 마당 없는 채는 존재할 수가 없다.

이러한 음양 조화의 실제적 모습은 우리나라 국기에 그려진 태극에 잘 나타나 있다. 음과 양이 서로 꼬리를 물고, 음은 양의 씨앗을 품고 양은 음의 씨앗을 품고 있는 형태는 대립되지 않은 이원구조의 공존적 공생적 통일적 모습을 가장 상징적으로 표현한다. 태극사상의 이론은 11세기 중국의 철학자들에 의해 정립되었지만, 경주 인근 감은사지의 돌에 태극문양이 새겨져 있어, 우리나라에 이보다 사백 년 전에 이미 있었다는 실증적 증거가 되고 있으니, 중국보다 오히려 우리나라가 기원이 아닌가 한다. 이 태극은 세계 여러 나라에 보이는 원형(原型, archetype)의 상징으로서,[이규목 1988] 형태적으로는 심리학자 칼 융(Carl. G. Jung)이 말하는 만다라(mandala)의 하나이지만, 그 의미는 작게는 자아로부터 크게는 우주까지 여러 스케일 안에서 자기 중심성을 나타낸다. 이렇게 상호보완적인 두 가지 요소의 결합은 안정된 형태를 취하기 때문에 발전과 변화에는 둔감하고, 약간의 변형은 있을 수 있지만 계속해서 원래의 형태를 반복하는 양상을 취한다. 이것은 서구의 역사발전론적인 태도와 비교하여 우주생성론적인 변화라 할 수 있고, 대립되지 않는 두 요소 사이의 이러한 관계를 상보성이라고 볼 수 있다.

상보성(相補性, complementarity)이란 말은, 서양문화권에서는 1927년 물리학자 보아(N. Bohr)가 원자구조의 설명 과정에서 '반대적인 것은 서로 보완적이며 전체를 설명하는 데 필요 불가결하다'는 뜻에서 처음 사용한 말이지만, 동양에서는 태극·음양·오행 사상에서부터 기원을 찾을 수 있을 정도로 매우 오랜 역사를 가지고 있다. 이것은 작은 원자의 세계에서부터 모든 생물체와 인간의 세계까지 꿰뚫는 원리로서, 광범위한 발상을 가지고 있다. 예컨대 조형의 지배적 구성원리로 내세우는 다양성과 통일성이라든지, 칸트의 『순수이성비판』에 나오는 자율성과 타율성, 종교학자 엘리아데(M. Eliade)의 성(聖)과 속(俗) 등은, 모두 반대개념의 설정에 의해 의미가 더욱 뚜렷해지고 보다 종합적 실체로 통합된다는 개념을 나타내고 있다. 이것을 건축적인 면에서 보면, 앞에서 고찰했듯이 서양의 것은 두 가지 요소가 동시에 사이 좋게 공존하지 않고 변증법적인 대립 관계인 것에 반해, 동양의 것은 상보적 관계를 갖고 있어 두 요소가 서로를 필요로 하고, 또 두 요소가 합쳐져서 통일된 하나의 실체, 즉 '존재의 양태'를 나타낸다고 할 수 있다.

상보적 이원론으로 본 우리 건축과 마을 구성

채와 마당은 앙상블을 이루면서 모든 종류의 우리 전통공간을 만들어낸다. 초가삼간의 채와 손바닥만한 마당에서 양반가의 여섯 개의 채와 마당, 사찰·서원·궁궐의 사적인 기능에서 공적인 기능까지, 수많은 채와 마당이 그 성격에 따라 여러 구성적 특징을 지닌다. 여러 채의 건물과 크고 작은 마당들, 그리고 이를 구획하고 연결하는 담장과 대문 들이 연속성을 가지고 체계를 이루며 존재하는 것이다. 우리 전통건축에 여러 층의 거대한 건축이 존재하지 않는 것은 구조기술상의 문제라기보다, 적절한 외부공간이 항상 뒷받침해 주었기 때문에 서양처럼 거대한 내부공간을 가진 큰 건물도 필요 없었고, 여러 층의 높은 건물도 자연이나 외부공간을 위협하기 때문에 짓지 않은 것에 그 원인이 있다고 해석된다.

안방에서 마루를 통해 마당으로 연결되는 내외부 공간은 서로 침투하며, 폐쇄된 공간과 개방된 공간은 수시로 교차하면서 나타나 언제나 풍부한 공간감을 느낄 수 있다. 배산임수(背山臨水)해 입지했기 때문에 마당을 통해 뒤쪽으로 가면 곧바로 숲과 언덕이 있고, 대문 앞에는 시냇물이 흘러 언제나 자연과 만날 수 있다. 이러한 특징을 건축사학자 김봉렬은 '대칭과 비대칭' '절제와 여유' '은 폐와 트임' 등 두 요소의 상호작용의 미학으로 정리해 고유섭류의 미학과는 다른 관점을 취한다.김봉렬 1999

　채와 마당의 기본구조는 집에서 이웃으로, 이웃에서 동네, 마을로 체계적으로 이어진다. 건축의 외부공간에 관심이 많은 아시하라 요시노부(芦原義信)가 즐겨 쓰는 '적극적 공간'과 '소극적 공간'의 관계로 해석하면, 이러한 여러 스케일의 한국건축은 이 두 공간이 교차 반복을 이루어 성립하는 것으로 볼 수 있다. "한 채 한 재는 바로 적극적 공간이고, 이를 둘러싼 공간은 소극적 공간이다. 여기에 다시 담장을 건축하여 담장으로 둘러싸인 마당을 이룸으로써 이들은 다시 적극적 공간이 되고, 이 주위는 소극적 공간이 된다. 이처럼 적극적 공간과 소극적 공간은 교차 반복하면서 큰 공간으로 확장되는 것이다."주남철 1996 이 지적은 구성상의 체계성을 명쾌하게 설명하지만, 채를 적극적 공간, 마당을 소극적 공간이라 지적한 것은 서로의 관계를 대등하게 보려는 필자의 입장과는 다르다. 채와 마당을 기본으로 해서 작은 단위에서 더 큰 단위로 이동하는 '안팎구조'로 해석할 수도 있다.이희봉 1978 예를 들어, 대청은 안방을 둘러싼 외부 영역이며 안

앙상블을 이루는 하회마을의 초가집과 마당.

마당의 내부 영역이다. '안방→ 대청→안마당→바깥마당→동네 →고을→고장→국가' 등의 공간 영역은, 한 단위가 더 작은 단위 의 외부 영역인 동시에 더 큰 단 위의 내부 영역을 이루어 자연 스럽게 구분된다. 이것을 이희 봉은 안팎의 '변증법적' 연쇄구

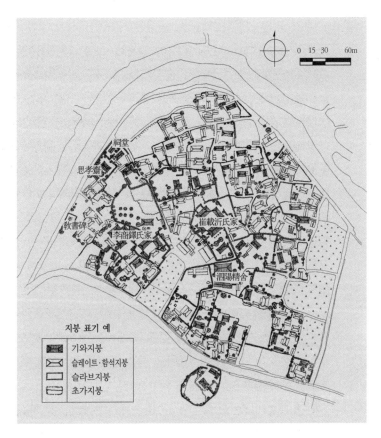

채와 마당의
조합으로 구성된
경남 산청
남사마을의
마을 배치도.

지붕 표기 예

기와지붕	
슬레이트·함석지붕	
슬라브지붕	
초가지붕	

祠堂

思孝齋

敎書碑

李商鐸氏家

崔載沂氏家

泗陽精舍

0 15 30   60m

조라고 했지만, 이보다는 안팎의 '상보적' 연쇄구조라고 보는 것이 타당할 것
같다. 왜냐하면 안방과 대청, 채와 마당은 전혀 모순과 대립이 없이 서로가 서
로를 필요로 하는 것이기 때문이다. 풍수지리적 시각에서도 '혈→명당→외명당'
등의 순으로 스케일에 따라 내외구조가 이루어진다.

　그러나 이것은 음양론적으로 간단하게 해석된다. 즉 방 하나하나는 조그마한
양적인 공간으로서 이를 대청이나 툇마루 등 음적 공간이 둘러싸고, 이들 작은
양과 음들이 모여 건물 단위로서 채를 이루며, 다시 한 채 한 채는 양이 되고
이것은 마당의 음으로서 상보한다. 다시 여러 채와 마당들을 둘러싼 담장으로
더욱 큰 양이 되고 그 밖을 음이 감싸 주게 되어, 결국 음양이 교차 반복하는

변화를 이루게 되는 것이다.이강훈 1988 음양은 사물에 고착된 것이 아니고 주변 사
주남철 1996
물과의 관계, 그에 대한 사람의 의식적 설정에 따라 서로 왔다갔다하므로 상황
의 변화에 따라 얼마든지 바뀔 수 있다. 예컨대 산은 물과의 관계, 집과의 관계
에 따라 음도 되고 양도 된다. 이렇게 음양은 물리적 개념의 범주를 넘는 것이
면서 인간의 의식에 따라 바뀔 수 있는 개념으로서, 인간의 장소 체험의 가변적
속성을 나타내는 현상학적 개념과 일맥상통한다고도 볼 수 있다.

반드시 음양으로 구분을 할 수는 없지만, 상보적 이원성은 전통건축 내부의
생활기능에서도 나타난다. 우리 전통 생활양식은 서구의 개념에서 보면 침식(寢
食)의 분리가 안 되어 있는 등 미분화한 것 같지만, 눈에 잘 띄지 않는 묘한 경
계에 의해 사회적으로 다양한 분리가 되어 있다. 주거공간들은 보이지 않는 구
성원간의 서열과 금기, 그리고 관습에 의해 양분되는 것이다. 주택 내에서는 남
자와 여자, 가장과 여주인, 웃어른과 아랫사람들 사이에 활동 영역이 달라 출입
문이나 통로와 거주공간이 분리되었으며, 마을 내에서도 종가(宗家)와 지손(支
孫)의 거주공간이 달랐고, 고을 내에서도 동족마을 혹은 양반촌과 상민촌의 구
분이 있었다. 이렇게 양분된 기능들은 서로 상충되지 않고 협동 협조하여, 공동
체를 이루어 오순도순 모여 사는 전통마을을 구성했던 것이다. 한국의 마을을
답사한 바 있는 구조주의 인류학자 레비-스트로스(C. Lévi-Strauss)도 이 이원적
구조를 한국문화의 큰 특징이라고 지적한 바 있다.강신표 1983

서양의 기독교사상에서는 실체는 오직 하나님뿐이었고, 하늘〔天〕의 개념이 있
지만 그 상대적인 개념은 없었다. 천당 아니면 지옥이지, 천당과 지옥을 동시에
살 수는 없었다. 이러한 식의 개념은 종교뿐 아니라 다른 사상체계에도 존재했
으며, 인본주의가 태동된 르네상스 시대에도 초기에는 언제나 신이 우선했고,
신의 권위가 추락한 후에는 인간의 이성과 그 산물인 과학과 기술이 그 자리를
차지했다. 이에 반해 동양에서는 천(天)과 지(地)가 합하여 우리가 살고 있는 세
계를 나타낸다. 서양건축이 건물 위주의 '천의 건축'이라면, 동양건축은 채와

마당을 가진 '천과 지의 건축'이라고 비유할 수 있다. 동양에도 기본적으로 인본사상이 있지만 그것은 단독적인 인간이 아니라 천과 지라는 현실세계를 구성하는 요소, 즉 자연과 관련해서 존재하는 인간을 전제로 했다. 중국 전통사상 중에 "하늘은 둥글고 땅은 모나다(天圓地方)"라고 해서 하늘과 땅을 원과 정방형으로 개념화해 이를 표현한 건축적 사례가 많은데, 인간의 위치는 "머리는 둥글고 발은 모나다"고 해 천지 사이에 꼭 맞게 끼워 놓았다. '땅의 기[地氣]'를 밟고 서서 '하늘의 이[天理]'에 따라 살 수밖에 없는 동양의 인간관을 잘 나타낸 것이다. 여기서 천지란 우리 환경을 지칭하는 것으로, 우리의 생각에 따라 안방과 대청일 수도 있고 채와 마당일 수도 있는, 사실상 모든 종류의 인공물과 자연물을 지칭한다. 이렇게 이중구조적으로 받아들인 환경의 어딘가에 실존해 있는 인간은, 천지(天地, 서양 개념으로는 nature)를 극복하고 정복하고 다스리는 것이 아니라 그 속에서 조화롭게 살아간다.

동양철학에서 말하는 천이란 푸른 하늘을 뜻하는 것이 아니고 어떤 거역할 수 없는 힘, 혹은 지배적 원리를 말하는 것이다. 천은 자연의 규범과 법칙을 포괄하고 있을 뿐 아니라 인간의 행동까지도 규제하므로, 천을 머리에 이고 사는 사람은 항상 '근본적인 원리(道, 理)'를 따르며 환경에 순응해 살아야 하는 것이다. 하늘 땅 사람[天地人]의 삼재(三才)를 환경 구성 요소로 보는 이 관점은, 특히 중국에서 기원한 것이라기보다 동이족으로서 한국 고유의 것이라는 설이 있어 우리 고유의 전통 사상체계로 보아도 좋을 것이다. 또한 이것은 필자가 앞에서 언급한 현상학적 장소의 의미와도 상통한다. 인간의 지각과 체험에 의해 내부와 외부, 혈과 명당, 음과 양 등의 환경의 이중구조가 설정되고, 여기에 인간의 사고와 행동이 개입되어 환경의 한 단위로서 장소성이 획득되는 상황, 이것이 장소론적 접근태도와 유사성을 보인다는 것이다.

상보적 이원성의 현대적 의미

이제 채와 마당을 기본으로 하는 생활공간으로서의 전통적인 환경은 우리가 처해 있는 장소에서 사라졌다. 우리는 다시는 옛날의 조화로웠던 환경으로 되돌아갈 수 없다. 물리적 형태와 환경으로서의 전통의 계승은 퇴행적이고 시대정신에 어긋나는 것인지는 몰라도, 이 상보적 이원성의 개념은 우리 시대에도 매우 유익한 환경설계의 실마리가 되지 않을까 생각한다. 왜냐하면 우리가 일상적으로 겪는 도시환경 속에서도 눈에 보이게 안 보이게 이원적 구조가 수없이 존재해 있고, 만약에 그 이원적 구조가 한쪽이 우세하거나 서로 모순되지 않고 상보적이라면 그것은 바람직한 도시환경이라고 판단할 수 있기 때문이다. 예컨대 도시 근교 논바닥에 위용을 자랑하며 서 있는 고층아파트에 자연과 건물의 상보성을 고려한 스카이라인을 설정해 볼 수도 있고, 도심부 고층건물과 이에 상응하는 외부공간, 광장과 녹지의 상보적 관계를 설정할 수도 있다. 도쿄 도청사 건물처럼 거대한 건물의 파사드에 섬세하고 친밀한 창살무늬의 창문을 도입하는 것도 상보적인 관계라 볼 수 있고, 건축가 로에가 즐겨 쓰듯이 그의 새까만 유리 마천루에 칼더(A. Calder)의 주홍색 플라밍고 조각을 대비시켜 시각적 효과를 높일 수도 있다.

그러나 이런 비유나 해석은 어디까지나 피상적이고 단편적인 것일 수도 있다.

만약에 이러한 상보적 이원성이 새로운 개념의 설계의 틀로 활용된다면, 그것은 전통에 민감하면서 시대정신에 투철한 독창적인 건축가의 창작 과정을 통해 나와야 할 것이다.

관광엽서에 나타난 시카고 중심부의 플라밍고 조각.

2. 우리 도시경관의 이원성 찾기—일곱 개의 듀엣

도시의 양면성과 이원성

현대도시는 과거의 도시에 비해 양면적 성격이 더 뚜렷한 것 같다. 도시란 어느 평자의 말대로 질서와 무질서, 균형과 불균형, 개방과 폐쇄, 문화와 야만, 코스모스와 카오스 등의 융화할 수 없는 양면성이 공존하고 있는,임명진 1993 어느면에서는 선과 악을 공유하는 야누스적인 존재라 볼 수 있다. 특히 지난 오십년간 급격한 변화를 겪은 우리의 도시들, 나아가 동아시아의 도시들은 역사적으로 유럽의 도시들에서 볼 수 없는 독특한 양면성, 이중적인 성격을 지니고 있다. 생활 방식의 변화로 나라(奈良), 교토(京都), 베이징(北京), 쑤저우(蘇州), 방콕(Bangkok)과 같이 오래된 도시들도 전통과 근대가 혼합된 '요지경과 같은 도시(kaleidoscopic city)' Zheng 1999로 변모했으며, 많은 도시들은 국제주의 양식과 지역주의 양식, 첨단기술과 전통기술 사이에서 어정쩡한 타협을 이룬 상태에 처해 있다. 이들 도시 내의 이곳저곳에서 우리는 서로 다른 요소들의 혼합된 모습을 발견하게 된다.

전통도시에서 일제 강점기에 근대도시로 변모하고, 해방 후 특히 미국의 문화와 방법론의 영향을 받아 급격하게 변화 성장을 거듭해 온 우리의 도시들은 이러한 전통적인 것과 현대적인 것, 우리 고유의 것과 외래적인 것의 혼성적 특징이 더 심하다고 볼 수 있다. 이러한 특징을 지닌 우리의 도시는 서구의 도시를 보는 방법과는 다른 시각과 접근방법이 요구된다고 생각한다. 필자는 이미 이러한 시각에서 우리 도시의 경관에서 보이는 조화 혹은 괴리 문제를 서로 대비되는 요소의 결합으로 엮어 여섯 개의 듀엣(duet, 二重奏)으로 정리해 본 바가 있다.이규목 1988a 여기 일곱 개의 듀엣은 당시의 발상을 보다 체계화하고 발전시킨 것으로서, 이 글에서는 전에 관찰했던 바를 토대로 이를 더욱 심도있게 고찰해, 앞의 전통건축에서 가정했던 상보적 이원성을 현대도시의 경관에도 적용해 보고자 한다.

본래 이원적 사고는 서로 대립되는 두 개의 요소를 세트로 고려함으로써 실체의 전체 모습을 설명하려는 태도를 가져, 단순히 겹친다거나 앞뒤기 다르다는 의미의 이중성 혹은 양면성과는 차이가 있다. 따라서 여기서는 이렇게 두 개의 요소를 대비하면서 전체를 설명하려는 이원적 태도, 이원성(二元性)을 이중성과는 다른 의미로 보고 전자에 보다 초점을 맞추고자 한다. 듀엣이란 음악용어는 두 개의 악기로 합주하는 것을 말하는 것으로, 흔히 두 개의 소리가 한데 어울려 조화되는 경우를 연상할 수 있지만, 불협화음의 듀엣도 많고 오히려 현대음악에서는 불협화음의 듀엣을 의도적으로 만들기도 한다. 오늘날 우리 도시경관에서 관찰되는 듀엣은, 바로 이 현대음악의 이중주와 같이 모순되고 충돌되는 것 같으면서, 결국은 하나의 실재하는 모습을 나타내는 복합적인 것이 아닌가 한다.

지방문화와 중앙문화

필자 자신도 한평생을 서울에서 살아온 사람으로서, 도시경관이라고 하면 먼저 서울이나 서울 주변의 경관을 떠올려 문제를 발견하고, 이를 토대로 문제를 진단하고, 전국의 도시가 모두 이와 비슷할 것이라 생각하고 만다. 때로는 서울이나 부산같이 대도시만 문제가 많고 기타의 지방도시들은 별로 문제가 없는 것으로 생각해 버린다. 도시 내부를 들여다보기 전에 우리의 도시들을 좀더 포괄적인 입장에서 고려해, 우선 서울을 중심으로 한 '중앙문화'와 기타 도시에서 보이는 '지방문화'를 한 쌍으로 해 비교할 수 있다고 생각한다.

우리나라같이 중앙집권적 정치체제, 관료적 행정체제를 오랫동안 유지하고 있는 나라에서는 지방문화 혹은 지방도시가 특색을 나타내기는 매우 어렵다. 행정가나 일반시민 누구나 '지방문화' 하면 그 지방 특유의 토속적인 것, 역사적인 유물 등의 고리타분한 것만을 생각하는 경향이 있다. 반면에 지방도시의 번화가를 가 보면 도시경관을 압도하는 것은 서울을 닮은 것이 많다. 서울을 본점으로 하는 수많은 상점의 간판들이 중심가로를 덮고 있고, 서울에 본점을 둔 지방백화점들은 스카이라인을 지배하고 있으며, 좋은 자리를 차지한 중앙은행이나 보험회사의 지점들은 업무기능뿐 아니라 건물의 크기나 형태도 서울의 본점을 모방한다. 예컨대 역사문화도시 전주에는 뉴코아의 지점격인 전주코아가 중심부의 한복판을 차지하고 있고, 대재벌회사의 로고를 머리에 인 똑같은 파사드의 건물이 들어서는가 하면, 외국의 것을 모방하여 세운 서울의 교보빌딩은 각 도시마다 그 규모를 축소해 똑같은 모양으로 세워져 '모방의 모방'이라는 넌센스를 연출하기도 한다. 경관뿐 아니라 패션·가요·연극·문학 등 우리의 문화와 관련된 거의 모든 것들이 서울에서 지방으로 지방으로 흘러, 지방은 중앙문화 일색의 획일적 도시로 변화하고 있다. 서울에서 대부분의 도시경관이 발생하여 전국적으로 전파되며, 타 지역에서 생겨난 것도 서울을 거쳐야 전국적인 것으로 발돋움할 수 있다. 서울은 우리나라 도시경관을 승인하는 공간인 것이다.^{최흥준 외 1993} 중앙도시와 지방도시, 중앙문화와 지방문화가 이루어야 할 듀엣은 중앙의 주조(主調)로 된 독주곡이 되어 버린 것이다.

민속적인 것은 지방도시에만 잔존시키고 현대적인 것은 중앙도시를 모방하려는 경향은, 지방도시의 정체성을 살리는 데 걸림돌이 된다. 지방화시대, 지방자치시대를 맞이하면서 무의식중에 전통문화만을 지방문화의 특색인 양 내세우는 풍조에 문제가 있는 것이다. 지방도시는 물론 지방도시 고유의 것이 있어야 하고, 중앙도시는 중앙도시 나름으로 현대와 전통이 조화되어야 한다. 그러나 지방도시의 그것이 보존적 유물적 가치만 있는 죽은 문화를 재생하는 쪽으로만 되어서는 안 되고, 지방주민이 만들어내는 현재의 삶이 담긴 진솔한 지방문화이어야 한다. 강릉의 단오제, 경주의 신라문화제 등 여러 도시에서 향토축제를 개최하여 도시의 이름을 높이고자 하는데, 이렇게 과거의 것만 되살리는 행사 위주의 축제보다는 도시 자체의 모습과 경관을 특색있게 가꾸고 그 거리에서의 삶과 미래지향적인 활동들을 축제문화로 만드는 것이 현명할 것이다.

오늘날 많은 지방도시들이 도시의 중심가나 외부에 알려진 장소를 중심으로 도시의 정체성을 살리고 도시의 이미지를 높이는 일에 관심을 나타내고 있다. 정주의 시상(市像) 정립, 남원의 광한루 일대 명소화, 이천 도자기 축제 등등 지자체가 실시되면서 도시마다 지방의 특색을 살려 중앙도시와 차별화를 시도하고 있는 것이다. 교통이 발달하고 정보통신의 흐름이 빨라지고 지방도시와 중앙도시의 교류가 빈번할수록, 도시마다 각기 고유의 개성을 지녀 지방은 지방대로 중앙은 중앙대로 서로 매력과 흡인력을 지니는 일이 진정한 지방문화와 중앙문화의 듀엣이 성립되는 일일 것이다.

길과 광장

서구의 도시 어느 곳을 가도 만나는 광장이 왜 우리나라의 도시에는 없는지 늘 의문이었다. 구로가와 기쇼(黑川紀章)가 이미 "동양의 도시에는 광장이 없고 서구의 도시에는 길이 없다"고 말했지만, 필자의 체험으로는 그의 견해와 달리 서구의 도시는 길과 광장이 잘 조화를 이루고 있는데 우리 도시에는 광장이라 할 만한 것이 없다고 생각된다. 서울에 오일륙 광장이라는 매우 큰 오픈 스페이스가 있었지만 이제 푸른 공원으로 바뀌었고, 시청 앞에 광장이 있다고 하지만 그것은 자동차 교통의 집중 분산기능만 있을 뿐, 서구의 광장이 지닌 사람을 위한 장소의 역할을 못한다. 철도역 앞의 역전광장은 교통 환승이 주기능이고 공공건물과 같은 주요 건물 앞에 약간의 공터가 있을 뿐 결국 우리 도시경관에서 광장은 거의 찾아볼 수 없다.

반면에 길은 예로부터 우리 도시 속에 있었다. 농악패 풍물놀이의 시작과 끝이 길이요, 어디 놀러 가도 길놀이, 즉 행락(行樂)이요, 시골의 오일장도 길에서 열리고, 서울의 구마다 만

시청 광장의 역할을 한 베니스의 산마르코 광장.(위)
경북 풍양의 길에 펼쳐 놓은 장마당.(아래)

들려는 것도 문화의 거리이며 걷고 싶은 거리도 길을 가꾸려는 것이다. 우리의 축제나 행사는 어디 모여서 하는 것보다 걷는 것을 주체로 하는 것이 더 많았던 것 같고, 우리 도시의 외부공간도 광장은 없이 길의 연속이요, 길 자체가 바로 행사공간이었다.

길은 교통기능적인 도로(road)와 생활기능적인 가로(street)로 구분할 수 있다. 도로는 출발지와 목적지가 분명하고 두 지점 사이의 통과를 목적으로 하는 데 반해, 가로는 출발지와 목적지가 분명치 않으며 거리를 지나는 과정에서의 활동이 더 중요하다. 가로경관에서는 우리의 삶의 모습을 담을 수 있는 반면 도로는 자동차의 흐름을 원활히 해줄 뿐이다. 교통의 효율을 위해 오래 된 가로변의 건물을 헐어 도로를 확장하는 것은, 실존적 삶의 공간으로서의 가로를 교통 동선의 도로로 바꾸는 것이다. 가로로서의 길은 오랫동안 한국인의 생활의 터전, 의사 교환의 장, 남녀노소의 놀이터로서 쓰여 왔고, 추억과 회고의 고향길, 애환이 담긴 신작로로서 사랑을 받아 왔다.

필자는 십여 년 전 시청건축 현상설계로 신축된 전주시청의 전면 광장 현상설계에 아름다운 전주 부채 합죽선 형태를 닮은 광장(직경 150미터)을 제시해 당선된 적이 있다. 지하는 상가로 하고 다섯 개의 가로가 합죽선같이 만나는 지점에 반달형의 광장을 만드는 것이었는데, 광장문화가 우리에게 없어서 그런지 아직 실현이 안 되고 있다. 물론 지금도 새로 지은 전주시청 앞에는 넓은 공터가 존재하지만 별로 이용되는 흔적이 보이지 않는다. 확실히 광장은 서구문화의 산물이요, 길은 우리 문화의 산물인 것 같다. 서구의 길은 반드시 광장과 만난다. 아니 광장이 주제가 되고 길은 광장에 이르는 통과로의 역할을 한다. 그러나 우리 도시에서 길과 광장의 듀엣은 길이 주조를 이루고, 광장은 없거나 있다고 해도 부수적인 요소이다. 이것은 동아시아 도시들 대부분에 해당되는 것으로, 고대 중국이나 인도의 도시 기본 형태에 대한 계획 원칙에도 광장은 없고 길만 동서·남북으로 내도록 했다. 이런 면에서 보면 우리나라 도시에 광장이 없는 것은 당연한 일이어서 구태여 없다고 탓할 필요는 없는 것 같다.

그러나 길이 주조를 이룬다고 해도 이에 부수되는 광장, 아니 작은 마당들은 필요하다고 본다. 오일륙 광장은 잃어버렸지만 세종문화회관 뒷마당은 분수대 앞에서 수시로 공연이 이루어져

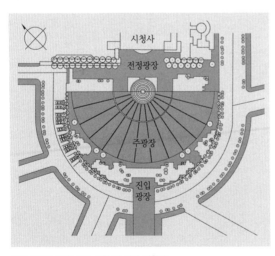

전주 부채를 닮은 전주 시청 앞 광장 계획안.

시민들의 사랑을 받고 있으며, 잠실의 서울마당은 민속 공연의 장으로 이용되며, 조성된 지 얼마 안 되는 경복궁 앞 열린마당은 아직 이용이 저조하지만 세계 드럼 페스티벌(1999. 10)이 열리는 등 앞으로 많이 이용될 가능성을 가지고 있다. 십여 년

미아리 네거리 도심 공원 조성 사례.

전 당시 이어령 문화부장관의 제안으로 시작된 서민주택가의 '쌈지마당 만들기'는 관이 주도하는 '마을마당 만들기'로 사업이 확장되어, 이제 우리는 도시 구석구석마다 조그마한 마당이 있는 도시경관을 보게 되었다. 앞으로 이러한 작은 마당 형태의 소공원을 계속 만들 필요가 있다. 우리 도시에 바람직한 가로경관의 모습은 바로 이렇게 길이 주조를 이루고 이에 틈틈이 매달린 작은 마당들이 변조해 주는 듀엣이라 볼 수 있지 않을까.

큰길과 뒷길

서울이나 지방도시 어디를 가 보아도, 큰길이 나 있으면 이에 상응하는 뒷길이 없는 경우가 거의 없다. 서울의 종로같이 오랜 역사를 가진 곳이 그런가 하면, 명동 뒷골목은 물론 새로 생긴 강남대로 · 동작대로도 그렇고, 경주역전, 광주도청 앞 등 어디든지 그렇다. 대개의 뒷길 혹은 뒷골목은 술집 · 여관 · 음식점 등 큰길가에 있기 어려운 시설들이나 주차장 · 차고 등 큰길의 기능을 도와주는 시설들이 들어간다. 필자가 실제로 답사해 조사한 동대문에서 청량리까지 왕산로의 이면도로도 본래 주택가였지만, 점점 주차장 · 시장 · 소규모 공장 등으로 바뀌어 큰길의 용도에 따라 보조적인 기능을 수행하는 길로 바뀌고 있었다. 강

남대로의 뒷길은 '제일생명 뒷골목'이라는 유흥가로 소문이 나 있고, 동작대로의 뒷길도 '방배동 카페 골목'으로 유명하다. 광주의 전남도청 앞 충장로 뒷길에는 광주의 술집과 명물이 다 모였고, 경주역전 뒷길은 신라시대부터 유래된 길로서 매우 번삽한 경주의 명물이다.

큰길과 뒷길의 듀엣으로서 종로와 그 뒷길인 피맛골의 관계는 조선시대까지 거슬러올라간다. 시전 행랑이 들어선 종로 큰길 양쪽 뒤편에는 거의 일직선으로 큰길과 평행을 이루며 난

일제시 조성되어 현재에 이르는 명동 거리(위)와 명동 뒷골목(아래)의 현재 모습.

좁은 골목길이 있었다. 피맛골(혹은 避馬골)이라는 이곳의 이름은, 조선시대 서민들이 고관대작의 큰길 행차를 피해 자유롭게 다니기 위해 말머리를 돌려 접어들었던 골목길이라고 해서 붙여진 이름이다. 큰길이 조선시대의 공식적인 중심 상업가로였던 데 반해, 이 뒷골목 일대는 상인들의 거주공간이었을 뿐 아니라 시전에 물품을 공급하는 수공업 작업장이 들어선 생산공장이었으며, 조선 후기에 들어서는 서민의 거리로 발전해 그들을 대상으로 하는 팥죽집·떡집·탕반집·설렁탕집·선술집·앉은술집·색주가 등이 집중되어 있는 유흥의 공간이었다.[전우용 1999] 이 종로 뒷길은 아직도 그 당시의 용도 그대로 많은 시민의 사랑을 받는 장소이다. 서구의 옛 도시에서 중세 초기에 교회와 함께 생긴 시장 광장(market place)이 수백 년이 지난 오늘날에도 시장으로서의 기능을 수행하는 것

과 마찬가지로, 우리 가로경관
에서 큰길과 뒷길의 역할은 예
나 지금이나 변함이 없는 것 같
다.

이러한 가로경관의 이원성은,
확대해 보면 비단 큰길과 뒷길
만이 아니라 도시 중심부의 중
심가로들 사이에서도 관찰된다.
시민의식 조사를 기초로 해 가
로경관의 특성을 연구한 한 사
례에 의하면, 지방 정부에서 생
각하는 공적인 측면의 중심가로
이외에 시민의 의식에 나타난
중심가로가 따로 있다는 것이
다.김영대 1995 예컨대 부산의 광복

옛 화신백화점 자리에 종로타워가 들어선 종로 거리의 모습(위)과
조선시대에 그 이름이 유래된, 종로 뒷골목의 피맛골(아래).

동과 서면, 대구의 동성로와 중앙통, 대전의 중앙로와 은행동, 광주의 충장로와
금남로, 경주의 중앙로와 화랑로 등의 이원적인 세트는 우리나라 도시 어디에도
나타난다는 것이다. 그 연구에서는, 이러한 차이는 전시적 관료적 형식적인 가
로와 실생활적 시민적 내용적 가로의 대비로서, 도시 정체성의 이분화(二分化)
라는 측면에서 문제를 야기시킨다고 지적했다. 그러나 필자는 두 개의 거리가
소위 공적인 거리와 사적인 거리, 정형적 거리와 비정형적 거리, 낮의 거리와
밤의 거리, 양의 거리와 음의 거리로서 상호 복합적으로 작용해 총체적인 도시
이미지를 창출한다는 면에서 당연한 현상이라고 본다. 여러 길들이 이렇게 다양
한 양상으로 이원적 구조를 보이는 것은 우리나라 도시경관의 한 특징이 아닌가
한다.

오늘날 우리가 보는 큰길이 현대도시로서의 기능을 충족시키기 위한 현실적 필요에 의해 자동차 중심의 거리로 만들어졌다면, 뒷길은 시민의 생활과 관련된 인간의 거리로 형성되었다. 큰길이 현대적인 건물로 들어차고 다소 점잖고 공적인 용도로 쓰이는 경우가 많다면, 뒷길은 반공적(半公的)인 기능을 수행하며 도시생활의 이면사를 반영한다. 뒷길에 있어야 할 조그마한 음식점의 간판이 앞에 나와 있어도 어색하고, 뒷길에 사무소 기능을 가진 높은 건물이 있어도 어울리지 않는다. 서구의 경우에는 이런 특색이 보이지 않고, 일본의 경우에도 뒷골목은 없고 일반적인 주가로만 있어 전면 상점들로 차 있는 것으로 관찰되었다. 큰길이 현대의 도시문화를 담는 길이라면 뒷길은 서민의 전통문화를 지닌 곳이라고 볼 수 있다. 일반 관광객은 그렇지 않겠지만 도시의 참모습을 체험하려는 외국의 방문객, 예컨대 신문기자·건축가·도시계획가들은 뒷골목을 보고서야 서울의 참맛을 느꼈다고 말한다. 이러한 뒷길들이 무분별한 재개발계획에 의해 외국의 도시계획 수법을 모방한 수퍼블록으로 계획되고 성격이 애매한 공간으로 바뀌는 것은 전통문화의 파괴 행위이다. 필자가 참여한 동대문과 청량리 사이의 왕산로 도시설계 프로젝트에서도 이 이면도로의 기능을 적극적으로 부각시키려 했지만, 손쉬운 격자형 가로망으로 구획하려는 관행적인 재개발 수법에 밀려 제대로 반영하지 못한 아쉬움이 있다.

큰길과 뒷길은 앙상블을 이루면서 서로를 돕고 조화를 이루는 협화음의 듀엣이다. 큰길이 없다면 뒷길은 무질서와 혼란으로 가득 찰 것이요, 반면에 큰길은 있는데 뒷길이 빈약하거나 끊겨 있다면 큰길은 할 수 없이 뒷길의 기능을 노출시키거나 생기를 잃고 쇠퇴한다. 두 길은 공존 관계에 있으면서 서로가 서로를 필요로 하는 공생 관계에 있다. 큰길이 현실적으로 도시의 현대적 기능을 담아야 하고 효율성과 기동성을 목표로 한다면, 뒷길은 우리 서민들의 애환과 전통을 수용하고 우리 체취에 맞도록 꾸며져야 할 것이다.

상업적인 것과 전통적인 것

효율성과 경제성을 목표로 하는 개발 위주의 상업주의가 보존과 독자성을 필요로 하는 전통문화에 압박을 가하고 있다. 예를 들면 비원과 경복궁 사이의 원서동 입구에 자리한 거대한 현대사옥 건물은 조선시대부터 형성된 북촌 한옥지구를 완전히 가리고 있다. 더구나 현대사옥은 크기와 주변 경관에 관계없이 시내 주요 가로에 똑같은 반복 아치형 파사드를 사용해 대재벌의 위용을 과시한다. 국보 1호인 남대문과 서소문 일대는, 외국인이 설계한 건물을 포함해 삼성계열의 여러 건물과 거대 중앙 매스컴 건물이 한 지구를 이루고 있다. 최근 대대적인 개조계획에 의해 거대한 쇼핑몰이 들어서 대기업의 이미지를 더욱 높여주고 있어, 역시 대재벌의 실력을 실감케 한다. 이제는 역사적 유물 취급을 받는 서울역 건물 앞에는, 우람한 대우 본사 건물과 벽산그룹 건물 등이 서 있다. 을지로 입구는 롯데그룹이 차지하고 있으며, 그 외에 사대문 안 거의 모든 지역이 재개발 지구로 묶여, 이제 상업·업무용 고층빌딩이 서울을 꽉 메울 것이다. 우리나라 대표적 상징가로인 경복궁과 서울역 사이만 보아도 문화 시설보다 상업건물이 가로경관의 대부분을 구성하고 있고 앞으로 더 구성될 것이다.

우리나라 대도시의 도심부는 상업성이 독주를 하고, 전통성—역사적 의미의 전통성이라기보다 과거의 삶의 흔적으로서의 전통성—은 완전히 기가 죽어 있다. 유럽의 몇몇 역사도시처럼, 서울도 구도심은 그대로 보존하고, 강남이나 교외 어느 곳 도심을 벗어난 지역에 초고층을 맘대로 짓도록 신도심을 만들어 새로운 상징으로 등장시키는 발상을 왜 못했을까. 보존과 개발을 동시에 추구하기가 불가능했을까. 그렇게도 우리 전통 요소를 상업성과 결부시키기가 어려웠을까. 이 골치 아픈 문제에 대해 여기서 당장 명쾌한 답을 내리려는 것은 아니며, 또 그럴 만한 해결책이 있는 것도 아니다. 요컨대 정책이나 경제의 문제가 아니라 근본적인 접근태도의 문제라고 본다. 개발계획을 추진하려는 그룹은 뚜렷하

개발과 보존, 두 요소가 공존하는 안국동 한옥 보존 지구.

게 부각되어 있는데 보존하려는 그룹, 다시 말하면 전통의 중요성을 인식하고 그 가시적 실체로서 기존 도시구조를 보존하려는 측은 세력이 약할 뿐 아니라 공감대조차 형성이 안 되어 있다. 개발 그룹은 땅과 돈이 있고 또한 정부측의 강력한 지원을 받을 수 있지만, 보존 그룹은 예산도 부족하고 지원도 없으며, 무엇보다도 경제적 이익을 우선하는 가치관에 얽매인 일반시민의 지지를 받지도 못한다. 더구나 무엇을 어떻게 보존해야 하는지 정답을 찾지도 못하고 있다.

성급한 해결책을 내놓기보다는 발상의 전환과 의식의 변화, 21세기에 걸맞은 패러다임의 전환이 필요하다고 생각한다. 보존하자는 측은 무조건 과거의 문화유산을 답습하는 것만을 고집하지 말고, 현대를 살아가는 우리의 생활환경과 조화를 이루는 속에서 고유의 정체성을 찾아야 한다. 따라서 때로는 고층화도 수용하고, 도시 교통문제도 고민하는 등 도시기능을 수행하는 데 필요한 모든 요소들을 적극적으로 받아들여야 할 것이다. 또한 개발측은 높은 건물을 짓는 행위가 장사속만을 차리는 것이 아닌, 도시문화를 창달하는 상징적 의미가 있다는 것을 깊이 성찰해야 할 것이다. 이런 면에서 현대적 기능을 상실한 전통 문화공간을 복원하고 보존한다는 개념보다, 현재를 살고 있는 우리의 삶의 문화를 살리고 활성화할 수 있는 장소를 마련할 필요가 있다. 우리나라의 대표적 상징가로인 광화문 일대나 을지로 일대가 상업적인 것에 너무 잠식되어선 안 되며, 특정 기업의 이미지가 너무 두드러져서도 안 되며, 우리의 진솔한 삶을 반영하고 우리 문화의 정체성을 나타내는 상징물로 가득 차야 할 것이다.

상업성과 전통성의 듀엣은 보존적 개발과 개발적 보존의 개념으로 접근해 볼 수 있다. 보존적 개발은 개발을 하되 기존의 도시구조나 경관의 맥을 살리는 일이요, 개발적 보존은 골동품 같은 요소, 즉 현재의 삶과 연결하기 어려운 요소는 과감히 바꾸면서 보존하자는 것이다. 이 두 요소는 동전의 앞뒷면 같은 것이어야 하지만, 우리 사회에서는 이 두 요소 사이에 엄청난 틈이 있고, 이 틈을 메울 묘안도 없으며, 두 요소의 방법론적 개념도 정립이 안 되어 있다. 그것은 아마 우리 근대사에서 전통과 현대의 만남이 너무 뜻밖이었고, 근대화 과정에서 전통을 너무 무시하려 했기 때문일 것이다. 경제성장과 기술혁신을 토대로 하는 현대사회에서 상업성은 필수적인 것이지만, 이것이 우리 도시문화에서 필요조건은 될 수 있어도 충분조건은 될 수 없다. 우리 시대의 전통문화, 좁은 의미의 역사유물적 문화가 아니라 삶의 문화로서 전통문화가 충분조건으로 갖춰져야 하며, 바로 이 점에 우리의 고민이 있는 것이다.

근대적인 것과 전근대적인 것

필자 자신도 한국인이면서 우리나라 사람을 이해하지 못할 때가 종종 있다. 그것은 선진문화적인 측면과 원시적 측면, 건전성과 퇴폐성, 지성과 야성이 동시에 나타나기 때문이다. 우리 자신이 이해하지 못하는, 우리 스스로의 앞과 뒤가 다른 이중적 행태, 1999년 『중앙일보』 '글로벌 에티켓' 난에 연재되었던, 국제적 관례를 벗어난 해외에서의 어처구니 없는 에피소드들을 보면, 어떤 때는 선진국 수준의 국민으로 손색이 없다고 높이 평가되는 집단 행동들이 어떤 때는 얼굴을 들 수 없을 정도의 야만적인 행태로 변하는 사례들을 볼 수 있다. 달리 보면 본능에서 우발적으로 우러나오는 행위와 사회적 당위성이나 윤리에서 나오는 행위가 수시로 바뀌어 나타난다는 것이다. 이것은 물론 개개인의 행태를 지적한 말이지만, 바로 이러한 현상이 물리적 형태로 도시경관 속 여기저기에 공존하고 있다. 어색하게 보이는 전근대적인 것과 근대적인 것의 이러한 공존현상은, 우리는 당연한 것같이 보고 있는 반면 이방인에게는 의외의 현상으로 받아들여지고 때때로 남부끄러운 일로 지적이 되는 것이다.

현대적 사무소 건물 뒤편에는 기와를 이은 우리 전통음식점이 자리하고, 최신식 카페와 보신탕집이 나란히 있고, 최신 건물 뒤편으로 가면 아바이순대집, 속칭 니나노집이 즐비하고, 잘 정리된 큰길 뒤에는 무질서하게 보일 정도의 저질 건축물들이 뒷골목을 점유하고 있다. 우리 자신들도 들어서서 거닐면서 무심히 지나치는 경관이지만, 이방인에게는 감추고 싶은 장면들, 우리끼리라면 전혀 어색하지 않지만 외국인에게는 창피하게 보일 것 같은 경관이 일상의 점잖은 건물들과 공존하고 있는 것이다. 앞에서도 관찰했듯이, 진통과 현대의 이러한 역동적인 부딪침은 전근대적인 초기 산업사회가 단시간 내에 고도의 자본주의 산업사회로 변모하면서 나타난 현상이다. 이것은 1988년 이탈리아 밀라노에서 열렸던 제17회 트리엔날레 서울박람회의 중심 테마의 하나이기도 했는데, 서울의 여기저기서 발견되는, 토속적인 것과 현대적인 것, 팽배하고 있는 상업성과 자기를 지키려는 전통성의 이러한 공존 현상을 '이중적 공간구조의 불안정한 병치(juxtaposition)'라고 불렀다. 사실상 이 전근대적인 것과 근대적인 것의 듀엣은 본질적으로 불협화음인 경우가 더 많은 것 같다.

몇 번의 일본여행 중에 느낀 것은, 그곳도 우리와 마찬가지로 결코 조화될 것 같지 않은 두 가지 요소—서구적 근대적인 것과, 일본 고유의 전통적인 것—가 도시경관 여기저기에서 관찰됐지만 그렇게 어색해 보이지 않는다는 것이었다. 전통적인 것은 더욱 전통성이 뚜렷해지고 현대적인 것은 더욱 현대적 감각을 지닌 채 병치되어 공존, 아니 공생하고 있었다. 옛 풍습이나 관행과 공간적 분위기—예컨대 전통음식점, 신사(가로 속의 작은 신사), 가부키 극장, 사찰, 묘지, 오마츠리 광장—가 일본의 전통적 분위기를 내면 낼수록 상대적으로 현대적인 것이 두드러져, 현대를 사는 일본의 모습을 앙상블로 보여주는 것이다. 사소한 경관 요소까지 정성껏 가꾸면서 이렇게 토속적인 것과 현대적인 것을 병치함으로써 가로경관은 그 나름의 고유한 특징을 지니게 되는 것이다.

우리 고유의 전통적 관습이나 유산은 받을 만한 대접을 못 받는 것 같다. 특히 우리 모두가 즐기는 음식문화와 놀이문화에 있어 우리 고유의 관행과 특성이 도시 속에 터전을 마련하지 못하고 있으며, 있다고 해도 살짝 감추어져서 가꾸지도 않은 상태로 촌스럽게 자리한다. 언뜻 보아 야만스럽게 보이는 것, 내놓기 창피하게 보이는 것도 자부심을 가지고 특색있게 꾸민다면 그것이 바로 그 장소의 정체성과 특징을 나타내는 것이 아닐까. 필자는 중국을 몇 번 여행하던 중 유명한 관광지의 뒤편에 살짝살짝 보이는 그 나라 서민의 삶의 현장을 보면서, 이 근대적인 관광지와 전근대적인 생활공간의 극과 극의 대립이 우리의 경우보다 더 심한 것을 관찰한 바 있다. 더욱 의아했던 것은, 그들은 불량한 환경이 노출되는 것에 대해 전혀 신경을 쓰지 않는 듯한 느낌을 받았기 때문이다.

어쨌든 보신탕을 먹는 관행과 보신탕집이 왜 서구의 가치척도에 의해 배척받아야 하는지, 우리 몸에 밴 독특한 생활양식과 그 공간들이 감추어지거나 가볍게 취급되어야 하는지 알 수 없다. 전근대적인 것이라고 해서 버릴 것도 있지만, 우리 고유의 관행이기 때문에, 우리가 살아온 생활공간이기 때문에 지녀야 하는 것들은 떳떳하게 현대적인 것과 병치되어야 한다고 본다. 서로 어울릴 것 같지 않지만 있는 그대로 정성껏 가꾸고 보여주는 것이, 서구에서 비롯한 근대성과 우리 과거가 담긴 전근대성을 동시에 지녀야 하는 우리의 도시경관의 참모습이 아닐까.

모방과 창조

자연경관의 주인공이 수목과 숲인 것과 마찬가지로, 도시경관의 주인공은 건물과 건물군이다. 하나하나의 건물이 우뚝 솟아서 스카이라인을 지배하거나 랜드마크를 형성하기도 하고, 건물들이 모여 가로경관의 수직 벽면 요소로서 그

갓과 부채에서 발상해 설계한 예술의전당 계획 투시도.

성격을 결정하기도 한다. 이러한 건물들의 조형에는 공공연한 모방 행위가 자행 된다. 1980년대에는 존슨(P. Johnson)이 설계한 뉴욕의 'AT&T' 건물을 모방한 건물이 여기저기 보였고, 그레이브스(M. Graves)나 벤추리(R. Venturi)와 같은 포스트모더니스트의 작품들에 보이는, 중심부 꼭대기에 삼각형 형태가 있다든 지 하는 파사드가 모방되는가 하면, 1990년대에는 안도 다다오(安藤忠雄)의 미 니멀리즘 건축, 혹은 유럽 쪽의 누벨(J. Neauvel)이나 피아노(R. Piano)의 영향 을 받은 유리 파사드 혹은 하이테크를 모방한 건축이 도시 여기저기에 보였다. 우리가 건축 분야에서 세계 주류에 속하지 못하고 변방에 있다는 것은 인정하지 만, 모방의 대상인 건축을 직접 보기도 전에 잡지에 난 사진 몇 장과 설명만 가 지고 곧바로 베끼는 행위가 자행된 예가 많은 것이다.

모방의 대상은 반드시 외국 작품에만 국한되지는 않는다. 전통의 현대적 계승 이라는 명분 밑에 우리의 옛것도 모방의 대상이 된다. 모방의 유형에는 직접적 으로 형태를 빌려 오는 것, 변형된 형태로 모방하는 것, 혹은 공간 구성의 측면 에서 모방하는 것 등으로 구분해 볼 수 있는바, 직접적이거나 변형된 형태의 모 방이 대부분이고, 보다 차원이 높은 공간 구성적 특징이나 장소적 특성을 반영한 것은 드물다. 특히 최근 정부 주도하에 세워진 몇몇 문화 시설, 예술의전당·국립국악원·독립기념관 등은 의도적이고 인위적인 기념성을 강조하기 위한, 직접적 모방이 보이는 건물들로서, 앞에서 언급했듯이 소위 '퇴행적 복고주의'의 산물이라고 할 만하다. 이미 전통의 계승이라는 진통을 겪고 이를 소화해 독자적 건축철학을 내놓은 일본이나 멕시코의 예를 굳이 들지 않더라도, 우리는 서구건축이나 전통건축의 직접적인 모방을 올바른 행위라고 보지 않는다. 그 결과로 나타난 도시경관이나 도시문화는 역시 서구문화나 서구전통의 모조품에 지나지 않는다. 오늘날 우리 도시가 겪는 이 독창성의 결여, 값싼 외국 도시 같다는 인상은, 모방과 창조가 조화된 앙상블의 결여에서 온다고 본다.

건축과 도시경관에 있어 창조는 독창성과 관계되고, 모방은 동질성과 관련이 있다고 본다. 진정한 의미에서 창조는 이제껏 없던 형태를 만들어내는 것이다. 그러나 '모방은 창조의 어머니'라는 말도 있듯이 아무것도 없는 상태에서의 창조란 있을 수 없다고 해도 과언이 아니다. 창작 행위 자체가 의식적 모방인가, 아니면 조형 과정에서 진통을 겪어 우러난 성형적(成形的) 모방인가가 문제일 것이다. 독창성은 바로 이러한 창작 과정을 통해 그 시대 그 장소에만 나타나는 건축이 등장할 때 성립된다. 이러한 독창적인 건물이 한두 개라도 나타날 때, 가로경관은 그 나름의 개성을 지니게 된다. 테헤란로의 무역센터나 포스코빌딩이 이런 사례의 하나라고 보아도 무방할 것이다. 도시경관을 이루는 모든 건물이 독창성을 지닐 수도 없으며 그럴 필요도 없다. 경관의 성격을 부여해 주는 몇 개의 독창적인 건물과 이것을 모방하거나 이에 순응해 들어서는 동질적인 건물들로 이루어지는 가로경관, 이것이 가로의 실제적인 모습이 아닌가 한다. 결국 진정한 도시경관은 그 시대 그 지역의 문화와 사회를 반영하는 것이어야 하며, 이것을 전제로 한 창작 행위가 성공하고, 또 그것이 건전한 모방 행위에 의해 도시 전반에 확대될 때, 그것은 우리 시대의 양식으로 정착될 것이다.

외래 이식문화와 국내 고유문화

우리는 보통 문화라 하면 각종 문화재를 생각하거나 여러 가지 문화행사를 연상하지만, 보다 보편적인 개념으로는 '한 사회를 지배하는 사고의 틀과 행동양식'을 말한다. 이런 의미에서 도시란 각종 문화활동이 이루어지는 장이면서 그 자체가 가시적인 문화의 표현체이기도 하다. 여기서는 문화재나 문화행사의 측면보다는, 상업가로에서 흔히 관찰되는 소비문화와 관련된 도시경관에 대해 생각해 보려 한다.

소비 중심의 대중문화가 압구정동·대학로·신촌 일내를 비롯한 도시 중심부의 상업가로를 압도하고 있다. 그것은 우리가 살아가는 데 필수적인 의식주의 범위를 넘어서고 있으며, 우리는 많은 시간과 돈을 이러한 소비 행위에 사용한다. 소비문화란 말이 심심치 않게 쓰이고 있지만, 오늘날과 같은 소비양상도 과연 바람직한 문화라 할 수 있을지 의문이다. 빨간 간판이 눈에 선명한 맥도널드와 각종 피자 전문점이 자리한 압구정동 중심지는 외래 이식문화가 국내 고유문화와 충돌하면서 국내 문화를 서서히 잠식하는 지역이다. 이러한 현상은 서울의 대학가는 물론 근린 상업 지역까지 파고 들어가고 있으며, 곧바로 서울을 닮아가는 지방도시에도 파급된다. 이런 지역 어디를 가나 편의점·패스트푸드점·의류점·팬시점·비디오샵·호프집 등의 소비문화를 위한 건물들이 표준화해 있고, 대량복제된 외제 파사드가 가로경관을 주도하고 있다. 소위 대용문화(代用文化) 혹은 키치(kitsch) 문화가 거리의 문화와 삶의 중심에 자리잡는다. 이 키치 문화는 건물·의상·실내 등 어디에나 보이는 상투적이고 속임수적인, 한마디로 속칭 '이발소 그림' 같은 예술로서 첫눈에 쉽게 대중에게 이해된다는 특징이 있다. 이 싸구려 이식문화가 유행처럼 번지면서 종래 가로경관에 보였던 고유의 특성과 고급문화적 성격이 엷어지고 있다. 이러한 키치적인 소비문화는 주로 이십대와 삼십대 초반의 감수성이 예민한, 쉽게 외국 것을 받아들이는 젊

은이 집단에 의해 주도된다. 이
들은 후기 자본주의 사회의 풍
요를 누리게 된 첫 세대들로서,
도시문화에서 차지하는 비중이
막중함에도 불구하고 그 동안
기성세대가 방치해 온 셈이고,
이들 소위 X세대·N세대가 주
인공인 문화가 저속한 거리문화

명동 거리 한복판에 들어선 패스트푸드점.

를 주도하는 것이다. 우리의 가로경관은, 기성세대가 주인공인 우리 고유의 재
래문화는 시들고, 외국에서 이식된, 젊은이가 좋아하는 외래문화가 점점 압도해
가는 듀엣이라고 볼 수 있다.

　젊은 세대가 주도하는 유행의 거리에 범람하는 외국의 이식문화는 우리 고유
의 문화와 융합할 필요가 있다. 서구의 문화와 전혀 다른 전통문화가 공존하고
있는 우리 현실에서, 현재의 우리의 삶의 양식을 토대로 이것들을 하나의 새로
운 문화양식으로 통합하고 조화시켜 우리 시대의 새로운 문화전통을 수립해야
하는 것이다. 그 동안 기성세대가 등한시했던 신세대가 앞으로 우리 시대를 이
끌어 갈 주인공이란 점을 인식하고, 이들이 추구하는 문화에 터전을 마련해 줄
필요가 있다. 신세대의 소비향락적인 풍조만 과장해 보지 말고 그들 특유의 창
조성과 개방적인 감수성에 귀를 기울여야 하며, 그들이 추구하는 외래 이식문화
의 국내 정착을 시도해야 할 것이다. 무엇보다도 저속한 키치 문화와 유행처럼
번지고 있는 혼성모방(pastiche)을 막고 문화의 주체성과 정체성을 찾아야 한
다. 간단한 사례를 들면, 서울의 거리 여러 곳에서는 전 세계적인 기업 맥도널
드 패스트푸드점의 빨갛고 노란 간판이 다른 간판을 압도하고 있지만, 파리의
샹젤리제 거리에는 주변 간판에 맞추어 흰색 바탕에 노랗게 표시되어 있고, 독
일의 어느 도시는 주변 간판과 같은 형태의 장식 철물 안에 맥도날드의 이니셜

인 'M' 자만 표시하도록 해서 도시 본래의 가로경관에 조화되도록 했다.

몇 마디로 제시하기는 어렵지만, 잠식되어 가는 우리 고유문화와 외래 이식문화의 만남의 현장, 이 장소를 미래지향적인 도시문화의 현장으로 가꿀 필요가 있다. 이질적인 문화가 공존하는 면에서 우리는 서구보다 더 힘든 상황에 있지만, '음양의 조화'라는 우리 고유의 철학에 익숙해 온 터에 좋은 묘안과 방법이 있으리라고 믿는다.

우리 도시경관의 이원성

우리 도시경관의 이원적인 사고체계를 이렇게 일곱 개의 듀엣으로 구분해 보았다. 어떤 듀엣은 서로 보완적이고 공생 관계에 있어 아주 좋은 관계를 유지하는 것도 있고, 어떤 경우에는 조화나 균형이 깨져 경관적으로나 도시활동 면에 나쁜 영향을 주기도 한다. '지방문화와 중앙문화'의 관계에서 지방도시는 그 지방 고유의 정체성을 살리기보다 서울이나 중앙문화를 답습하려는 경향을 보였고, 서울이 대표하는 중앙문화조차도 서구의 것을 도입하거나 모방함으로써 독자적인 정체성이 빈약했다. '길과 광장'의 관계는, 현재 우리나라의 도시에도 조그마한 오픈 스페이스로서 소공원·도로공원·마을마당이 도로변에 형성되는 과정에 있지만, 제대로 구색을 갖춘 서구의 광장에 해당되는 것은 없다고 볼 수 있었고, 그보다는 '큰길과 뒷길'의 상호 보완적인 관계가 우리나라 도시경관의 특징으로 나타났다. '상업적인 것과 전통적인 것' '근대적인 것과 전근대적인 것'의 대비 관계는 우리 경관 변천의 역사가 그렇듯이 매우 역동적이며, 충돌하는 양상을 보이고 있다. '모방과 창조'는 도시경관의 조형적 미학적 측면을 생각하는 한 언젠가 극복해야 할 과제로 남는다. '외래 이식문화와 국내 고유문화'의 문제는 도시경관의 이질성 문제와 아울러 세대간의 격차문제까지 동시에 생각하게 하는 요소로서, 특히 가치 없는 대용문화, 키치 문화의 범람은 우리 도시경관을 황폐시킬 우려가 있다.

　이런 도시경관의 이원적 성격은 앞에서도 고찰했듯이 우리 도시의 역사적 변천 과정, 특히 일제시대에 형성된 도시경관에서도 잘 관찰된다. 일본인들이 우리 도시의 주인으로 등장하면서, 일본인들의 주거·상업 지역과 조선인들이 활동하는 지역의 차별화에 의해 공간적으로 구분된 이중적인 경관이 만들어졌다. 일제 초기 부산이나 인천·목포 등 개항기 항구도시를 비롯해 일제시에 근대화한 거의 모든 도시들은, 일인들의 주거지나 상업가로들은 번창하고 계획적인 데 비해 조선인들의 그것은 자연발생적이고 불규칙했으며 초라했다. 일제시대 서울의 충무로 일대에 생겨난 일인들의 거리인 혼마치와 조선시대부터의 시전거리인 종로의 자존심을 건 경쟁 현상도 일제의 산물이었다. 이 두 거리가 경쟁 관계에 있으면서 서로에게 자극을 주어 발전하는 양상은 오늘날까지도 지속된다. 반면에 조선인 거주지와 일본인 거주지 사이의 분화 현상은 심각하여 서울을 비롯한 여러 도시에서 소위 남촌과 북촌으로 나뉘었고, 일본인 거주지의 부유함이나 문명성과 조선인 거주지의 빈곤성과 야만성은 극단적인 대비를 이루었다.

　결국 서구와는 다른 역사적 변천을 겪었던 한국적 도시상황, 다양한 동서양의 가치관과 사회적 힘들이 혼재되어 있는 한국의 사회상이 그대로 반영된 것이 오늘날 우리가 지닌 도시경관의 실체라 할 수 있겠다. 앞에서 밝혔듯이 이렇게 여러 면에서 이원적인 발전 과정을 겪어온 우리 도시경관은, 그 이원성에 근거해 경관적 특징을 밝히는 것이 우리 경관을 긍정적 측면에서 올바르게 해석하는 것이고, 다른 서구의 도시에 적용했던 해석방법을 빌려 오는 것보다 이해하기 쉽다는 것이 필자의 결론적인 판단이다.

3. 기철학과 우리 도시경관

서양의 접근태도에 대한 방법론적 회의

필자는 근대 이후 오늘날까지 우리 학문에 있어 '전가(傳家)의 보도(寶刀)'처럼 활용되어 온, 논리적 실증주의(logical positivism)에 근거한 접근방법에 대해 회의한다. 이 태도는 무엇보다도 인간이 지닌 이성을 신뢰하여 그 분석적 합리적 방법에 의해 온갖 사회의 생성 변화 현상을 기계론적으로 설명하려는 것으로, 그 근원은 서구의 르네상스적 휴머니즘, 뉴턴 물리학 그리고 데카르트적 인식론에서 비롯했다. 이 저변에 깔려 있는 정신은 이성적 주체관, 주체와 대립되면서 주체의 인식에 의해 파악될 수 있는 객관적 실재, 그리고 전체적으로 보아 역사의 진행과정은 진보성을 띤다고 하는 첨예한 역사의식으로 특징 지어진다.윤평중 1992 이러한 방법을 통해 오늘날 많은 성취와 업적을 이룩했음에도 불구하고 그 학문적 태도가 기원한 서양으로부터도 도전과 비평을 받아 왔고, 또 신과학(新科學)과 생태학 분야에서 대안적 방법들도 제시되었다. 필자도 도시의 형태와 경관에 관심을 가져 온 이십여 년 간 이러한 접근방법이 아닌 다른 접근방법으로 도시경관을 해석하려고 시도해 왔고, 이제 시험적이긴 하지만 우리 고유의 학문적 전통에서 우리 도시의 해석에 적합하다고 생각되는 접근방법을 모색하려 하고 있다.

복잡한 여러 현상들이 복합되어 있는 도시를 다루는 데 있어, 이 분석적 과학적 실증적 태도는 분명히 결함을 지니고 있다. 그 결함은 무엇보다도, 파악하기 어려운 감성적인 요소는 젖혀 두고 이성적으로 파악할 수 있는 것만 일방적으로 탐구하는 데서 오는 것이다. 합리적 지식과 분석을 과도하게 강조하고 직관적 지혜와 총체적 종합은 등한시함으로써, 직관과 감성에 의해 파악할 수 있는 많은 현상들을 간과한 것이다. 참다운 학문적 인식을 위해서는 인식의 원천으로서 가능한 한 모든 것을 고려해야 함에도 불구하고, 실증적 방법에서는 검증이 가능한 일정한 대상만 학문의 대상으로 인정하고 여타의 대상들은 모두 학문 이전의 영역이나 학문 외적인 영역으로 밀어낸다.^{자이페르트 1994} 이것은 소위 환원주의 (reductionism)라는 이 태도의 특징적인 방법론에서 더욱 드러난다. 환원주의적 입장은 복잡한 현상들을 기본적인 구성 요소로 환원시켜 각 구성 요소를 이해하고, 그 상호작용을 하는 장치구조를 발견함으로써 그 현상을 이해하려 한다. 서양의 근대적 세계관은 만물을 쪼개고 나누어서 그 본질적인 구성 요소를 찾으려는 요소론적 세계관이며, 현상의 원인을 그렇게 찾아낸 요소들에 귀착시키려는 환원론적 세계관이자, 현상과 현상의 관계를 필연적인 메커니즘으로 설명하려는 기계론적 세계관이다. 전체와 부분으로 구분해 부분이 모여 전체가 되고, 전체가 흩어지면 요소로 나눌 수 있다는 이 편리한 생각은 이미 현대 물리학의 개념인 양자론과 상대성이론 그리고 불확정성원리에 의해 극복되었고, 후기 분석철학, 후기 구조주의, 해체주의, 신인간주의, 포스트모더니즘, 생태주의 등에 의해 대안이 제시되었다. 나아가 부분이 전체를 반영하고 전체가 부분을 반영한다는 신과학 개념에 의해 비판을 받기도 했지만, 아직도 도시환경설계에 종사하는 전문가 집단의 주류는 환원주의자들의 데카르트적 관념에 빠져 있다. 전체가 아닌 부분의 설계, 도시가 아닌 프로젝트의 설계, 개인들이 장소를 체험할 때 생기는 심리적 장소의 구성이 아닌 물리적 공간의 설계가 그들의 주된 관심사이다.^{모틀로크 1994}

오늘날의 학문과 과학기술의 거의 전부가 서구인의 사고와 전통을 바탕으로 이투어진 성과에 의존하고 있지만, 그렇다고 유럽의 문화가 보편적인 세계문화라고 볼 수는 없다. 극단적인 문화상대주의의 입장에서는, 과학이 민족 고유의 신화와 비교했을 때 진실에 더 가깝다고 할 수는 없고, 과학은 단지 서양 민족이 좋아하는 신화에 불과하다는 견해도 있을 수 있다.도킨즈 1995 예컨대 도시환경과 같은 복합적인 문화 현상을 다른 문화에서 다루었던 방법으로 해석하려 한다면 그 문화를 제대로 이해할 수 없다. 서구인들 스스로에게도 자신들이 지녀 왔던방법의 타당성에 대한 비판과 새로운 패러다임에 대한 욕구가 일어나고 있는 세기말, 새로운 세기에, 우리는 우리의 학문이 그 주변 학문임을 인정하고 그들의 낡은 방법이나 답습할 수밖에 없다고 개탄하기보나, 이제 서양 중심의 학문관의 잘못을 시정하고 독자적인 이론을 제시해야 할 것이다.조동일 1993 이제까지의 방법이 아닌, 직관과 검증을 방법론으로 한 보편적인 이론을 정립해서 우리가 지닌 우리의 문화, 우리의 역사와 현실을 해석할 수 있어야 한다.

총체적 접근과 동양학의 가능성

이제 원자구조, 생물학적 유기체, 나아가 사회 현상이나 인간과 환경의 상호작용 등 많은 현상들이 환원주의자의 접근방법으로는 설명이 되지 않는다는 것이 사실로 밝혀지고 있다. 맹목적으로 작용하는 힘의 상호작용만을 인정하고 그것의 가치와 목적 그리고 의미가 설 자리를 부정하는 환원주의자들의 태도는, 과학의 영역을 넘어 인간의 문화 전체, 심지어 정치 사조에까지 좋지 않은 영향을 미치고 있다.데이비스 1988 바야흐로 환원론의 수난시대이기는 하지만, 환원적 방법이 이룩한 성과나 방법을 무시하거나 그 자체로는 비합리성을 지니고 있는 총체론(holism)만을 고수하자는 것은 아니다. 환원론을 대신할 다른 사상을 정립하자는 것이 아니고, 두 접근태도의 조화에 의해 그 동안 방법론상으로나 소재상으로 비과학적인 것으로 제외시켜 온 현상들에 대해 새로운 시각에서 관심을 갖자는 것이다. 실체가 확인되지 않는다고 해서 그 존재를 무시하거나 그 작용을 바탕으로 한 이론체계를 무시해서는 안 된다.소광섭 1992 예컨대 서구의 프랑크푸르트 학파가 추구하는 비판사회과학의 입장도 이러한 과거 서구의 접근태도를 그들 스스로 바꿔 보려는 시도라고 볼 수 있다.

물리학의 총체론적 개념인 양자론에서 보이듯이 입자들은 독립된 물질의 낱알이 아니라 확률 모형이며, 분리될 수 없는 우주적 그물 속에서 연결되어 있을 뿐 아니라 인간을 포함한 모든 현상들은 기본적으로 상호 연결되어 있고 서로 의존하고 있다는 유기체적인 세계관이 등장하고 있다.카프라 1985 이러한 현상을 이해하기 위해서는 새로운 세계관으로 바뀌어야 하며, 그 대안적 모형으로 동양철학의 세계관을 끌어 올 수 있다. 유기체적인 세계관은 개체와 개체의 관계, 개체와 전체의 관계에 주목한다. 예컨대 그리스의 원소설(元素說)은 물질의 본체에 관한 존재론적인 입장인 데 반해, 동양의 오행설(五行說)은 사물 사이의 관계, 즉 사물 사이의 상대적인 성질을 분류하는 데 주목한다. 사물의 본질을 분석적으로 파악하려 하지 않고, 현상의 다양성과 복잡성을 있는 그대로 인식하려고 한다.김용운·김용국 1985

서양의 문화는 존재를 주된 쟁점으로 삼고 세계의 근원을 실체(substance)로 파악하려는 문화인 데 반해, 동양의 문화는 무(無)의 체험을 정점에 놓고 세계의 근원을 기(氣)의 역동성으로써 파악하려는 문화이다. 서양의 문화는 매사에 명료성을 추구하는 반면, 동양의 문화는 모호함 속에서 조화로운 참여를 추구하는 문화이다. 인체를 자연과 인간의 조화와 인체 내 각 기능들 사이의 조화로 설명하는 한의학적 세계관, 정신과 육체까지 포함해 만물의 통일성을 기로 설명하는 기철학, 개체 속에 만물이 담겨 있다는 화엄적 세계관 등이 여기에 해당한다.김교빈 1993 필자가 우리 전통학문에서 답을 구하기 위해 취한 대안적 접근방법으로서 착안하려는 것은, 신비한 세계를 보여주는 상품화한 동양학이 아니고, 서구의 식민적 지배 방식의 측면에서 본 '오리엔탈리즘'사이드 1991도 아니다. 서구와 대등한 동양적 혹은 한국적 인식론을 모색해 서구적 방법으로는 해석하기 어려운 우리의 도시환경을 들여다보자는 것이다.

전통학문으로서의 동양학은, 진리와 사실의 추구를 위한 인식론을 기반으로 하는 서구학문과는 달리, 삶을 가운데 놓고 삶 중심의 관점에서 사물을 봄으로써 사실과 당위를 구분하지 않는 가치 지향적 태도를 취한다.장회익 1998 동양학은 근대 이후 우리가 망각해 가던 사물을 보는 또 다른 관점, 즉 자연과 인간을 분리하지 않고 내면적으로 깊이 결부시켜 파악하는 관점을 일깨워 주고 있다.박희병 1999 오늘날의 서구적 합리주의 세계관으로 본다면 이러한 관점은 신비주의적이거나 비합리적인 것으로밖에 보일지 모른다. 따라서 전통적 동양사상을 모태로 새로운 접근방법을 모색하려 할 때는, 사실의 세계와 가치의 세계를 분리해낸 후, 전통사상에 들어 있는 사실에 관한 측면을 서구 과학의 물체개념과 법칙개념에 각각 대응시키는 방법이 있을 수 있다.장회익 1998 이런 의미에서 동양사상의 근간을 이루는 이(理)와 기(氣) 개념을 오늘날의 시각에서 근원적 차원으로 이해하고 받아들일 필요가 있다. 기를 '숨겨진 질서'로 보고, '보이는 세계'를 이 근원으로부터의 끝없는 생성 현현(顯現)으로 관찰하려는 새로운 태도, 형식 논리나 기법이 아니라 기 자체의 본질을 추구하려는 접근방법이 필요하다. 그러기 위해서는 과거로부터 전통사상 연구의 관심대상이었던 천원지방적(天圓地方的) 세계관, 음양·사상·팔괘의 도식적 적용, 오행론의 요소론적 해석, 홍범구주(洪範九疇)의 제왕학적(帝王學的) 중화중심적 이론, 천지인 삼재설의 고대적 해석에 더 이상 집착하지 말아야 한다.김지하 1996 이기(理氣)에 대해 공리공론만 일삼던 과거 주자학의 병폐만 비난하지 말고 새로운 시각에서 이기의 본질적 의미를 재해석해야 한다.

동양학의 대표적인 철학체계인 주자학은 이기철학을 바탕으로 중국 고대 전통사상을 이론적으로 체계화한 것으로, 12세기 송대의 주자(朱子, 1130-1200)를 중심으로 발전한 것이다. 이러한 주자학이 한국에 전래된 것은 고려말로서,

이 이론에 대한 학자들의 수용과 이해의 과정을 거쳐, 조선시대 이황·이이의 단계에 이르러 철학적 원리의 차원에서 주자학에 대한 체계적 인식이 구축되었고, 그로부터 우리 고유의 한국적 주자학이 형성되고 있다. 특히 이이의 이기일원론은 이를 대표하는 것으로, 이 글에서는 우선 주자의 이기이원론에서 이이의 이기일원론, 그리고 최한기의 기학으로 변화된 과정을 고찰하면서, 이기의 원리나 개념이 도시경관 해석에 적용될 수 있는 가능성을 탐색해 보기로 한다.

만물의 근원은 기이다

이기일원론(理氣一元論)은 율곡(栗谷) 이이(李珥, 1536-1584)가 독창적으로 발전시킨 우리 고유의 사상체계이다. 이것은 중국의 철학체계인 주자학과 이를 계승한 퇴계의 이기이원론(理氣二元論)을 비판하면서 체계화한 것으로, 그 이후 혜강(惠岡) 최한기(崔漢綺) 등에 의해 기학(氣學)으로 발전하기도 한다. 이와 기는 우주 내의 수많은 현상 사물들의 존재구조를 설명하기 위해 사용되는 개념으로서,^{이기용 1986} 현상세계가 부단히 유동하는 기의 세계라면 이(理) 혹은 도(道)는 이러한 변화 속에 내재한 합목적적 질서를 말한다. 본래 기라는 개념은 중국의 대표적인 기론자인 장횡거(張橫渠, 1020-1077)에 의해 처음 사용되었다. 그에 의하면 기의 모임과 흩어짐의 변화에 의해 객관적으로 존재하는 각종 사물과 형상이 형성되며, 이 사물과 현상은 모두 대립 변화의 작용을 갖고 있다는 것이다.^{진정염·임기담 1990} 후에 이기이원론이 등장하면서 중국의 이기론이 성립했고, 주자가 이를 받아들여 한층 심화시켜 중국철학의 체계적 완성을 보게 되었고, 이이가 이를 바탕으로 기 중심의 조선 성리학을 창안한 것이다.^{최완수 외 1999}

이기이원론에서 이는 태극을 말하는 것으로, 만물에 본래 있는 것(本有), 보편적인 것, 무형적인 것(無爲)이며, 영어로는 'the order of nature' 'law' 'reason' 'order' 'form' 'idea' 등의 개념을 가진다. 기는 이원적인 구조로서 음기와 양기로 구분되며, 개별적으로 특수한 것, 유형적인 것(有爲), 영어로는 'the breath of nature' 'matter' 'will' 'impulse' 'power' 'vitality' 등의 개념을 갖는다. 특히 기는 총체적 입장(holistic view)을 취하고, 동양철학에서 매우 포괄적이고 다면적인 성격을 띤 우주만물의 근본적인 존재양식이라 할 수 있다. 주자나 율곡 혹은 혜강 등의 기 개념이 다소 차이는 있어도, 이러한 기 개념을 통해서 본 세계 관 속에는 물질과 생명 사이, 또는 물질과 정신 사이의 불연속성이 존재하지 않는 다. 특히 한국에서 독자적으로 발전시킨 기일원론(氣一元論)은 기의 존재를 더욱 강조한 것으로, 우리가 오늘날 '기철학'이라고 하는 경우는 이러한 한국적 기일 원론을 보다 일반화해 말하는 경우라고 볼 수 있다.^{박희병 1999}

같은 기를 공유한다는 점에서 생물과 무생물은 구별된 상태로 존재하지 않는 다. 기는 단일한 것으로서, 생명과 정신 현상에 도입되는 기나 물리적 세계의 성질이나 현상에 쓰이는 기가 동일한 것이다. 정신적 생리적 물리적 현상들 사 이에서의 어떤 차이를 논하는 경우, 그것은 기의 종류의 차이가 아니라 단지 정 도의 차이를 의미하는 것이다.^{김명자 1991} 이 연속성의 개념은 기의 가장 특징적인 성질의 하나로서, 현대 학문의 입장에서 보아도 물리과학 · 생명과학 · 사회과 학 · 사고과학을 하나로 꿸 수 있는 개념이다.^{조동일 1993}

주자는 '이'인 태극의 움직임에 따라 '기'인 음양이 분화되어 만물이 생성 변 화한다고 본 데 반해, 율곡은 태극으로부터 음양이 분화되는 것이 아니라, 음 양, 즉 기가 본래부터 태극을 가지고 있다고 본다. 즉 만물은 기가 모이고 흩어 짐에 따라 생성 변화하지만, 이가 그 속에 내재되어 있어 그렇게 변화한다는 일 원론적 입장을 취한다. 기는 개개의 만물에 따라 특수화하지만, 이는 그 특수한 사물 속에 들어 있어 만물을 서로 통하고 조화롭게 해준다. 율곡은 이의 존재를 인정은 하지만, 태극으로서 따로 존재하는 것이 아니고 기 속에 있어 '기가 이 를 타고 나오는 것(氣發理乘)'이라고 주장한다. 이러한 이기 관계를 구조적으로 보면, '이는 공통적인 것이고 기는 그 사물에 국한된 것(理通氣局)'이다. 여기서의 '통(通)'은 하나·같음·보편성을 나타내는 말이고, '국(局)'은 다름·변화·특수성·제한성을 뜻하는 말이다. 따라서 기가 사물에 따라 다른데도 한 근본일수 있는 것은 이의 보편성[通] 때문이며, 이가 하나인데도 여러 가지로 다른 것은 기의 제한성[局] 때문이다. 기철학을 오늘날의 패러다임으로 수용하고자 할경우, 여기서 말하는 일원론적 이기론이 더 적절한 사상체계라고 보인다.

이는 비록 하나이나, 이미 기를 탔으므로 그 나뉨은 만 가지로 다르게 되어, 천지에 있어서는 천지의 이가 되고 만물에 있어서는 만물의 이가 되며 사람에 있어서는 사람의 이가 된다. 기로서 나타나는 모든 자연 현상, 사회 현상, 도시 현상은 각기 그 고유의 이를 갖고 있지만, 이들 상호간에는 무엇인가 전체를 꿰뚫는 일반적이고 공통적인 원리가 존재하는 것이다. 예컨대 사회제도적 측면에서 보면 행정 이념이나 사상은 이(理)로서 보편성·추상성·불가변성을 띠고, 행정제도·정책 등은 기(氣)로서 제한성·구체성·가변성을 띠므로, 전자는 후자를 통해 구체화할 수 있으며 전자가 실현되려면 후자가 시대적 공간적 상황에 따라 변모되어야 한다고 해석할 수 있다.^{윤재민 1993} 또한 건축으로 비유하자면, 먼저 땅이 기의 터전이 되어 여기에 어떤 이의 원리, 즉 설계도에 의한 건축이 들어가 최종적으로 이들이 결합된 기 혹은 장소성이 성립된다고 말할 수 있다.

이보다 이백여 년 후에 활동한 혜강 최한기의 기철학은 이기의 관계에 있어 기의 중요성을 더욱 강조한다. 혜강은 조선 후기 실학파의 마지막 유학자로서, 실학을 계승하면서 당시 도입된 서구 과학의 지식을 적극적으로 수용한 사람이었다. 그는 북학파 이덕무의 손자와 친교가 있어 실학사상과 개화사상을 연결시킨 가교자였으며, 또한 경험주의에 관심을 보여 서양의 논리적 실증주의와도 연관성이 있다.^{박종홍 1968} 그는 이 세상의 모든 존재를 다 같이 기로 보았는데, 이것을 특히 '신기(神氣)'라고 했다. 즉 "모든 존재는 그 형질 속에 신기를 지니고 있으며, 그 신기 속에는 내재적 법칙 혹은 조리로서 이가 있다(質包氣 理在其中)"고 했다.

기존의 음양오행적인 관점에서는 기의 원형인 음양이 구체적인 형질을 갖는 존재가 아닌 데 비해, 혜강의 기철학에서는 구체적인 형질을 갖는 기를 그 원형으로 본다는 점에서 차이가 난다.손병욱 1993 기존의 주자학은 이가 기를 주재하는 '이 중심적 이론(主理論)'인 것인 데 비해, 기철학에서는 이란 단순히 기의 법칙으로서만 이해된다. 즉 기철학은, 기의 작용이 현상으로 나타난 가능한 많은 사상들을 고찰해 사물의 본질을 객관적으로 탐구하는 학문태도를 취한다. 그의 독특한 인식론인 '미루어 헤아린다(推測)'는 방법은 조사 분석해 종합 판단한다는 개념으로서, 귀납과 연역을 동시에 포괄하는 입장을 취한다. 그리하여 인간의 물질적 정신적 삶에 직간접으로 소용되는 만사만물 치고 추측에 의거하지 않고 얻을 수 있는 것은 아무것도 없다고 본다.손병욱 1993 그의 기철학은 종래의 동양적 개념을 발전시킨 것이 아니라 서양 과학을 수용해 그 분석적 방법론을 이해하는 과정 속에서 형성된 것으로,사사 미츠야키 1992 서구의 분석적 방법론과 기철학의 총체적 방법론이 동시에 내포되어 있어 앞으로 우리가 확립해야 할 새로운 패러다임, 즉 환원론과 총체론의 조화스런 모델에 어떤 실마리를 제공한다.

율곡의 일원론적 이기론에서 보이는 이와 기의 구분, 또한 기가 가진 음기와 양기의 구분처럼 동양의 사상체계는 일단 이원적 구조로 되어 있다. 그러나 이 이원론은 정신과 물질, 주체와 객체, 인간과 자연 사이에 보이는 유럽의 이원론과 달리 서로 반발하거나 대립되지 않고 일원적 사고에 의해 타협 조화되는 것을 목표로 한다. 어떻게 보면 이중적 역설적 균형이야말로 생명의 기본 생성 조건으로서, 대립적인 것의 상보성은 음양에 대한 역학의 기본원리이며, 대립적인 것은 상호 중심을 이동하면서 소위 '기우뚱한 균형'김지하 1996 을 취하는 것이다. 우리 옛 건축과 배치에 보이는 상보적 이원성, 현대도시 속에 보이는 몇 가지 이원적 구조가 이러한 맥락에서 설명될 수 있다고 본다.

티끌 속에도 우주가 있다

서두에서 언급했던바, '부분은 전체를 반영한다'는 동양의 유기체적인 세계관은 매우 오래 된 것으로, 중국에서는 이미 노장사상에서부터 비롯되었다. 장자는 "만물은 서로 연관되어 있고 모두 같다(萬物齊同)"고 했고, 전통적인 유교의 근본 이념인 천인합일사상(天人合一思想)도 모든 존재가 하늘이나 하늘의 이치〔天理〕에 의해 상호 연결되어 있다는 견해를 취하는 것으로서, 모두 우주의 일원성을 나타낸다. 우리 고유의 단군신화에 보이는 '한' 사상도 천인합일사상과 같은 것으로, 단군이란 개념은 천(天)·인(人)이라는 이원화의 관계를 소멸해 버린, 완전히 인간화한 천신 또는 천신화한 인간을 말하는 것이다.송항룡 1987 이것 또한 하느님과 사람이 하나 됨을 나타내는 한국 고유의 일원론적 개념이다. 특히 '한'의 개념은 전체의 큰 하나와 개체의 작은 한 낱을 동시에 내포하는 것으로,최재충 1985 하나〔一〕도 의미하고 많다〔多〕는 의미도 있는 이(理)의 개념과 유사한 개념이다. 중국에서 전래된 불교를 한국적 화엄불교 철학으로 발전시킨 의상 대사가 지었다는 『화엄일승법계도(華嚴一乘法戒道)』에 나오는 첫 구절인, "하나의 작은 먼지 속에 온 우주가 다 포함되어 있다(一微塵中含十方)"는 말도 이러한 생각을 잘 표현하고 있다. 불교는 부분과 전체를 설명하기 위해 수많은 은유를 사용했는데, 예컨대 "천 개의 강에 비친 달이 곧 하늘의 달과 같다(月印千江, 혹은 月印萬川)"고 하여 부분 속에 전체가 있다고 하고, 부처님은 하나이지만 그 부처는 모든 중생들의 마음속에 들어 있다고 하고 있어김상일 1991 '한' 사상과 같다는 것을 알 수 있다. 주자도 이(理)의 개념 설정에 이 개념을 빌려 왔으며 샤머니즘의 범신론적 개념도 이와 유사하다.

불교·도교와 유교를 함께 합치시켜 종합적 접근방법을 시도한 율곡의 사상체계도 기가 이를 타고 나타난다고 함으로써, 전체로서의 이의 총괄성과 개개의 사물 속에 기가 지니고 있는 이의 개별성 사이의 유기적 관계를 잘 나타내고 있디. 율곡과 같은 시기에 살았던 대표적인 기철학자 화담(花潭) 서경덕(徐敬德, 1489-1546)은, 같은 자연 내 존재로서 물아(物我)가 근원적으로 동일하다고 하여, 사람과 사물은 자연의 일부로서 연속적이며 서로가 서로를 돕는다는 상생적(相生的) 관계임을 강조한다. 혜강 기학의 학문체계 또한 상당히 많은 부분에 있어 깨달음을 지향하는 불교의 강력한 일원적 세계관과 유사한 점이 있어,손병욱 1993 우주 내의 모든 존재는 동일한 신기(神氣) 존재로서 서로 통하고 있으며 우주는 끊임없이 운동 변화하는 생명력으로 보았다.

단군으로부터 이어지는 이 일원적 사고는 "사람이 곧 한울이라(人乃天)"는 천도교의 기본 철학을 거치면서 면면히 흘러, 오늘날 김지하의 생명사상에까지 이어진다.김지하 1991 내 안에 무궁한 우주 생명이 살아 있고 모든 이웃들과 동식물, 무기물, 우주 전체까지 나의 생명이 연결되어 있다는 그의 생명철학은, 샤머니즘으로부터 비롯되는 우리 고유의 사상체계를 이어받은 것이다. 이런 의미에서 한때 우상숭배이며 미신이라고 치부해 버렸던 우리 고유의 고대 무속(巫俗)의 세계관, 샤머니즘에 다시 주목할 필요가 있다. 한국문화의 모태는 샤머니즘으로서, 한국이 외래문화와 사상을 받아들이기 전부터 샤머니즘은 한국문화의 바탕이 되어 있었다.조요한 1999 샤머니즘에는, "모든 사물은 그 자체 안에 생명을 갖고 있어 생동한다"고 보는 애니미즘(animism, 物活論 혹은 精靈論)적인 요소가 깃들여 있어, 여기에는 주관적인 것과 객관적인 것, 현실적인 것과 환상적인 것, 자연적인 것과 초자연적인 것을 가르는 벽이 존재하지 않는다.김영주 1992 동학의 교주 최제우(崔濟愚)가 우리 고대 종교의 샤머니즘 사상을 우리 정신의 원형으로 받아들였고, 그의 영향을 받은 김지하의 생명사상도 그러한 맥락의 연장선상에 있으며, 뒤에 언급하겠지만 이 개념은 신과학의 개척자인 케스틀러의 홀론(holon) 개념과 거의 같다.

동양철학에서 말하는 하늘[天]은 자연현상 그 자체이면서 자연의 규범과 법칙을 포괄하고 있을 뿐 아니라, 정치나 윤리 등 인간행동의 규범, 나아가서 인간이 만든 환경까지도 규제한다. 그것은 현존하는 자연 그 자체이자 그 법칙성 내지는 그것을 지배하는 의지적 존재로서, 바로 이(天理, 理法天)요 태극이다. 서양의 중세가 하늘에 해당되는 신에 예속되었던 시대라 한다면, 르네상스 이후는 인간이 신으로부터 벗어나 근대과학과 사회를 만든 인본주의 시기이다. 그러나 동양에서는 하늘의 존재를 결코 무시하거나 없애지 않고, 이기론적 개념에 의해 이를 인간 사회와 연관시킨다. 주자학에서 말하는 모든 존재의 궁극적인 본원이자 형이상학적 실체로서의 하늘의 개념은, 개개의 사물에도 이 하늘이 내재한다는 생각에 의해 구체적인 실체와 관련을 맺었고, 다시 혜강의 기학에 의해 더욱 실재적인 것으로 체계화한다. 혜강이 말하는 하늘은 주재하는 하늘, 윤리적인 하늘이 아니고, 기에 속한 구체적인 대기(大氣), 즉 자연천이다._{손병욱 1993} 그러나 그것은 서구적인 자연 현상으로서만의 하늘이 아니고 생명을 가지고 있는 유기체·생명체로서의 하늘이다. 하늘은 일체 존재를 생성할 뿐 아니라 동시에 천지 만물에 두루 들어 있어, 하늘과 사람, 하늘과 만물은 같으면서도 다르고, 다르면서도 같다. 이렇게 동일성과 차별성을 강조함으로써 전통적인 주자학에서처럼 개개의 사물이 하늘에 완전히 종속되는 것이 아닌, 독자성·개체성·주체성을 확보할 수 있는 가능성을 열어 놓은 것이다. 만물을 하나로 살피는 총괄론과 하나를 만물로 살피는 개별론이 각기 가능하면서도 필요하다고 한 것이다._{조동일 1993}

기철학의 최대 목표는 세상만사의 모든 영역에 있어 천인합일(天人合一)의 상태에 도달하는 것이고, 인간을 포함한 모든 사물이 하늘이라는 거대한 유기체의 일원으로서, 자아실현을 통해 내면의 하늘(理)을 자기화하는 것이다. 결국 현상세계를 나타내는 기는 이라는 원리가 실현될 때 가장 좋은 것이고, 이로써 미루어 볼 때 도시경관의 여러 가지 이원적 구성은 서로 조화와 통일을 이룰 때 우리가 살기 좋은 장소로 되는 것이다.

화엄경의 우주관은 신과학의 '홀론' 개념이나 '숨겨진 질서' 개념과 유사하다. 홀론(holon)은 케스틀러(A. Koestler, 1905-1983)가 만든 말로, 부분이면서 동시에 전체라는 뜻이다. 전체는 부분 속에 내재하고 전체는 부분을 증명해 보인다. 홀론의 예는 많아, 소립자에서 우주 전체의 구조에 이르기까지 홀론으로 설명하려는 시도도 있다.^{김용운·김용국 1999} 환경은 공간적으로 연속된 커다란 차원을 갖고 있어, 예컨대 세포는 유전자의 환경이면서 기관을 구성하는 요소라는 홀론의 관계에 있다.^{佐倉統 1992} 개체와 우주는 하나의 흐름 속에서 개방되어 연계된다고 볼 수 있다. 봄(D. Bohm)의 숨겨진 질서 속에서는 우주는 쪼갤 수 없는 하나의 체계로 모든 부분들은 서로 겹쳐 있으며, 그 어느 부분을 들추어 보려고 해도 나머지와 떼어놓을 수 없게 연관되어 있다. 양자물리학의 세계와 마음의 세계가 이 숨겨진 질서에 의해 이해된다. 연암 박지원의 절친한 친구인 홍대용(洪大容, 1731-1783)은, '지구가 사람과 사물의 생명활동이 전개되는 거대한 장임은 물론, 그 자체가 살아 숨쉬는 하나의 유기체적 존재(地者物活也)'^{박희병 1999}라고 보고 있는바, 이런 관점은 러브록(J. Lovelock)이 제안한 가이아 이론과 상통하는 개념이다. 이 외에도 기와 이 개념에 보이는 우주생명적인 사고는, 예컨대 '온생명'^{장회익 1998} 'DNA 메타 네트워크'^{佐倉統 1992} 등 신과학에 관심이 있는 다른 학자들의 사고에도 반영되고 있어 앞으로 새로운 패러다임의 구상에 도움을 주리라 생각된다.

기철학으로 본 우리 도시경관 ― 이원적 일원성

지금까지 철학적 차원에서 어떤 원리 측면의 기에 관해 고찰을 했지만, 이제 실생활과 관련해 기의 개념을 살펴보려 한다. 우리가 기의 존재를 인정한다고 해도 그것이 있다는 것을 실증적으로 증명하는 것은 만만치 않다. 하여튼 기는 "현상으로 나타난 모든 존재, 혹은 기능의 근원으로서 물질 혹은 생명, 나아가 정신까지도 성립시키고 있는 본바탕이다"^{마루야마 도시야키 1997}라는 정의를 일단 여기서는 수용하기로 한다. 마루야마 도시야키는, 기를 원자적인 미립자는 아니지만 물질을 구성하는 구극극미(究極極微)의 요소로 보며, 혹자는 물체를 하드웨어, 기를 소프트웨어에 비유해 이 세상 만물을 이 두 개의 복합개념으로 보기도 하고,강대봉 1990 물리학에서 불변의 법칙으로 통하는 엔트로피 개념을 적용할 수 없는 신비한 존재로 보기도 한다.김재은 1996 기의 성질이 어떻든 인체에는 경락을 통해서 흐르는 기가 있고, 자연에는 풍수에서 말하는 지기(地氣)가 있으며, 빼어난 예술작품에는 신명의 신기(神氣)가 있으며, 종교에는 베일 속에 가린 신비로운 기가 있다는 것은 우리 동양문화권에서는 거의 상식적으로 인정하고 있다. 만지거나 볼 수는 없어도 많은 사람들이 개인적인 체험에 의해 기의 존재를 실감하는 것이다. 기의 체험이나 제시가 아직은 진실과 허위, 상상과 사실이 뒤범벅되어 있고, 흥미로운 구경거리로 보이거나 신비주의에 빠지는 경우가 허다하나, 앞으로 보다 실질적이고 합리적인 이해의 길로 들어설 것이다.

이와 같은 맥락에서 인간이 만든 건축, 도시 혹은 사회환경에도 기가 있다는 것을 생각할 수 있다. 김지하는, 풍수에서 지구 생태계에 단전과 경락이 있다고 하고, 이것을 인정한다면 사회에도 보이지 않는 숨겨진 질서로서 '사회적 경락'이 있다고 지적했는데,김지하 1996 그가 말하는 거대한 우주적 경락체계로서 기의 존재를 보편적으로 인정하기는 이르다고 해도, 최소한 우리의 일상 체험 속에서 기가 존재한다는 것은 밝힐 수 있지 않을까 하는 생각이다. 이렇게 도시의 장소들에 기가 있다는 생각을 받아들인다면, 이 개념은 서구의 지령(地靈, 혹은 場所의 魂, genius loci, spirit of place)과 같은 개념으로 이해될 수 있다. '지령'은 노르웨이의 건축가 노베르그-슐츠가 실존현상학적 개념을 발전시켜 개념화한 것으로,Norberg-Schulz,1979 그는 어느 장소가 독특한 분위기를 지닌다면, 이는 장소를 지켜주는 혼(guardian spirit)이 있기 때문이며, 이 혼은 사람과 장소에 생명을 주어 소멸할 때까지 따라다니며 그 장소의 성격을 결정해 준다고 했다. 이때 게니우스(genius)는, 그 사물이나 장소가 무엇인지 혹은 무엇이 되어야 하는지 본질석 특징을 결정한다. 1960년대말부터 서구의 조경가나 도시설계가가 많이 활용한 이 현상학적 장소론의 패러다임은, 필자도 이십여 년 간 심취한 바 있으나 1990년대 들어서서는 그 열기가 시들해졌다.^{Johnson 1994} 이 심오한 개념은 철학적 관점에서 경관의 보다 깊은 이해에는 유용했지만 설계에 직접 활용하는 데에는 실용성에서 한계가 있었던 것이다. 그러나 이 서구적 개념은 동양적 개념의 기와 연결고리가 있다는 면에서 언급할 가치가 있고, 이런 면에서 서구적 개념에서의 한계를 동양적 개념으로 극복할 수 있는 가능성을 타진해 볼 수도 있다.

기는 항상 변화하는 형태로 존재한다. 도시 속의 기의 경우 본래 땅이 가지고 있던 기가 건물이 들어섬으로써 바뀌고, 건물 내의 각종 인공물이나 자연 요소에 의해 달라지고, 인간의 사용에 의해 영향을 받는다. 인간의 오랜 사용과 거주에 의해 어느 장소의 성격이 형성되는 것은, 현상학에서 말하는 전용화(專用化, appropriation) 현상과 같다.^{이규목 1988} 전용화란 우리가 어느 공간을 오래 사용함으로 인해 그 장소와 동일시되는 현상으로서, 기의 개념으로 말하면 장소의 기와 인간의 기가 상호작용을 일으키는 것으로 해석할 수 있다.

인공물이 때로는 기의 자연스러운 흐름에 방해되는 방향으로 변화를 주게 된다. 기가 방해를 받으면 그 장소에 거주하는 사람들에게는 부정적인 영향을 줄 수 있다.^{Marfori 1994} 인간이 환경과 조화스러운 관계를 유지하는 데 있어 이 점은 매우 중요하다. 전통적인 풍수쟁이〔地官〕들은 음기와 양기의 균형과 조화가 깨지면 인간에게 불행과 질병이 온다고 주장한다. 이러한 말들을 무조건 인정할 수는 없지만, 분명히 인간과 장소의 기는 서로 통하는 면이 있다고 본다.

필자는 대학원에서 '도시경관론' 강의 시간에 학생들에게 실습 과제로 준 체험분석적 방법을 통해, 기의 존재를 확인하는 연구를 수행한 바 있다.^{이규목 2000} 일곱 명의 실험대상자에게 즐겨 찾는 단골집을 추천받아 그 장소를 찾는 이유, 물리적 특징, 그 장소와 얽힌 일화 등을 자유스런 면담 형식의 인터뷰를 통해 파악하도록 했다. 연구 결과 음식점 · 술집 등 그들이 추천하는 단골집들은, 비록 건축적으로 별다른 특징이 없어도, 주인 아줌마의 솜씨, 정성과 손길에서 나오는 생기(生氣)에 의해 그 장소 속에 기가 충만하여 이곳을 자주 찾는 사람들의 사랑을 받는 장소로서 장소성이 풍부해짐을 알 수 있었다.

앞에서 서술한 한국건축에서 보이는 상보적 이원성에 대한 고찰이나 우리 현대도시에서 보이는 공간구조의 이원적인 해석에서 보았듯이, 도시를 구성하는 여러 물리적 혹은 사회적 요소들은, 두 개의 대비되는 요소가 하나의 앙상블 혹은 세트로서 한 장소를 이룬다고 생각할 수 있다. 나아가 그러한 세트들은 관찰자나 감지자의 개념화나 장소적 설정에 따라 수없이 존재할 수 있다는 것을 가정할 수 있다. 이러한 현상은 물론 우리나라의 도시가 아닌 다른 외국의 사례에서도 관찰이 가능하겠지만, 특히 우리나라의 경우에 많이 발견되는 것이고, 이것은 바로 우리 정신사적 구조, 문화적 맥락과 통한다. 또한 이러한 세트가 뚜렷하게 인식되거나 조화롭게 보이는 데에는 어떤 지배적 원리가 존재한다. 그것은 '통일' '균형' 등의 조형적 구성원리일 수도 있지만, 그보다 더 심오한 어떤 총체론적이고 유기론적인 '조화'의 개념이 있을 것 같다.

이(理) 혹은 도(道)의 개념을 빌려 하나의 기준을 든다면, 하늘과 땅과 사람〔天地人〕의 일치 같은 것이 아닌가 한다. 여기서 '천지인의 조화'라는 것은, 흔히 말하는 신토불이(身土不二)가 실현될 때 우리가 상상할 수 있는 '조화'와 같은 것이다. 유명한 순창 고추장의 맛은 기후(天)와 물(地)과 정성(人)이 삼위일체가 되어 형성된다고 하는데, 이는 좋은 예가 될 것이다. 천지인의 일치, 혹은 바람직한 사회적인 기능과 물리적 특성이 일치하는 도시경관은 좋은 도시경관이고, 그렇지 않은 도시경관은 나쁜 도시경관이며, 또 잘 식별도 안 된다고 말할 수 있을 것이다. 도시 근교의 논두렁에 치솟은 고층아파트군의 꼴불견은 경관적 측면에서 인공과 자연의 불일치요, 도시 내의 대기환경 악화는 숲과 나무의 소멸에 의한 생태적 불균형이라 볼 수 있다. 이원적 사고로 보면 두 요소가 조화되어 있기보다 한쪽으로 치우친 현상을 현대 도시경관에서 자주 발견하게 된다.

지금까지 고찰한 내용을 요약하면, 우리 동양적 사고에 의하면 경관은 그것을 구성하는 요소에 따라 복합적인 성격을 가진 기를 지니고 있으며, 이것을 전제로 한 도시경관은 기가 가진 음양적 성격에 의해 이원성을 띠지만 하나의 장소로서 고유한 특성을 지니며, 또한 이 특성은 이(理)가 가진 천인합일적(天人合一的) 성격에 의해 보편적인 일반성과 개체의 특수성을 동시에 내포한다고 할 수 있다. 이것을 필자는 서구의 개념에서 빌려온 것이 아닌, 한국 고유의 사상체계에서 나온 개념으로 보아 도시경관의 '이원적 일원성'이라고 명명하고자 한다. 형상세계를 나타내는 이원적인 기는 이라는 원리가 실현될 때 가장 이상적인 것이다. 이원적 일원성이 바람직한 방향으로 나타니는 상태는 다양하고 복잡한 도시환경이 질서 바르고 조화롭게 되는 상태, 문화적 정체성이 확실하게 달성되는 상태, 나아가 21세기의 화두인 지속 가능한 환경이 실현되는 상태라고 볼 수 있다.

4. 21세기 우리 도시경관의 패러다임

변화 진단의 기초

우리가 맞이하는 21세기는 20세기의 단순한 연장이 아니라는 징조가 여러 경우에서 감지되고 있다. 그것은 서구 합리주의와 근대 상업문명의 한계를 뛰어넘으려는 우리 사회 자체의 변화를 예고한다. 디지털의 시대, 정보화의 시대라는 세계사적인 과학문명의 변화가 보이는가 하면, 이제껏 주도적 위치를 점하던 유럽 근대문명이 하나의 지역문명으로 그 중심성을 잃고 있는 현상도 보인다. 사실상 인간이 지닌 이성을 최대로 활용한 서구의 합리주의, 기계론적 전통은 괄목할 만한 과학적 발전을 이룩했지만, 그것이 가져온 폐해도 상당하다. 이대로 이러한 전통이 이어진다면 상상을 뛰어넘는 환경적 재난과 돌이킬 수 없는 인간성 상실의 시대가 우리 앞에 도래할 것으로 예견된다. 기계론적 패러다임은 서구사회의 주도적 패러다임으로, 인간은 자연을 대상화하면서 인간과 인간 이외의 자연계 사이에 골 깊은 이분법을 만들었고, 이것을 우리는 오히려 인간의 긍지로 해석함으로써 오늘과 같은 환경문제가 야기된 것이다.^{구승회 1995} 갈릴레이·데카르트·뉴턴 등이 확립한 이 합리주의적 접근방법은, 획일적인 원칙에 입각하여 유일한 질서에 집착하는 '방법은 하나'라는 방법론적 단일주의(methodological monism)^{송영배 외 1998}를 표방한다. 이러한 합리주의적 입장에서는, 개념화하기 어려운 순수 체험이나 스쳐 지나가는 현상 같은 것은 무질서와 혼논으로 보일 수도 있고, 그렇기 때문에 관심 영역의 밖으로 밀려난다. 그러나 바로 이러한 무질서나 혼돈이 동서 융합의 철학자 이광세가 논하듯이 바로 자연에 내재하는 만물조화의 창조적 율동이며, 동양사상에 구석구석 파고들어 있는 도(道) 혹은 기(氣)의 개념으로서, 이것이야말로 서양식의 개념으로는 도저히 파악할 수 없다. 이광세 1998

많은 사람들이 공감하듯이 인간은 자연 속에 편입되어야 한다는 것이 오늘날의 환경 위기에 대한 처방이고, 이때 항상 대안으로 떠올리는 것이 동양의 접근 태도이다. 인류를 파국으로 몰아넣을 수도 있는 기술문명이 서구 이성의 성과라고 한다면, 자연에 대한 인간의 조화로운 순응을 추구한 동양 이성이 생태학적 대안으로 떠오른 것은 어떻게 보면 당연한 결과이다. 그러나 동서양의 결합은 만만치 않다. 동양의 정신과 서양의 기술을 결합하는 것, 소위 동도서기적(東道西器的) 방법은 '절충주의적 기형아'이진우 1998를 낳을 수도 있다. 서양이 동양을 보는 편견도 심해, 그들이 우리 것을 받아들인다 해도 문화 제국주의적 입장에서 보는 단순한 오리엔탈리즘의 범위를 벗어나지 못한다. 동양의 정신이 현실적 문제에 대한 대안을 제시하기에는 너무 신비주의적이라는 우려도 있다. 그러나 이제 서구문명이라는 기댈 언덕이 무너진 이상, 기존의 서구식 방법에 대한 그들 스스로의 비판적 시각에 주목하면서, 이제 우리 스스로 우리 문제 해결의 실마리를 찾아야 할 것이다.

21세기의 화두—두 개의 패러다임

이상 살펴본 바를 토대로 하면, 21세기는 무엇보다도 '생명'과 '문화'에 대한 가치를 중요시하는 시대가 될 것으로 예견된다. 생명적 가치를 우선한다는 것은 기계적 물질적 패러다임에서 생명적 생태적 패러다임으로의 변화를 말하며, 문화적 가치를 우선한다는 것은 정치·경제 중심의 패러다임에서 문화 중심의 패러다임으로의 전환을 의미한다.

생명적 생태적 패러다임에서는 근대의 기계론적이고 무생물적인 자연관이 자연 자체의 고유한 법칙성을 보장하는 유기체적 자연관으로 대체된다. 기술적 사고에서 생태적 사고로 전환함으로써, 기술 행위 본래의 목적을 되돌아보고 기술문명의 성장의 한계를 설정한다. 여기서 환경은 무엇으로도 환원이 불가능한 것으로서, 모든 생명을 유지시키고 그 어떤 모든 인간 사유와 행동의 조건 및 한계를 설정하는 것으로 가정된다. 리프킨 1996 생태적 사유의 혁명은 이 성장의 억제와 제동에 있다. 밀란 쿤데라의 문학작품에 보이는 '느림'의 미학이 삶의 본 모습이어야 한다는 것을 자각할 필요가 있다. 이 사고체제는 데카르트와는 반대로 자연을 유기체적 생명 질서로 봄으로써 자연에 대한 책임과 윤리를 내세운다. 대부분의 환경운동가들이 주장하는 것은 인류가 지구에 대해 저지르는 행동이 비도덕적인 행위라고 믿게 하는 생태윤리를 강조하는 것으로, 그 활동이 생태학적이라기보다 정치적인 요소가 많을뿐더러 그 노력에 비해 성과가 별로 없다.

단순한 환경윤리나 이렇게 해야만 한다는 당위성은 태도를 혁명적으로 바꿀 만한 행동의 동기를 부여하지 못한다. 여기에 생태와 경제의 결합이라는 새로운 패러다임이 보완적으로 요청된다. 윌리엄 애쉬워드 1998 'economy'는 어원으로 보면 라틴어 'oikos(家計)'와 'nomos(管理)'의 결합이고, 'ecology'는 'economy'에도 들어 있는 'oikos'에 'logos(研究)'가 결합된 것이다. 경제와 생태는 서로 불구대천의 원수처럼 간주되어 왔으나, 사실상 '가계'라는 공통의 어원을 갖는다. 이제 생태학적 경제의 개념으로 상업주의적 개발에 의해 파괴되는 환경 복구에 소요되는 비용도 함께 고려해야 한다. 생태학자나 경제학자 모두 "이 세상에 공짜는 없다"라는 말을 하듯이, 생태적 패러다임 시대의 접근방법은 본래 하나였던 경제학과 생태학을 화해시키고 다시 하나로 통합해 자신의 이익 추구를 위해서도 환경을 보호할 필요가 있다는 것을 강조한다. 경제적 이기주의를 생태적 공생주의(共生主義)로 환원시키는 것이 21세기의 과제인 것이다.

정치·경제 중심의 패러다임에서 문화 중심의 패러다임으로의 전환은, 앞으로 우리 시대가 문화주의 시대가 될 것이며 문화 인프라가 중요시될 것임을 예견한다. 지구적으로는 정보통신 기술의 발달과 원거리 네트워크의 형성, 즉 대륙정보회랑의 이룩으로 지식정보사회가 될 것이며, 반면 지방적으로는 자율적 특성화 작업과 이에 요구되는 지방정부의 역할이 강조될 것이다. 특히 여기서 관심을 두는 것은 도시 단위의 지자체(地自體)가 주도적으로 실행하는 도시의 정체성 살리기, 살기 좋은 마을 만들기, 나아가 예술문화 살리기 등 독자적 문화 창조 및 그 판촉 전략이다. 이제 중앙정부가 모든 것을 틀어쥐고 앞서가는 방식은 안 될 것이며, 지방마다 우리 시대의 키워드인 '지속가능성(sustainability)'을 달성하는 방법을 모색해야 할 것이다. 나아가 문화 중심의 패러다임에서는 이를 훨씬 능가하는 예술적 수준까지도 달성해야 하는 것이다. 세계를 넘나드는 온갖 정보가 횡행할수록 지방마다 그 나름의 독자성은 더욱 부각되어야 할 것이고, 그 방법은 새 시대에 걸맞은 예술과 문화 창조 이외에는 없다.

　이러한 범세계적 변화의 시기는 우리 도시, 우리 도시경관, 우리 도시조경 분야에 무슨 의미가 있는가. 우리는 이제껏 남의 이론으로 우리의 현실을 진단하고 분석하는 행위에 익숙해 왔고, 우리의 새로운 사상체계로 내세울 모델을 갖고 있지 못하다. 무엇보다도 점증하는 생태적 위기에 직면하여 국지적 환경의 중요성이 인식되는 21세기의 벽두에 서서, 우리는 위에 언급한 목적 지향적인 두 개의 패러다임을 전제로 우리의 환경 조건과 지역 여건에 적용 가능한 새로운 패러다임을 정립해야 한다. 이 시점에서 서구의 기존 사상에 대한 비판과 새로운 사상의 비교, 우리 고유의 동양의 사상에서 취할 수 있는 대안적 사고 등을 검토하면서, 우리 삶의 현실에 바탕을 둔 자생적이고 체계적인 이론을 마련해야 하며, 이를 토대로 우리 도시경관이 나아갈 방향을 진단해 볼 필요가 있다.

온고창신 패러다임

지금까지 서구적 발전의 기초가 된 서구과학의 기계론적 전통, 과학적 패러다임은 이성을 기초로 한 합리주의였다. 전가(傳家)의 보도(寶刀)처럼 구사해 온 이성은 오늘날 최고의 물질적 효율성과 쾌락을 추구하는 도구로 타락했고, 합리성을 기초로 한 근대화는 우리가 당면한 바와 같이 억압된 사회와 환경문제를 야기했다. 건축이나 환경설계 분야에서도 모더니즘에 대한 비판과 함께 포스트모더니즘이 등장하는 등 각종 사조가 1970년대 이후 유행했다. 여러 가지 사조가 횡행했지만, 그 중에서 탈구조주의적 태도는 합리주의에서 등한시했던 우연성·상대성·비합리성을 중시하여 주목을 끌었다. 건축적으로 볼 때 아이젠만 (P. Eisenman)의 해체주의 건축이나 츄미(B. Tschumi)의 파리 라빌렛 공원, 콜하스(R. Koolhaas)의 일련의 작품들이 이러한 사조와 맥락을 같이한다. 프랑스의 후기 구조주의 철학자 들뢰즈(G. Deleuze)는 플라톤 이래의 존재론적 사고에서는 가능하지 않았던 '사건(simulacre) 자체'에 대한 사고로 주목을 받았다.[이정우 1999] 그는 시간의 흐름과 사건의 생성 변화의 관점에서, 장소를 '열려 있는 공간'으로 인식한다. 장소에서 벌어지는 무한한 순수 사건들은 수많은 의미 있는 사건들로 현실화해 사람에 따라 다양하게 체험되며, 또한 시간의 흐름에 따라 우발적으로 서로 연결되고 계열화하면서 의미가 확장되어 생생한 현실 체험으로 우리에게 다가온다. 조경계에서도, 예를 들면 최근 캐나다에서 다운스뷰파크(Downsview Park)의 현상설계를 실시하면서 세운 설계기준이나 그러한 설계기준에 의해 뽑힌 콜하스의 당선작이 이러한 사건 생성적 흐름을 반영하고 있다.[배정한 2001]

이렇게 모더니즘을 완전히 무시하는 입장과 달리, 모더니즘의 기초가 된 근대적 합리성이 지닌 유효성과 이성에 대한 신뢰를 버리지 않는 입장이 있다. 반대 진영에서 제기된 문제와 논리적 타당성을 어느 정도 수용하면서, 비판적 입장에

시 모더니즘을 고수할 것을 주장한다. 의사 소통적 합리성을 강조하는 프랑크푸르트 학파의 하버마스(J. Habermas)가 대표적인 철학자인데, 그는 급진적인 단절이 아니라 비판적 계승을 주장한다.^{김재현 외 1996}^{보토모아 1984} 이러한 개념을 건축 도시설계 분야에서 구현한 설계 사조를 프램톤은 비판적 지역주의(critical regionalism)라고 불렀는데,^{Frampton 1985} 필자는 지역적 특이성만을 반영하는 단순한 지역주의적 태도를 수정한 이 태도가 한국적 모델의 모색에 매우 유용한 암시를 준다고 생각한다.

비판적 지역주의는 지역이 고유하게 지닌 예술적 잠재력을 집약하면서 외부로부터 오는 문화적 영향을 재해석한다. 문화적이든 자연적이든 지역의 토착적 요소를 범세계적인 패러다임으로 섞음질하려 한다. 즉 프램톤이 말한 대로 '지역에 기초한 세계문화를 역설적으로 창조하려는 경향(trends towards the paradoxical creation of regionally based world culture)'으로서, 세계 환경설계의 흐름에서 국지적 위상을 점하고 있는 한국적 도시경관의 패러다임 모색에 좋은 선례라고 본다. 예를 들면 대지 특성을 기초로 한 하그리브스(G. Hargreaves)의 빅스비 파크는, 삼십 에이커의 쓰레기하치장을 예술과 생태, 파괴와 재생이 어우러지는 걸작으로 만들어 놓았고, 일본의 건축가 안도 다다오(安藤忠雄)는 그의 여러 건축 조경작품에서 콘크리트라는 현대적인 재료와 기하학적 형태를 일본의 풍토와 절묘하게 결합시켰다. 특히 안도의 접근방법은 개방적인 모더니즘의 국제적 어휘로, 민족의 감수성·관습·미의식 그리고 사회적 전통과 문화를 성공적으로 결합하고 있다. 지금도 애석하게 생각하는 것은, 백오십여 년 전 뉴욕에 센트럴 파크가 들어설 때처럼, 십수년 전 파리에 라빌렛 공원이나 시트로엥 공원이 들어설 때처럼, 몇 년 전 완공된 서울의 여의도공원이 처음부터 이러한 새로운 패러다임에 의해 '오늘의 한국공원'으로 설계되지 않았다는 것이다. 만약 처음부터 이러한 패러다임에 의해 설계되었다면, 우리는 세계에 자랑할 만한 한국적 공원을 가질 수 있었을 것이다.

본래의 것을 바탕으로 새것을 창조하려는 이 접근태도는 범세계적으로 보편화하는 동시에, 우리 고유의 정체성으로 회귀해야 하는 우리의 절실한 상황에 적절한 접근태도로서, 이것은 우리 동양인에게 매우 익숙한 태도이다. 필자는 이것을 우리 옛 말을 조합해 '온고창신(溫故創新) 패러다임'이라 부르고, 이 이론을 보다 우리 체질에 맞도록 발전시킬 것을 제안하고자 한다. 이는『논어』에 나오는 '온고지신(溫故知新)'이라는 말, '고위금용(古爲今用)'이라는『모택동 어록』에 있는 말, 그리고 연암 박지원이 그의 사상의 기저로서 새로운 개념으로 사용한 '법고창신(法古創新)' 주강현 1999 의 개념을 모두 포함시켜 네 자로 표현해 본 것이다. 여기서 온고의 '고(故)'는 과거의 유산, 지역적 특성, 자연적 요소, 생활양식 등이 포함된 포괄적인 개념이다. 항상 외래적인 것과 타인의 가치관에 의해 파괴되어 온 우리 풍토와 환경에서 이 태도는 도시경관 설계에 매우 유용한 틀을 만들어 준다고 생각한다. 이 패러다임이 암시하는 접근방법은 세계적 보편성과 지역적 특수성을 동시에 충족시키는 것이어야 하며, 과거의 전통문화와 현재·미래의 지역문화와의 단절을 없애는 것이어야 하며, 지역 고유의 자연과 풍토·생태의 지속가능성을 유지시키는 것이어야 한다.

관계론적 패러다임

우리 여건에 맞는 패러다임을 우리의 것에서 모색하기 위해서는 방치했던 우리 고유의 철학·사상·세계관·우주관·자연관·인간관 등을 새롭게 규정하는 작업을 할 필요가 있다. 이것은 위의 패러다임에서 암시하듯이 과거로 돌아가거나 옛것을 받들자는 것이 아니라, 새로운 해석과 적용 가능성을 모색함으로써 우리가 처한 환경적 재난과 물질문명의 병을 치유할 지혜를 얻자는 것이다. 동양의 방법이 서구의 그것과 크게 다른 점은 서구의 환원적 존재론적 사고체제에 비해 총체적 전일적 관계론적 사고체제라는 것이다. 이것은 서구에서 새롭게 일고 있는 반기계론적 전통, 즉 홀론 개념, 프랙탈 이론, 카오스 이론 등 신과학 계열의 새로운 사고방식에도 보이지만, 동양학만큼 보편적인 것은 아니고 이들도 동양학의 영향을 받았다. 양자론에서도 물질의 궁극적 존재는 독립된 입자가 아니고 일종의 확률로서, 생명도 우리 신진대사 현상으로, 그리고 외부의 물질과 에너지와 연결되어 있는 열린 시스템으로 파악한다. 더불어 사는 사회의 연대론을 주장하는 신영복 교수는, 그 이론적 근거로서 동양학의 관계론을 내세워 물질과 생명은 그 근본에서 관계성의 총화로 존재하는 것이라고 말한다. 이것은 인간이나 환경을 하나의 고립된 존재로 인식하는 존재론적 패러다임이 모든 사물의 존재적 가치를 나 아닌 다른 것과의 관계로서 파악하려는 관계론적 패러다임으로 전환하는 것을 의미한다. 동양학 세계관에서의 기(氣)의 개념이나 음양론에서 볼 수 있듯이 만물은 상호 연결되어 있다. 이것은 오행 요소의 상생적(相生的) 관계에서 보이듯이 '더불어 산다'는 세계관으로서, 여기서는 개체와 개체의 관계, 개체와 전체의 관계가 주관심사이다. 복잡한 체계로 얽혀 있는 도시환경·도시경관의 본질에 대한 새로운 이해와 문제해결에 이 관계론적 사고가 하나의 유용한 패러다임이 된다고 생각한다.

도시 속의 환경과 인간의 관계유형에서는, 우선 환경과 환경의 관계에서 '자연적 요소와 인공물의 관계, 도심공간과 도시 주변 지역의 관계가 과연 균형적이고 조화로운가', 환경과 인간의 관계에서는 '인간은 환경을 잘 보호하고 가꾸고 있으며 환경은 인간의 생활의 장으로서 부족함이 없는가', 인간과 인간의 관계에서는 '사회구성원 상호간에 더불어 숨쉬는 공동체로서 연대가 잘되어 있으며, 사회적 경제적 형평성이 유지되고 있는가' 등등이 관계론적으로 고찰될 수 있을 것이다. 다시 말하면 대응되는 두 개의 요소가 그것이 문화적 요소든 자연적 요소든 서로 경쟁 관계에 있지 않고 상호 보완적이고 상생적 조화를 이룸으로써, 도시의 지속가능성, 이를 바탕으로 하는 우리의 바람직한 정주환경이 달성될 수 있는 것이다. 들뢰즈도 말했듯이, 우리의 신체는 자연과 문화 사이의 경계선상에 있으며 우리의 삶은 이러한 자연과 문화 사이의 '접속'인 것이고,[이정우 1999] 리프킨의 말대로 우리는 '접속의 시대(age of access)'에 살고 있다.[리프킨 2001] 결국 서두에 언급한 자연적 생태적 패러다임과 문화적 예술적 패러다임은 별개의 것이 아니라 우리 하루하루의 삶에서 동시에 접속되는 현상의 패러다임인 것이다.

패러다임의 실천적 과제

결론을 대신해 하나의 도시를 사례로 들어 도시경관적 측면에서 패러다임의 실천적 과제에 대해 검토해 보고자 한다. 우리가 특히 관심있는 것은 도시 단위의 지자체에서 추진하고 있는 도시의 환경개선, 정체성 살리기, 마을 만들기 등 지자체의 독자적 환경정책·문화행정·경제대책 및 그 판촉전략이다. 그린 시티(green city)를 내세워 제1회 조경대상을 수상한 대구광역시는, '쾌적한 환경도시' '친환경적 국제화 도시'로 거듭나며 '푸른 대구 가꾸기'로 삶의 질과 품위를 구현하며, 밀라노 프로젝트로 '지구촌 패션 도시'로 발돋움한다고 한다. 그리고 그 실천으로 일천만 그루를 목표로 사백만 그루의 나무를 도시 내에 심었으며, 백삼십여 개 단체가 담장 허물기 사업에 참여했으며, 국채보상운동기념을 비롯해 세 개의 도심 공원을 조성하고, 하수 처리 능력 백 퍼센트의 수질 개선작업을 했으며 다품종 소량 생산체제로 섬유산업을 육성하며 컨벤션 센터를 건설해 국제화에 대비한다고 한다.

이것을 앞에 언급한 패러다임에 비추어 보면, 나무 심기와 도심 공원 조성은 인공물과 자연이 조화되는 관계이며, 담장 허물기는 시민연대 분위기의 조성이며, 수질개선은 환경보호이며, 밀라노 프로젝트는 경제를 기반으로 하는 문화 인프라의 구축이라 볼 수 있다. 이로 미루어 보건대 우리도 이제는 새 시대를 여는 데 갖추어야 하는 새로운 패러다임 실천의 초입에 와 있지 않나 하는 생각올 힌다. 그러나 나무 심고 가꾸는 방법, 특히 관리체제가 제대로 되었는가, 도심 공원의 심미적 수준이 세계에 내놓아 자랑할 만한가, 섬유산업이 세계적 수준인가, 도시의 하천은 정말 살아 있는가, 결과적으로 대구의 도시적 정체성과 이미지는 무엇인가 등등 세부적인 실천 과제는 산적해 있을 것이다. 특히 생태적 패러다임과 문화적 패러다임에서 볼 때, 우리의 도시는 너무 삭막하고 비예술적이어서 여러 가지 형식으로 자연 요소를 도입해 '예술화한 자연'으로 균형을 취해 줄 필요가 있다는 점을 특히 우리 도시의 경관조성에 강조하고 싶다.

오늘날과 같이 다원화한 사회관과 사회구조하에서, 더욱이 경쟁적 활력과 경제력을 기본으로 삼는 현 시점에서, 상황의 정확한 진단과 이를 토대로 모두가 합의하고 또 시킬 수 있는 행위규범을 창출한다는 것은 만만한 일이 아니다. 필자는 특히 우리 도시경관에 중점을 두어 온고창신 패러다임과 관계론적 패러다임의 두 가지를 제시했지만, 이것은 시론에 불과한 것이고 앞으로 우리 조경 혹은 도시설계 분야에서 지속적인 논의를 통해 발전시켜야 할 것이다.

수록문 출처

이 책은, 저자가 1983년부터 2000년까지 발표한 도시경관 관련 연구 논문 가운데
열다섯 편과 2001년 신고를 종합해, 책 전체의 완결성을 갖추고 내용상 현 시점에 맞도록
수정 보완한 것이다. 출처가 둘 이상인 것은 유사한 주제로 발표했던 연관성있는 글을
종합 개고한 경우이다. 더불어 수록문 출처 끝에 '저자의 도시경관 관련 글 목록'을
실음으로써 그 밖의 저자의 풍부한 연구 성과들을 참고할 수 있도록 했다.

한국의 유토피아

「한국의 유토피아 연구」『한국의 도시 연구』, 일지사, 1990.

조선 후기 서울의 도시경관―그 원형과 변형

「조선 후기 서울의 도시경관과 그 이미지 연구」『서울학 연구』 창간호, 1994.

일제시대의 왜곡된 도시경관

「일제시대 한국의 도시경관 변천 및 그 요인 연구」『수도권연구소 연구논총』 21, 1995.

해방 후 반세기 서울의 경관

「해방 후 한국의 도시경관 변천 및 그 요인 연구」『한국조경학회지』 26권 2호, 1998.

도시경관을 보는 틀

「도시경관의 해석에 관한 제 문제」『건축』 36권 1호, 1992.

두 도시 이야기―경주와 전주

「영국 요크시의 장소성에 관한 연구」『조경학회지』 11권 11호, 1983;
「경주시 도시경관과 그 이미지에 관한 연구」『조경학회지』 20권 4호, 1993;
「전주시 도시경관과 그 이미지 연구」『수도권연구소 연구논총』 22, 1996.

이미지 창출과 장소 만들기로 본 우리 도시경관 가꾸기

「21세기를 전망하는 도시경관의 조성방안」『자치행정』, 1991. 2;
「이미지 창출과 장소 만들기로 본 도시경관계획」『도시문제』, 1995. 11.

우리 건축과 배치에 보이는 상보적 이원성

「한국건축의 한국성에 대한 하나의 가정―상보적 이원구조」『공간』, 1987. 12.

우리 도시경관의 이원성 찾기―일곱 개의 듀엣

「도시환경에서의 전통과 현실개―여섯 개의 이중주」『공간』, 1988. 10;

「역사노시 서울의 시민문화 발전 방향」『서울 육백 년과 새로운 탄생』,
　　서울학연구소 심포지엄 자료집, 1994.

기철학과 우리 도시경관
「도시경관 해석에 대한 한국적 패러다임 시론」『터전』 3, 1995;
「건축공간에서 장소적 기(氣)의 체험 연구」『도시과학논총』,
　　도시과학연구원, 2000.

21세기 우리 도시경관의 패러다임
2001년 신고.

그 외 저자의 도시경관 관련 글 목록
「영국 중세도시의 경관에 관한 연구」『산대논총』 14, 1981.
「누구를 위한 도시인가」『월간조선』, 1981. 10.
「88 서울올림픽 시론—서울답게 다듬는 서울」『월간조선』, 1981. 12.
「마당론—한국인의 얼이 담긴 장소에 관한 고찰」『환경과조경』 창간호, 1982.
「도시경관 구성에 관한 지각적 연구」『국토계획학회지』 17권 11호, 1982.
「도시의 장소성을 찾아서」『건축가』, 1983. 5.
「도시환경에서 본 건축과 조경」『건축가』, 1983. 10.
「도시환경의 상징성에 관한 연구」『수도권연구소 연구논총』 12, 1984.
「도시 상징성의 역사적 변천에 관한 연구」, 서울대대학원 박사학위논문, 1986.
「인간과 환경의 관계에 대한 현상학적 접근방법 연구」『대한건축학회 논문집』 4권 1호, 1988.
「한강 개발의 당위와 미래지향적 과제」『공간』, 1989. 12.
「한국 전통경관 속의 물—방지(方池)와 계류(溪流)」『건축문화』, 1990. 7.
「서울의 공원녹지—푸르름의 새로운 탄생을 위한 제언」『플러스』, 1994. 11.
「일제시대 한국의 도시경관 변천 및 그 요인」『순국』, 1997. 3.
「우리나라 조경학 분야의 21세기를 향한 도전과 전망」『21세기 도시환경 분야의 새로운
　　패러다임』, 서울대 환경대학원 개원 25주년 기념 세미나 발표집, 1998.
「나의 길 나의 직업— 설계 익히기와 가르치기」『환경과조경』, 1999. 4-6.(3회 연재)
서울시립대 부설 도시과학연구원, 『조망가로 조성사업계획』, 2000. (공동연구)
서울시립대 부설 도시과학연구원, 『서울의 중요 산 경관풍치보전계획』, 2000. (공동연구)
"A Study on the Medieval Townscape in Britain," M.A. thesis of University of Sheffield,
　　1979.

인용 및 참고문헌

국문

강대봉(1990)『기』, 언립.

강동진(1980)『일제의 한국침략정책사』, 한길사.

강만길(1984)『한국근대사』, 창작과비평사.

_____(1987)『일제시대 빈민생활사 연구』, 창작사.

강병기(1993)『삶의 문화와 도시계획』, 나남.

강신용(1995)『한국근대도시공원사』, 조경.

강신표(1983)『레비스트로스의 인류학과 한국학』, 한국정신문화연구원.

강재언(1982)『한국근대사 연구』, 한울.

_____(1991)『신편 한국근대사 연구』, 한울.

강홍빈(1985)「도시계획의 이상과 현실」『공간』 2월호.

건축미학연구회(1987)『민족건축미학 연구』 2, 대건사.

건축운동연구회(1992)『한국근대건축개론』, 대건사.

구로가와 기쇼(黑川紀章), 편집부 역(1986)『길과 건축』, 태림문화사.

구승회(1995)『에코필로소피』, 새길.

길모어(Gilmore, George W.) 조용만 역(1958)「수도서울」『향토서울』, 2호.

김경수(1984)「한국건축비평의 논리와 당위」『공간』 7월호.

김경탁(1982)『신역 노자』, 현암사.

김광우(1992)「대한제국 시대의 도시계획」『향토서울』 50호.

김교빈·이현구(1993)『동양철학 에세이』, 동녘.

김명자(1991)『동서양의 과학전통과 환경운동』, 동아출판사.

김병모 외(1984)『역사도시 경주』, 열화당.

김봉렬(1995)「개발의 양면성과 전통의 굴레」『플러스』 8월호.

_____(1999)『앎과 삶의 공간』, 이상건축.

김상일(1991)『현대물리학과 한국철학』, 고려원.

김석범(1988)『화산도』4, 실천문학사.

김석철(1998)「다국적 도시」『건축문화』1월호.

김석하(1973)『한국문학의 낙원사상 연구』, 일신사.

김성우(1987)「동양건축에서의 집과 사람」『공간』6월호.

김수산 편저(1981)『정감록』, 홍익출판사.

김영대(1995)「지방도시 중심가로의 정체성 회복 방안」『지방화시대의 도시정체성 회복과
　　　조경의 과제』, 한국조경학회 '95 세미나 자료집.

김영상(1989)『서울 육백 년』, 한국일보사 출판국.

김영주(1992)『신기론으로 본 한국미술사』, 나남.

김영한(1983)『르네상스의 유토피아 사상』, 탐구당.

_____(1997)「재개발·재건축 아파트단지의 주거환경 개선방향에 관한 연구」, 서울대대학원
　　　박사학위논문.

김용운·김용국(1985)『동양의 과학과 사상』, 일지사.

김원(1975)「한국적 절충주의의 시급한 정돈을 위하여」『공간』10월호.

김응석(1987)「독립기념관, 퇴행적 유토피아의 목마」『건축과환경』9월호.

김재은(1996)『기의 심리학』, 이화여대 출판부.

김재현 외(1996)『하버마스의 사상』, 나남.

김정동(1990)「한국근대건축에 있어 서양건축의 전이와 그 영향 연구」, 홍익대대학원
　　　박사학위논문.

김종회(1990)『한국소설의 낙원의식 연구』, 문학아카데미.

김지하(1991)『타는 목마름에서 생명의 바다로』, 동광출판사.

_____(1996)『생명과 자치』, 솔.

김철수(1984)「한국성곽도시의 형성·발전 과정과 공간구조 연구」, 홍익대대학원
　　　박사학위논문.

김한배(1993)「한국도시경관의 변천 특성에 관한 연구」, 서울시립대대학원 박사학위논문.

_____(1994)「고도 경주의 도시경관에 관한 연구」『과학기술연구』1, 대구대학교 출판부.

김홍식(1979)「사용자를 위한 건축: 민중건축론」『공간』6월호.

대한주택공사(1979)『대한주택공사 20년사』.

데이비스(Davis, Paul), 류시화 역(1988)『현대물리학이 발견한 창조주』, 정신세계사.

도야마 시케키(遠山茂樹) 외, 편집부 역(1986)『일제하 한국사회구성체론』, 청아출판사.

도킨즈(Dawkins, Richard), 이용철 역(1995)『에덴 밖의 강』, 동아출판사.

리프킨(Rifkin, Jeremy), 이정배 역(1996)『생명권 정치학』, 대화출판사.

_____, 이희재 역(2001)『소유의 종말』, 민음사.

마루야마 도시야키(丸山敏秋), 박희준 역(1997)『기란 무엇인가』, 정신세계사.

모틀로크(Motloch, J. L.), 박찬용・현중영 공역(1994)『조경설계론』, 대우출판사.

문순태(1983)『유배지』, 어문각.

박래경(1976)「우리 시대에 지어진 건축에 대한 관심」『공간』1월호.

박목월(1970)「오늘과 내일의 서울―서울의 이미지」『공간』2월호.

박병주(1996)『한국의 도시』, 열화당.

박제가, 노도양 역(1982)『북학의』, 대양서적.

_____,「성시전도시」, 박정노 역(1985)「성시전도」『향토서울』43호.

박종홍(1968)『한국의 사상적 방향』, 박영사.

박주대,「성시전도시」, 박정노 역(1985)「성시전도」『향토서울』43호.

박지원, 이민수 역(1956)『연암선집』1, 통문관.

_____,『허생전』, 장덕순・김기동 공편(1984)『고전국문소설선』, 정음문화사.

_____,『허생전』, 이석래 역(1988)『한국고전소설 연구』, 새문사.

박태순(1977)『국토와 민중』, 한길사.

박희병(1999)『한국의 생태사상』, 돌베개.

배정한(2001)「자연 신화의 해체」『환경과 조경』4월호.

백기영(1994)「청주 도시계획의 시기별 특성 연구」, 서울대대학원 박사학위논문.

보토모아(Bottomore, Tom), 진덕규 역(1984)『프랑크푸르트 학파의 사회비판이론』,
    학문과 사상사.

사사 미츠야키(佐佐充昭, 1992)『혜강 최한기의 기철학』, 서울대대학원 석사학위논문.

사이드(Said, Edward. W.), 박홍규 역(1991)『오리엔탈리즘』, 교보문고.

서울시(1984)『사진으로 보는 서울 100년』.

_____(1995)『인간 중심의 도시 서울을 향하여』, 바른 시정을 위한 국제 세미나 자료집.

_____(1998)『조망가로사업 조성계획』.

서울학연구소(1995)『서울의 옛 모습』, 서울시립대 부설 서울학연구소.

선우성(1993)「서울 상업가로경관의 변천 및 특성 연구」, 서울시립대대학원 석사학위논문.

소광섭(1992)「물리학에서 기리학으로」『과학사상』가을호.

손병욱(1993)「혜강 최한기 기학의 연구」, 고려대대학원 박사학위논문.

손정목(1973)「풍수지리설이 도읍 형성에 미친 영향에 관한 연구」『도시문제』.

_____(1977)『조선시대 도시사회 연구』, 일지사.

_____(1982)『한국개항기 도시화과정 연구』, 일지사.

_____(1982a)『한국개항기 도시사회경제사 연구』, 일지사.

_____(1990)『일제강점기 도시계획 연구』, 일지사.

손진태(1947)『한국민족설화의 연구』, 을유문화사.

송영배 외(1998)『인간과 자연』, 철학과현실사.

송인호(1990)「도시형 한옥의 유형 연구」, 서울대대학원 박사학위논문.

송항룡(1987)『한국도교철학사』, 성균관대학교 대동문화연구원.

승효상(1984)「미성숙 문화시대의 현상설계」『공간』12월호.

시정개발연구원(1993)「서울시 도시경관 관리방안 연구」1.

_____(1994)「서울시 도시경관 관리방안 연구」2.

신기철(1990)「해체와 재구성—도시건축운동을 향한 전략」『건축과환경』9월호.

안창모(1999)「한국건축의 전통 논의 구조」『플러스』9월호.

양기용(1995)「도시문화정책과 서울의 거리축제」『서울시정 연구』3권 2호, 시정개발연구원.

양달섭(1989)「체험분석을 통한 길의 상징성에 관한 연구」, 서울시립대대학원 석사학위논문.

양상호(1985)「이층 한옥상가에 대한 사적 고찰」, 명지대대학원 석사학위논문.

양승우(1994)「조선 후기 서울의 도시조직 유형 연구」, 서울대대학원 박사학위논문.

양윤재(1988)「한국인의 이상향과 서구의 이상도시」『터전』1.

양윤재 · 양승호(1996)「재건축사업의 문제점과 제도적 개선방안의 모색」『환경논총』34.

와타나베 데루히로(渡邊照宏) 여익구 역(1983)『사랑과 평화의 마이트레야—미륵경의 세계』, 여래.

원동석(1983)「몽유도원도」『환경과조경』3호.

윌리엄 애쉬워드(William Ashworth), 유동운 역(1998)『자연의 경제』, 비봉.

유득공, 이석호 역(1975)『경도잡지』, 대양서적.

유병림(1984)「도시경관의 해석에 관한 연구」『환경논총』15.

유본예, 권태익 역(1981)『한경지략』, 탐구당.

유홍렬(1958)「서울과 최초의 양옥건물」『향토서울』4호.

윤승중(1984)「우리시대 근대건축이란 무엇인가」『공간』2월호.

윤인규(1993)『도시경관 관리방안 연구』, 서울대대학원 석사학위논문.

윤일주(1972)『한국 양식건축 80년사』, 야정문화사.

_____(1988)『한국근대건축사 연구』, 기문당.

윤재민(1993)「율곡의 기이론적 행정관에 관한 연구」, 고려대대학원 석사학위논문.

윤정섭(1984)『도시계획사 비교 연구』, 건우사.

윤평중(1992)『포스트모더니즘의 철학과 포스트마르크스주의』, 서광사.

이강훈(1988)「건축적 사고로서의 음양개념의 분석」『건축학회지』4권 3호.

이경재(1993)『서울정도 육백 년』1-4, 서울신문사.

이광세(1998)『동양과 서양, 두 지평선의 융합』, 길.

이규목(1982)「마당론—한국인의 얼이 담긴 장소에 관한 고찰」『환경과조경』창간호.

_____(1983)「영국 요크시의 장소성에 관한 연구」,『조경학회지』11권 1호.

_____(1988)『도시와 상징』, 일지사.

_____(1988a)「도시환경에서의 전통과 현실—여섯 개의 이중주」『공간』12월호.

_____(1998)「우리나라 조경학 분야의 21세기를 향한 도전과 전망」『21세기 도시·환경 분야의 새로운 패러다임』, 서울대 환경대학원 개원 25주년 기념 세미나 자료집.

_____(2000)「건축공간에서 장소적 기(氣)의 체험 연구」『도시과학논총』, 서울시립대 부설 도시과학연구원.

이규헌 해설(1988)『사진으로 보는 근대한국』상, 서문당.

이기용(1986)「율곡의 기이론에 관한 연구」, 연세대대학원 석사학위논문.

이동하(1993)「문학작품 속의 도시공간」『문학정신』3월호.

이명규(1994)「한국과 일본의 도시계획 제도의 비교분석 연구」, 서울대대학원 박사학위논문.

이몽일(1991)『현대한국풍수사상사』, 명보문화사.

이문열(1986)『황제를 위하여』, 고려원.

이민수 역주(1985)『신역 정감록』, 홍신문화사.

이병도(1955)『국사대관』, 보문각.

이상해(1987)「오늘의 한국건축이 안고 있는 과제—탈서구와 탈기능의 의미」『공간』6월호.

이상헌(1984)「18세기부터 1910년까지 한국건축의 변천사적 고찰」, 서울대대학원 석사학위 논문.

이석환(1997)「도시가로의 장소성 연구」, 서울대 환경대학원 박사학위논문.

이순원(1997)『압구정동엔 비상구가 없다』, 중앙 M&B.

이우성(1963)「18세기 서울의 도시적 양상」『향토서울』17호.

이응희·이중우(1995)「동양사상의 중심성을 통하여 본 전통 주거의 마당에 관한 연구」『건축학회지』11권 5호.

이 이, 정종복 역(1972)『율곡집』, 대양서적.

이인로, 이상경 역(1975)『파한집』, 대양서적.

이정근(1997)「우리 것을 찾는 이유」『플러스』1월호.

이정덕(1969)「수도의 격조」『공간』4월호.

이정우(1999)『시뮬라크르의 시대』, 거름.

이중환, 노도양 역(1975) 『택리지』, 대양서적.

이진우(1998) 『녹색 사유와 에코토피아』, 문예출판사.

이청준(1976) 『이어도』, 서음출판사.

이태진(1995) 「18-19세기 서울의 근대적 도시발달 양상」 『서울학연구』 4, 서울학연구소.

이희봉(1978) 「한국건축에 기호학적 구조의 적용에 관한 연구」, 서울대대학원 석사학위논문.

임명진(1993) 「도시 혹은 잘못 사육된 괴물에 관한 생태학」 『문학정신』 3월호.

임종국(1980) 『한국사회풍속야사』, 서문당.

자이퍼트(Seiffert, Helmut), 전영상 역(1994) 『학(學)의 방법론 입문 II』, 교보문고.

작자미상, 「한양오백년가」, 박성의 교주(1984) 『농가월령가, 한양가』, 교문사.

장명수(1975) 「전주 고전도시에 도시계획이 끼친 영향」, 전북대대학원 석사학위논문.

장회익(1998) 『삶과 온생명』, 솔.

전우용(1995) 「한국 근대 도시화와 도시형성—시민지적 특성을 중심으로」 『일세시대의 도시
        계획 · 건축』, 건축역사학회 월례학술발표논문집.

_____(1999) 「대한제국기—일제하 종로의 상가와 상인」 『종로—시간, 사람, 장소』,
        서울학연구소 '99 서울학 심포지엄 자료집.

전주시(1986) 『전주시사』.

_____(1994) 『2001년 전주도시 기본계획』.

_____(1995) 『전주시 가로경관정비 기본계획』.

_____(1995a) 「공원보호를 위한 주변 주거지역 용도세분 및 고도 지구 지정(안)에 관한
        연구」.

정운현(1995) 『서울 시내 일제유산답사기』, 한울.

정인국(1967) 「한국 현대 건축 20년」 『공간』 11월호.

정태용(1999) 「근대성과 정체성」 『플러스』 9월호.

조동일(1993) 『우리 학문의 길』, 지식산업사.

조선총독부(1930) 『조선의 도읍』, 조선인쇄주식회사.

조성원(1988) 「체험분석을 통한 물의 상징적 장소성에 관한 연구」, 서울시립대대학원
        석사학위논문.

조요한(1999) 『한국미의 조명』, 열화당.

조지훈(1974) 『한국문화사 서설』, 탐구당.

주강현(1999) 『21세기 우리 문화』, 한겨레신문사.

주남철(1996) 『한국건축의장』, 일지사.

진정염 · 임기담, 이성규 역(1990) 『중국 대동사상 연구』, 지식산업사.

진철승(1989)「정감록촌」『다리』4권 1호.

차기벽 엮음(1985)『일제의 한국식민통치』, 정음사.

최남선(1947)『조선상식』, 동명사.

최상철 외(1981)『한국도시개발론』, 일지사.

최완수 외(1999)『진경시대』, 돌베개.

최재충(1985)『천부경 민족의 뿌리』, 한민족.

최창조(1984)『한국의 풍수사상』, 민음사.

최태만(1995)『미술과 도시』, 열화당.

최홍준 외(1993)『서울 도시경관의 이해』, 한울.

카프라(Capra, F.), 이성범·구윤서 공역(1985)『새로운 과학과 문명의 전환』, 범양사.

쿤(Kuhn, Thomas S.), 김명자 역(1980)『과학혁명의 구조』, 정음사.

한국건축가협회(1995)『서울의 건축』.

한국건축역사학회(1995)『광복 후 50년 한국건축의 식민성』, 광복 50주년 기념
　　　특별학술발표회 자료집.

한국공간환경연구회(1993)『서울 연구』, 한울.

한국조경학회(1997)『한국의 도시가로환경 개선에 관한 국제 심포지엄』.

＿＿＿＿＿＿(2001)『제1회 조경대상 및 기념 심포지엄—21세기 조경의 패러다임과
　　　지방행정의 역할』.

한불건축(1987)『한불 문화시설 건축 세미나 및 전시회 자료집』.

한산거사,「한양가」, 박성의 교주(1984)『농가월령가, 한양가』, 교문사.

함인선(1999)『건축은 반역이다』, 서울포럼.

허경진(1983)『허균』, 평민사.

허균,「홍길동전」, 장덕순·김기동 공편(1984)『고전국문소설선』, 정음문화사.

허균, 장덕순·최진원 교주(1984)『홍길동전』, 교문사.

환경계획연구소(1996)『주택공급 논리에 파괴되는 우리나라 도시』, 제2회 도시·환경정책
　　　세미나 자료집.

황기원(1991)「한국 항만도시의 도시경관 형성과 변화에 관한 연구」, 교육부 학술연구보고서.

황병국 편(1987)『노장사상과 중국의 종교』, 문조사.

황석영(1984)『장길산』9, 현암사.

황패강(1978)『조선왕조 소설 연구』, 단국대 출판부.

일문

京城府(1934-1941) 『京城府史』 1-6, 京仁文化史 影印本.

京城帝國大學 衛生調査部(1942) 『土幕民の 生活・衛生』, 岩波書店.

佐倉統(1992) 『現代思想とてしの 環境問題』, 東京: 中公新書.

영문

Ashihara, Yoshinobu(1992) *The Hidden Order*, Tokyo: Kodansha International.

Bishop, Isabella Bird(1897) *Korea and her Neighbors*, N. Y., Chicago, Toronto: Fleming H. Revell company.

Canter, David(1977) *The Psychology of Place*, London: The Architectural Press.

Cullen, Gordon(1961) *A Concise Townscape*, London: The Architectural Press.

Frampton, Kenneth(1985) *Modern Architecture: A Critical History*, London: Thames and Hudson.

Gallagher, Winfred(1993) *The Power of Place*, N. Y.: Poseidon Press.

Hough, M.(1990) *Out of Place*, London: Yale University Press.

Hulbert, Homer B.(1906) *The Passing of Korea*, N. Y.: Doubleday, Page & Company.

IFLA(1999) *New Directions for the 21c Landscape Architecture*, Eastern Regional Conference Proceeding.

Jacobs, Allan B.(1996) *Great Streets*, Cambridge, Mass.: The MIT Press.

Jakle, John A.(1987) *The Visual Elements of Landscape*, Armherst: The University of Massachusetts Press.

Johnson, Paul Alan(1994) *The Theory of Architecture*, N. Y.: Van Nostrand Reinhold.

Knox, Paul L.(1993) *The Restless Urban Landscape*, Englewood Cliffs, N. J.: Prentice Hall.

Korean Planners Association(2001) *Searching for Asian Paradigm for Urban Planning in 21th Century*, International Symposium Proceeding.

Kostof, Spiro(1991) *The City Shaped*, Boston: Little, Brown and Co.

Lee, Kyu Mok(1979) "A Study on the Medieval Townscape in Britain," M. A. thesis of University of Sheffield.

Lynch, Kevin(1960) *The Image of the City*, Cambridge, Mass.: The MIT Press.

Marfori, Mark Douglas(1994) *Feng Shui*, Kuala Lumpur: S. Abdul Majeed & Co.

Milgram, S.(1970) "The Experience of Living in Cities," *Science*, vol.176.

Moughtin, Cliff(1992) *Urban Design: Street and Square*, Oxford: Butterworth-Heinemann Ltd.

Mumford, Lewis(1922) *The Story of Utopias*, N. Y.: Boni & Liveright.

Nesbitt, Kate ed.(1996) *Theorizing a New Agenda for Architecture*, N. Y.: Princeton Architectural Press.

Norberg-Schulz, Christian(1979) *Genius Loci*, London: Academy Editions.

Rapoport, Amos(1977) *Human Aspect of Urban Form*, Oxford: Pergamon.

_____(1982) *The Meaning of the Built Environment*, London: Sage Pub.

Relph, E.(1976) *Place and Placelessness*, London: Pion Ltd.

_____(1982) *The Modern Urban Landscape*, Baltimore: The Johns Hopkins University Press.

Simonds, J. O.(1983) *Landscape Architecture*, 2nd ed., N. Y.: McGraw-Hill Book.

Sitte, C.(1889) reprint ed.(1965) *City Planning according to Artistic Principles*, N. Y.: Random House.

Steele, Fritz(1981) *The Sense of Place*, Boston, Mass.: CBI Pub. Co.

Strauss, A.(1976) *Images of the American City*, New Brunswick, N. J.: Transaction Books.

Tod, Ian & Wheeler, M.(1978) *Utopia*, London: Orbis Pub. Co.

Tuan, Yi-Fu(1977) *Space and Place*, Minneapolis: Minesota University Press.

Venturi, R. and etc(1977) *Learning from Las Vegas*, Cambridge, Mass.: The MIT Press.

Zheng, Shilling(1999) "A Shift of Paradigm for East-Asian Cities and Architecture," *Information, Culture, Architecture @ Seoul 21*, Seoul Metropolitan Government International Symposium.

Zucker, P.(1959) *Town and Square*, N. Y.: Columbia University Press.

찾아보기

한국의 도시경관

이규목

미술책방 초판1쇄 2002년 3월 1일
초판3쇄 2014년 5월 1일
발행인 이기웅
발행처 열화당
등록번호 제10-74호
등록일자 1971년 7월 2일
인쇄 제책 (주)상지사피앤비

* 값은 뒤표지에 있습니다.

경기도 파주시 광인사길 25(문발동 520-10) 파주출판도시
전화 (031) 955-7000, 팩스 (031) 955-7010
www.youlhwadang.co.kr
yhdp@youlhwadang.co.kr

ISBN 978-89-301-2029-6

이 도서의 국립중앙도서관 출판시도서목록(CIP)은
e-CIP 홈페이지(http://www.nl.go.kr/cip.php)에서
이용하실 수 있습니다.(CIP제어번호: CIP2014011679)

이규목(李揆穆)은 1943년 경기도 평택 출생으로, 서울대 건축학과 및 환경대학원 조경학과를 졸업하고 영국 셰필드대학 조경학과에서 석사학위를, 서울대 도시공학과에서 박사학위를 받았다. 한국조경학회 회장, 서울시 경관심의위원, 건축심의위원 등을 역임했고 각종 도시경관계획, 공원계획 등에 활발하게 참여했다. 현재 서울시립대학교 명예교수이며 경관연구가로 활동하고 있다. 저서로 『도시와 상징』(1988), 『마음의 눈으로 세계의 도시를 보다』(2007), 『삼국지 유적, 읽다 가다 보다』(2012)가 있으며, 역서로 『주거형태와 문화』(1987)가 있다.

Published by Youlhwadang Publishers
© 2002 by Lee, Kyu Mok
Printed in Korea